イノベーションと
技術変化の
経済学

Economics of
Innovation and
Technological Change

岡田羊祐──著
Yosuke Okada

日本評論社

はしがき

　イノベーションは経済活動のなかで重要な地位を占めています。イノベーションに関するテーマは、マクロ経済学、産業組織論、財政学・公共経済学、金融ファイナンス、開発経済学など多くの領域に跨って扱われています。これらの分野以外にも、経営学や歴史学など幅広い領域の専門家がイノベーション研究に携わっています。近年では、これら多彩な研究者による共同研究や研究交流の機会も増えつつあり、学際的な広がりをもつさまざまな研究方法が並立した状況にあるといえるでしょう。

　本書は、このように学際的な広がりをもつイノベーションの経済学にわかりやすい鳥瞰図を与えることを目的としています。ただし、広大なイノベーション研究のフィールドを単独の書物ですべてカバーすることは不可能です。そこで、本書では、学際的な分野に通底する実証分析の方法論、および、イノベーションを取り巻く諸制度がもつ政策的含意に重点を置いて解説しています。

　ここで、本書のタイトルにある「イノベーションと技術変化」という言葉を簡単に説明しておきます。ミクロ経済学で学ぶ生産関数の理論では、インプットをアウトプットに変換する関数関係を「技術」と呼びます。本書では、生産活動に利用される技術が変化するプロセスを「イノベーション」と呼ぶことにします。技術変化は、生産可能性フロンティアを拡大し、さまざまな経済問題を解決する最も基本的な手段となります。

　本書では、このような意味でイノベーションと技術変化を定義したうえで、①イノベーションのインパクトを如何に測定するべきか、②効率性の基準に照らした研究開発投資の評価基準を如何に設けるべきか、③知的財産制度や競争政策、イノベーション政策の直面する課題は何かといった問いにチャレンジしていきます。

　著者は2001年以来、一橋大学経済学部および同大学院経済学研究科において「技術経済学」ないし「技術経済論Ⅰ・Ⅱ」という科目の講義を担当してきました。本書はこれらの講義内容を基礎としています。本書全体で4単位（90分

i

授業で30回分）の講義内容に相当しています。対象は学部上級および大学院修士課程の学生です。過度に数学的な内容とならないように留意していますが、基礎的なミクロ経済学の知識がある方が読みやすいかもしれません。ただし、発展的な内容を含む節や項には＊の記号を付して区別していますので、テクニカルな内容に興味のない読者をこの部分を読み飛ばしていただいても構いません。それでも本書の内容のエッセンスは十分に理解できるものと思います。

　本書は実証分析の具体的な方法論の修得を目的としていますので、関連するテーマで卒業論文や修士論文を執筆したいと思っている学生、イノベーション政策に関与する政策担当者、シンクタンクでイノベーション調査を行っておられる研究者の方に有益な内容をと心がけて執筆しました。各章末には、本文の内容をさらに理解する手がかりとなるように「理解を深めるためのヒント」を数題ずつ付しています。大学のゼミナールのディベートの素材、あるいは学士論文や修士論文のテーマを探す手がかりとして活用していただければ幸いです。

　本書は大学での講義を基礎としていますので、一橋大学の教職員の皆さん、講義を熱心に聴講して多くのフィードバックを提供してくれた学部・大学院の学生の皆さんにまず感謝したいと思います。講義プリント等の準備でご支援をいただいた平田昭子さん、竹内久美子さんにもお礼申し上げます。教科書を執筆したことのなかった著者に的確なアドバイスをいただいた日本評論社の小西ふき子さんにも心より感謝いたします。

　最後に、著者として初めての単行本となる教科書をまとめる機会を得ることができたのは、今は亡き両親、それから家族の日々の支えのお蔭です。この場を借りて、感謝を述べさせていただきたいと思います。

　　　2018年11月24日

国立の研究室にて

岡田　羊祐

目　次

＊印のついた節や項は発展的な内容を含みます

はしがき　　i

1　本書の課題と方法 ―――――――――――――――― 1

1　技術・技術変化とイノベーション ……… 1

2　本書の分析視角 ……… 3

  2-1　イノベーションと競争　　3

  2-2　イノベーションと組織　　5

  2-3　イノベーションと制度　　6

  2-4　イノベーションと政策　　7

3．本書の構成 ……… 9

  各部・各章の構成　11

  ●キーワード●　　12

  ▶理解を深めるためのヒント　　12

第Ⅰ部　技術変化と生産性

2　知識生産の性質 ―――――――――――――――― 17

1　知識ストックと知識生産関数 ……… 17

2　技術特性と産業特性 ……… 19

  2-1　技術特性　　19

  暗黙知と形式知　19／技術変化の累積性：研究開発の二面性　20／技術の累積性の3類型　21／汎用技術　22

  2-2　産業特性　　23

  需要の成長性　23／技術機会　25／専有可能性　25

  ●キーワード●　　28

  ▶理解を深めるためのヒント　　28

3　科学技術指標の読み方 ――――――――――――― 31

1　科学技術指標の開発の歴史 ……… 31

iii

2 全米科学財団と経済協力開発機構による指標開発 ……… 32

2-1 OECD による科学術指標の指針　32

2-2 日本の科学技術指標　34

3 研究開発 ……… 35

3-1 研究開発の定義　35

3-2 研究開発費の会計処理上の問題点　37

3-3 日本の研究開発費：使用と負担の部門別推移　38

3-4 国際会計基準への収斂　39

4 研究開発人材 ……… 42

5 特許 ……… 44

5-1 イノベーションの価値指標としての特許　44

5-2 特許データの利用上の課題　46

6 技術貿易統計 ……… 48

●キーワード●　50

▶理解を深めるためのヒント　51

4 研究開発と生産性 ―――――――――――――――― 53

1 イノベーションの成果指標としての生産性 ……… 53

2 知識生産関数と技術変化 ……… 54

2-1 知識生産関数の基本的枠組み　54

全要素生産性と知識ストック　54／全要素生産性とソロー残差　56

2-2 測定誤差の要因　57

インプットの測定誤差　57／アウトプットの測定誤差　58／アウトプットの測定誤差によるバイアスの方向*　59

3 知識ストックの測定 ……… 61

3-1 知識ストックの弾力性を直接求める方法　61

3-2 研究開発の投資収益率を直接求める方法　64

4 スピルオーバー効果 ……… 66

4-1 スピルオーバーの波及経路　67

①明示的な技術取引契約　68／②中間財に体化された技術進歩　68／③研究者・技術者間の知識フロー　68／④研究者・技術者の移動　69／⑤地域・国境を越えたスピルオーバー　70

4-2 産業内スピルオーバー*　70

4-3 産業間スピルオーバーと技術距離*　72

5 知識ストックと企業価値* ……… 73

●キーワード●　75

▶理解を深めるためのヒント　75

第Ⅱ部　イノベーションと競争

5 　市場構造と研究開発 ——————————— 83

1 　シュンペーター仮説再考 ……… 83
　1-1 　研究開発インセンティブの定義　83
　1-2 　市場構造と研究開発インセンティブの関係　86
2 　シュンペーター効果* ……… 87
3 　置き換え効果 ……… 91
　3-1 　完全競争と独占のもとでの研究開発インセンティブの比較　91
　3-2 　大発明と小発明　93
4 　レント消失効果と独占の持続性 ……… 94
　4-1 　レント・シーキングと独占の社会的費用　94
　4-2 　レントの消失と独占の持続性* 　95
5 　市場競争と研究開発：理論と実証の概観 ……… 98
　5-1 　内生的サンクコストと製品差別　98
　5-2 　市場競争と経営効率化インセンティブ　99
　5-3 　内生的成長理論　99
　5-4 　企業成長とプロダクト・ライフ・サイクル　100
　●キーワード●　101
　▶理解を深めるためのヒント　102

6 　企業規模・資金調達と研究開発 ——————————— 107

1 　企業規模と研究開発・企業成長の因果関係 ……… 107
2 　企業規模と研究開発：仮説の構成 ……… 108
3 　研究開発における規模の経済性：コスト・スプレッディング ……… 111
4 　研究開発投資におけるキャッシュフロー制約 ……… 114
　4-1 　投資としての研究開発の特徴　114
　4-2 　研究開発投資における資本コスト　115
　　通常の物的資本における資本コスト* 　116／銀行借入および株式発行による資金調達* 　117／研究開発投資における資本コスト* 　119
　4-3 　最適資本構成と資本コスト　120
　4-4 　逆選択とモラル・ハザード　120
　　逆選択による資本コスト・プレミアム　121／モラル・ハザードとレバレッジ効果　121
　4-5 　税制の影響* 　122
5 　キャッシュフロー制約の検証 ……… 125
　5-1 　研究開発投資水準の決定　125

目 次　v

5-2 研究開発投資関数：加速度調整モデル* 126

5-3 キャッシュフロー制約の検証 128

6 米国ベンチャー・キャピタルによる資金調達の仕組み ……… 130

7 企業規模分布と企業成長率：ジブラ法則を巡って* ……… 133

7-1 ジブラ法則とは何か 133

7-2 ジブラ法則の含意 134

7-3 ジブラ法則の実証研究 135

●キーワード● 136

▶理解を深めるためのヒント 137

第Ⅲ部 イノベーションと組織

7 組織能力、コーポレート・ガバナンスと研究開発 —— 143

1 組織能力とビジネス・アーキテクチャー ……… 143

1-1 組織能力 143

1-2 線形モデルと連鎖モデル 145

1-3 日本型研究開発組織の特徴 147

2 ビジネス・アーキテクチャーとオープン・イノベーション ……… 148

2-1 ビジネス・アーキテクチャーと組織の境界 148

2-2 情報技術による組織能力の革新 149

2-3 オープン・イノベーション 151

3 コーポレート・ガバナンスと研究開発 ……… 152

3-1 コーポレート・ガバナンスとは？ 152

3-2 研究開発組織のインセンティブ・メカニズム 154

3-3 研究開発マネジメントと所有権の配分* 155

3-4 日本企業のコーポレート・ガバナンスの変遷 159

3-5 コーポレート・ガバナンスと研究開発：実証研究の紹介 161

●キーワード● 163

▶理解を深めるためのヒント 163

8 技術の複合的連関とシステム市場 —— 169

1 デジタル経済の生態系：プラットフォームとシステム市場 ……… 169

2 システム市場の技術特性 ……… 170

2-1 要素技術の急速な進歩 170

2-2 分割された技術リーダーシップ 171

2-3 プラットフォームへのデータの集中 172

3　技術の複合的連関と市場構造の変化 ……… 172
3-1　モジュール化　172
3-2　水平分離型 vs. 垂直囲い込み型　173
3-3　クラウド化の進行：分散から集中へ、所有から利用へ　174

4　ネットワーク効果と内生的サンクコスト ……… 175
4-1　ネットワーク効果　175
4-2　ネットワーク効果が存在するもとでの需要構造*　177
4-3　過剰慣性とクリティカル・マス*　179
4-4　内生的サンクコスト　181

5　両面市場とプラットフォームへのデータ集中 ……… 182
5-1　両面市場のメカニズム　182
5-2　プラットフォームへのデータ集中の評価　184
5-3　プライバシーとサービス品質のトレードオフ　185

6　デジタル経済と競争政策 ……… 189
6-1　システム市場における競争　189
6-2　オンラインとオフラインの競争：代替と補完　189
6-3　競争政策の課題　191
●キーワード●　191
▶理解を深めるためのヒント　192

第Ⅳ部　イノベーションと政策

9　技術市場と累積的イノベーション ――――――― 197

1　技術市場とは何か ……… 197
2　技術市場の特徴 ……… 198
2-1　財産権の画定の難しさ：大きな取引費用　198
2-2　情報の非対称性と不確実性：ホールドアップ　200
2-3　イノベーションの累積性：ロイヤリティ・スタッキング　201
3　技術取引の戦略的側面 ……… 202
3-1　製品市場の競争と技術取引：収入効果とレント消失効果　202
3-2　事後的ライセンスと事前的ライセンス　203
3-3　技術の垂直的・水平的取引関係　204
4　累積的イノベーションにおける技術取引 ……… 206
4-1　累積的イノベーションにおけるライセンス戦略*　206
事後的ライセンスと事前的ライセンスの比較　207／累積的イノベーションと特許保護の関係 209
4-2　オープン＆クローズ戦略　210

目次　vii

5　技術取引契約を巡る法的諸問題 ……… 211

5-1　独禁法によるライセンス規制　211
　非係争義務の競争制限効果　211／不争義務とリバース・ペイメント　212／標準必須特許と
FRAND宣言　212

5-2　特許の強制的な実施許諾　214

5-3　職務発明制度（特許法35条）　216

5-4　リーチ・スルー・ライセンス　218

●キーワード●　219

▶理解を深めるためのヒント　219

10　特許制度の法と経済学 ———————— 223

1　特許制度の特徴 ……… 223
1-1　特許制度の定義　224
1-2　特許権の特徴　224

2　特許要件 ……… 226
2-1　新規性　226
　先願主義と先発明主義　226／先願主義への収斂　227
2-2　進歩性　227

3　特許の審査実務上の課題 ……… 228
3-1　審査期間の短縮化　228
3-2　出願公開制度　229
3-3　審査請求制度　230
3-4　異議申立制度　231

4　特許の期間 ……… 232
4-1　制度的要因による変動　232
　特許の料金構造　232／存続期間延長制度　233
4-2　技術的要因による特許期間の変動　234

5　特許の範囲 ……… 235
5-1　多項制　235
5-2　特許可能な技術領域の拡大　237
　物質特許制度　237／実用新案制度　238／個別法や判例による保護領域の拡大　239

6　最適な特許制度の設計：理論的検討 ……… 239
6-1　最適な特許期間の決定＊　239
6-2　最適な特許範囲の決定＊　244

7　プロ・パテント政策の便益と費用 ……… 246
7-1　特許は発明を促すか　247
7-2　特許は発明の商用化を促すか　248
7-3　特許は発明の公開を促すか　248

7-4　特許は秩序だった研究を可能とするか　250

7-5　強い特許保護に伴う副作用：訴訟リスク　251

8　望ましい特許制度の評価基準と今後の改革の方向性 ……… 251

●キーワード●　252

▶理解を深めるためのヒント　252

11　イノベーション政策 ──────────────── 257

1　イノベーション政策の考え方 ……… 257

2　ナショナル・イノベーション・システムと制度的関係者 ……… 259

2-1　ナショナル・イノベーション・システムの定義　259

2-2　ナショナル・イノベーション・システムの制度的関係者　260

産業　260／大学　261／政府　262

3　公的部門と民間部門の行動規範の違い ……… 263

3-1　私的収益率と社会的収益率の乖離：専有可能性　263

3-2　公的部門による研究開発の資金配分：マタイ効果　264

3-3　公的部門と民間部門の研究者の動機付け：ストークス・モデル　265

4　民間部門の研究開発を促進する政策手段とその特徴 ……… 267

4-1　優遇税制と補助金　267

4-2　委託研究開発　268

4-3　政府による出資・融資　269

5　米国のイノベーション政策 ……… 270

5-1　米国イノベーション政策の概観　270

5-2　バイ・ドール法　273

5-3　SBIR/STTR プログラム　274

5-4　先端技術プログラムと米国競争力法に基づく支援策　276

6　日本のイノベーション政策 ……… 278

6-1　日本のイノベーション政策の変遷：1995年〜2005年　278

6-2　日本のイノベーション政策の変遷：2006年〜2018年　280

6-3　日本の科学技術関係予算の特徴　284

6-4　日本版 SBIR　288

6-5　日本の研究開発関連税制　288

6-6　政府による出融資事業　290

7　望ましいイノベーション政策のあり方 ……… 291

●キーワード●　293

▶理解を深めるためのヒント　294

索引　299

Box 一覧

Box 1.1　CUDOS と PLACE　　8
Box 2.1　イノベーション・サーベイによる技術特性・産業特性の解明　　26
Box 3.1　研究開発の資本化　　41
Box 3.2　国際特許分類（IPC）の構造　　48
Box 4.1　測定誤差の影響　　61
Box 5.1　除外変数の影響　　85
Box 6.1　研究開発費の世界ランキングの変遷　　110
Box 7.1　企業と投資家の望ましい関係とは？　伊藤レポート　　160
Box 8.1　両面市場の例：クレジットカードのネットワーク　　187
Box 11.1　技術と資金のギャップ：死の谷とダーウィンの海　　276

第**1**章

本書の課題と方法

1 技術・技術変化とイノベーション

　経済学で定義される**技術**とはインプットをアウトプットに変形する生産関数のことである。この技術は、所与の資源賦存量のもとで生産可能性フロンティアの境界を画定する。経済学で定義される技術は工学的な意味に限定されない。経済学では新製品や新製造工程の導入、組織再編成や新流通ルート開拓などによる生産効率の改善なども含めて、幅広く技術を定義している点に注意しよう。

　次に**技術変化**とは、生産活動におけるインプットとアウトプットの関数関係が変化（すなわち生産関数がシフト）することである。生産関数がシフトすれば社会全体の生産可能性フロンティアもシフトする。仮に資源賦存量が一定でも、技術変化によって生産可能性フロンティアは拡大できる。すなわち、技術変化は、資源制約を緩和することによって経済問題を解決する最も基本的な手段とみなされるのである。

　この技術と生産フロンティアの関係を簡単なダイアグラムを用いて説明しよう。図1-1は、1つの生産要素（労働 l）、2つの財（x 財と y 財）が存在すると仮定したときの技術と生産フロンティアの関係を表している。ここで、労働 l は財 x と財 y に l_x と l_y だけ用いられるものとしよう。社会全体の労働賦存量は $\bar{l}$ とする。このとき資源制約は $l_x + l_y = \bar{l}$ と表される。各財の生産関数は

1

図 1-1 技術・技術変化と生産フロンティアの関係

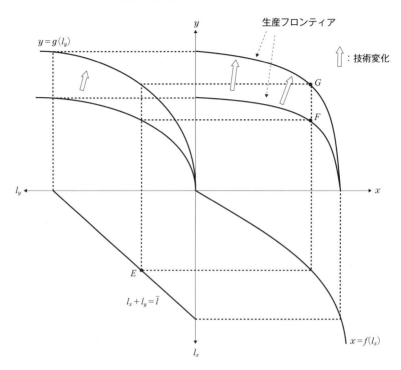

$x = f(l_x)$、$y = g(l_y)$ であり、収穫逓減のため上方に凸の形状をとるものとしよう[1]。いま、図の点 E で労働配分が行われたとしよう。このとき、技術変化前に対応する生産フロンティア上の生産点は F となる。ここで、財 y の生産技術が改善して生産関数が上方にシフトしたとしよう。このとき、同じ労働の配分 E のもとでも、生産フロンティア上の生産点は F から G へと拡大する。この技術変化による生産フロンティアの拡大こそ、国民所得の拡大を通じた経済発展の最も重要なエンジンとなる。

しかし、そもそも技術変化はなぜ、どのようにして起こるのだろうか。ここでいう技術とは**知識**とみなせる。すなわち、技術変化とは、知識が獲得され、蓄積され、利用されるプロセスとみなせる[2]。企業等の組織内部に蓄積された知識は**無形資産**（intangible asset）と呼ばれる。組織内に獲得され蓄積された

1）技術が収穫一定であれば生産フロンティアは直線となる。各自で確認されたい。

無形資産が、生産活動に利用されることによって、はじめて技術変化は実現する。本書では、無形資産の獲得・蓄積・利用を通じて技術変化が生じる点に注目し、そのような技術変化のプロセスを**イノベーション**と呼ぶこととしたい。

イノベーションと技術変化に関してはこれまで数多くの研究が蓄積されてきた。しかし、これら研究の分析方法は経済学に限定されるものではなく、むしろ学際的な広がりをもってさまざまな手法が並立して行われてきた。また、研究者や実務家が共通に諒解する分析枠組みが確立しているとも言い難い。そこで本書では、実証分析の方法論に重点をおきながら、イノベーションと技術変化の経済学の現状と課題を、学際的な視点を取り入れつつ提示することとしたい。以下では、本書の分析視角を、イノベーションと競争、イノベーションと組織、イノベーションと制度、イノベーションと政策という4つの視点から立体的に整理して説明しておこう[3]。

2 本書の分析視角

2-1 イノベーションと競争

イノベーションと技術変化の経済分析の源流は、ヨーゼフ・シュンペーターの一連の古典的著作にある。シュンペーターは、イノベーションを、発明→革新→普及の3つのフェーズを経るプロセスと捉えた[4]。また、経済システムを内生的に変化させる要因として、消費者の嗜好の変化、経済成長、イノベーションの3つを挙げている。シュンペーターは、景気循環の長期波動（コンドラチェフ・サイクル）は「産業革命」とその吸収から生じるとみなす。ここでいう産業革命は、新生産方法、新商品、新組織形態、新供給源、新取引ルートや新販売市場を導入して、現存の産業構造を周期的に再編成する。そして、イノ

2）Griliches（1979）は、研究開発によって知識が蓄積されるプロセスを「知識生産関数」（knowledge production function）という枠組みを用いて分析した。詳しくは第4章を参照。また知識経営（knowledge management）がイノベーションに果たす重要な役割を鋭く分析した Nonaka and Takeuchi（1995）も参照。

3）本章は、導入部として必要最小限の説明に留めている。より詳細な説明は、本書の対応する各章を参照されたい。

4）これを「シュンペーターの三分法」（Schumpeterian trilogy）と呼ぶことがある。

ベーションとは、このような非連続的な生産手段の**新結合**を遂行することと定義する[5]。不断に古きものを破壊し新しきものを創造して、たえず内部から経済構造を革命化する産業上の突然変異を**創造的破壊**と呼ぶ。シュンペーターは、これこそがイノベーションの本質であり、そのようなイノベーションを遂行する主体を**企業家**と呼ぶのである[6]。

　しかし一方で、シュンペーターは、現代の資本主義経済のもとでは、個人企業家・発明家よりも大企業の研究組織の方が技術変化の重要な担い手となりつつある点を強調する。そして、既存の企業間の静態的競争は技術変化を生み出す環境として望ましくなく、新製品や新技術などの導入を通じた動態的競争こそが重要であり、そのためには、独占的な市場支配力を革新企業に保証することが、研究開発のインセンティブを確保する手段として不可欠であると主張した[7]。これらのシュンペーターの2つの異なるビジョンから導き出される仮説が、イノベーション研究の中心的なテーマとなってきた。以下では、これら2つの仮説を総称して**シュンペーター仮説**と呼ぶ。

　＜シュンペーター仮説＞
　①独占的な市場ほど技術変化が起こりやすい
　②企業規模が大きいほど技術変化は効率的に遂行される

これら2つの仮説が長年にわたり多くの研究者によって検討されてきたのである[8]。競争は善とみなす伝統的な経済学とは異なる視点を提供するシュンペーターの問題提起は、イノベーションと競争の関係について本質的な洞察を喚起させるものであったといえよう。

　しかし、シュンペーターのビジョンでは、創造的破壊による市場構造や企業組織の内生的・動態的生成こそが強調されていたのであり、いわゆる「シュンペーター仮説」が、シュンペーター自身のビジョンに的確に対応した実証命題であったかは大いに議論の余地のあるところである。

5）Schumpeter（1934, 1939）を参照。
6）「起業家」と訳されることも多いが本書では「企業家」に統一する。どちらでもよいが好みの問題だろう。
7）Schumpeter（1942）を参照。
8）Kamien and Schwartz（1982）、Cohen（2010）を参照。

2-2　イノベーションと組織

　企業組織の内部に注目すると、イノベーションとは、**限定された合理性**のもとでの組織的・継続的な学習プロセスと見ることができる。人間の情報処理能力には限界がある。しかし、限定された範囲内であれば合理的な判断が可能となり、その範囲を限定するものが組織であるとハーバート・サイモンは考えた[9]。この限定された合理性という前提のもとで、イノベーションと組織を分析する有力なアプローチとして、**エージェンシー理論**、**取引費用**に依拠する理論、および**組織能力**に依拠する理論の３つが代表的である。

　このうち、エージェンシー理論と組織能力理論については本書第７章で説明するので、残りの取引費用の理論について簡単に説明しておこう。取引費用の理論によれば、組織の範囲や境界の態様はその取引に要する費用によって説明される[10]。具体的な取引費用としては、適切な取引相手を探索する費用、取引条件を決定する際の交渉費用などが挙げられる。企業は、市場取引の一部を企業の内部取引に置き換えることによって、市場を利用する際に発生する費用を節約しようとする。取引費用は「内製か外注か」（make or buy）を決定する基本的要因であり、市場を利用する場合の取引費用と比較して企業内部の取引費用が小さくなる場合には、階層化されたヒエラルキー型の組織が志向される。これら取引費用は、取引主体の**機会主義的行動**や**資産の特殊性**によって変動する。

　ただし、内部取引が拡大した組織が実際に取引費用を節約するメカニズムは多様である。例えば従業員の雇用契約、コーポレート・ファイナンス、生産プロセスのあり方に応じて、内部取引の効率性はさまざまに変化する。また、組織内取引を選択するか、組織間取引を選択するかは、後者（例えば、メーカーと卸売や小売との垂直的契約）を実施する場合に必要となる追加的費用（例えば、川下市場の情報収集に要する費用や川下企業が契約条項を遵守しているかを監視するための費用）にも依存するだろう。

　ここで注意すべき点は、組織の規模は、取引費用だけではなく、生産に要す

9）Simon（1955, 1987）、Teece（2007）を参照。
10）Coase（1937）、Williamson（1975, 1985）、Milgrom and Roberts（1992）を参照。

る技術的条件（例えば規模の経済性や範囲の経済性）にも依存するということである。生産技術のみ、取引費用のみによって組織の形態が決まるわけではなく、所与の条件のもとで、両者の費用の和が最小となるように企業組織は調整されると見るべきである。

2-3　イノベーションと制度

制度を如何に定義するか、また制度が歴史的に生成・発展するプロセスをどのように理解するべきか、という点で、イノベーションの研究者のビジョンには大きな相違がある。主なアプローチに、①**新制度派経済学**、②**ナショナル・イノベーション・システム**、および、③**比較制度分析**の３つがある。

まず、ノーベル経済学賞受賞者であるダグラス・ノースらによる新制度派経済学では、市場を支える制度のあり方が経済の発展経路を強く規定すると考える[11]。とりわけ、制度の要素として**財産権**の確立を重視する。例えば、近代的な財産権の確立が、産業革命以降の急激な生産性の向上をもたらしたとノースは主張する。これは説得力のある見方である。イノベーションとの関係では、とりわけ特許などの**知的財産権**の意義を理解することが重要である。ただし、知的財産権が、個々の契約の上でどのように取り扱われ、また権利行使の際にどのように執行され、それがイノベーションのインセンティブにどのように影響するかという点は十分に解明されてきたとは言い難い。

次に、ナショナル・イノベーション・システムの考え方によれば、企業、大学、政府の三者のインタラクションを**三重らせん**（triple-helix）と呼び、国全体のイノベーション・システムが進化していくプロセスを重視する[12]。ここでは、企業、大学、政府の各々の利害関係者も「制度」の一部とみなされる。このアプローチは、新制度派経済学のアプローチと比較すると、必ずしも理論的な厳密さを備えているとは言い難い。しかし、多様な国・地域・産業にわたるイノベーション・プロセスを鳥瞰する大きなビジョンを提示しており、イノベーション研究の有益な指針を提供している。また、このアプローチに基づく研究は学際的な性格がきわめて強い点も大きな特徴といえよう。

11）North（1990, 2005）を参照。

12）Nelson ed.（1993）、Lundvall（1992）を参照。

最後に、比較制度分析は、多様な利害関係者によるゲームの均衡を制度とみなす点に特徴がある。そして、（ⅰ）経済システムにおける制度の多様性、（ⅱ）制度の戦略的補完性、（ⅲ）経済システム内部の制度の補完性、（ⅳ）経済システムの進化と経路依存性という4つの特徴によって規定される複合的な構造をもつゲーム論のモデルを用いて、制度の生成や移行のプロセスを分析する[13]。

　これら3つの立場は、制度の生成・進化の捉え方が微妙に異なっている。ただし、どのアプローチに依拠するにせよ、「制度」がイノベーションのダイナミクスや方向性に強い影響を与えているという点で意見の相違はほとんどないといってよい。

2-4　イノベーションと政策

　イノベーションに関わる政府の政策はしばしば**科学技術政策**と呼ばれる。しかし、「科学」と「技術」の定義や関係を厳密に考えようとするとしばしば袋小路に陥る。例えば、新しい「科学」が新しい「技術」を生むと広く信じられている。このような見方は過度に単純化されたものであるが、個々の事例を見るとリアリティのあるケースもある。例えば、電気機械産業は、19世紀の電気の発見以来、多くの科学研究を基礎にして発展してきた。このような見方に従えば、科学はそれ自体に固有のロジックに基づいて発展し、技術は科学の副産物として生まれるものとみなされる。

　しかし一方で、新しい技術の誕生が、それをよりよく理解し改善するための科学的研究を触発することも多い[14]。ときには、技術開発がまったく新しい学問分野を生み出すことさえある。例えば、蒸気機関の発明が熱力学を、また化学工業の発展がケミカル・エンジニアリングを、また飛行機の発明が航空力学を登場させたように。このように科学と技術は相互に複雑に絡み合っている。伝統的な職人の世界とは異なり、大学の研究者、あるいは最新の科学トレーニングを受けた大学や大学院の卒業生たちが技術開発の重要な担い手となっているのは、まさにこのような事情による。

　通常の用語法では、より基礎に近い段階を科学、より実用化に近い段階を技

---

13)　Aoki（1988, 2001）を参照。

14)　Kline and Rosenberg（1986）、Dasgupta and David（1994）、Stephan（2010）を参照。

第1章　本書の課題と方法　**7**

術としていることが多い。しかし本書では、研究開発に従事する研究者・技術者のインセンティブに着目して科学と技術を分類することとしたい[15]。大学や公的機関に所属する研究者と民間企業に所属する研究者とでは研究に従事するインセンティブが大きく異なっているからである。すなわち、知識の創造・発見に伴う知的好奇心の充足、また名誉やプライオリティを重視する者を**科学者**（scientist）と呼び、研究開発による企業収益への貢献など所属する組織のミッションを重視する者を**技術者**（engineer または technologist）と呼ぶ。もちろん同じ人が科学者の顔と技術者の顔を合わせもち、時と場合に応じて使い分けているかもしれない。この分類は、あくまでも議論の筋道を明確にするための単純化に過ぎない点に注意されたい。

　科学研究が主に大学や公的研究機関で行われるのは、このような科学者と技術者のモチベーションの違いによる。大学や公的機関は、社会全体の科学水準を高め、教育活動を通じて、科学・技術の**受容能力**（absorptive capacity）の基盤を高める役割を果たしている[16]。受容能力とは、経験や学習などによって培われる、組織外部から知識を吸収する能力のことである。このような公共財的な知識の基盤がなければ、民間部門の研究開発能力やそのインセンティブを十分に高めることはできない。一国全体の、教育まで含めた科学技術政策の制度的枠組みのもつ影響力を決して過小評価するべきでない。イノベーションに関する政策では、科学的な知識が如何に生まれ、流通し、利用されていくのかというビジョンが必要なのである。そこで本書では、技術変化のプロセス全般に影響を及ぼす政策を包括して**イノベーション政策**と呼ぶこととしたい。

【*BOX1.1*】 CUDOS と PLACE

　科学者のエトスは、知識の創造・発見に伴う知的好奇心の充足、名誉やプライオリティにあるとしても、現代の科学者の顔はもっと複雑なように見える。米国社会学会会長を務め、ファイナンス理論でノーベル経済学賞を受賞したロバート・C・マートン（Robert C. Merton）の父親でもあるロバート・K・

15）Stoneman（1987）を参照。
16）Cohen and Levinthal（1990）を参照。

マートン（Robert K. Merton, 1910〜2003年）は、アカデミアに属する科学者のエトスを、Communalism（共同占有性）、Universalism（普遍性）、Disinterestedness（無私性）、Organized Skepticism（組織的懐疑主義）と表し、その頭文字をとって CUDOS と名付けた。このエトスは、多くの人のもつ科学者のイメージともよく合致するだろう。

しかし、20世紀に入り、とりわけ1980年代以降、科学者の役割として、産学連携や産業上の実用化の意義が強調されつつあるなかで、科学者の行動規範も徐々に変質を迫られてきた。物理学者であるジョン・M・ザイマン（John M. Ziman, 1925〜2005年）は、このような変化を *Real Science: What it is, and what it means* （2000）という著書のなかで皮肉を込めて PLACE と呼んだ。すなわち、現代の科学者のエトスは、CUDOS のみでなく、Proprietary（専有的）、Local（局所的）、Authoritarian（権威主義的）、Commissioned（受託・請負的）、Expert（専門家的）というエトスと混じり合っていると述べたのである。ただし、ザイマンは、信頼できる知識は科学によってこそ生み出される点を強調している。

自然科学も社会科学も、最近は統一理論と呼ぶべきグランド・セオリーが登場しがたくなっているようである。その背景として、もしかすると CUDOS から PLACE へという研究者のエトスの変化が影響しているのかもしれない。

3 本書の構成

図1-2は、技術変化のプロセスを図示したものである。まず、技術変化を引き起こす主体としての企業に注目しよう。この企業組織の活動範囲の境界を点線で示している。この組織がしばしば実証分析の観察単位となる。ここで図の中心線にある、「研究開発投資⇒知識ストックの蓄積⇒生産性の向上」とつながる因果関係に注目してほしい。この因果連鎖のなかで、組織に蓄積される知識ストックは直接には観察不可能であるため、技術変化を測定するために何らかの代理変数が必要となる[17]。これらの課題については、**第Ⅰ部：技術変化と生産性**で取り扱う。

---

17) Griliches（1998）を参照。

図1-2 技術変化のプロセス

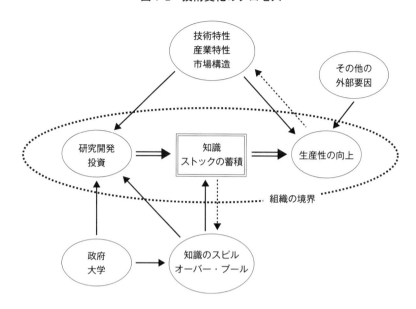

　次に、この因果連鎖には**内生性**があることを示すのが、図の上方の技術特性・産業特性・市場構造要因の存在である[18]。市場構造要因や産業特性要因は、市場競争の程度や企業規模などを通じて直接的に生産性に影響するが、同時にそれらの要因は研究開発投資のインセンティブにも影響する。これは、まさにシュンペーター仮説に関わる重要なポイントである。この内生性と市場構造の動学的変化は、**第Ⅱ部：イノベーションと競争**でとりあげる。

　民間部門の利用できる知識ストックの水準は、ライバル企業の研究開発活動や、政府・大学などの公的部門による教育活動や研究開発投資によっても増える。このような組織の境界を超えた知識のフローを**スピルオーバー**と呼ぼう。この因果を捉えたのが、図の下にある知識のスピルオーバー・プールである。スピルオーバー・プールへの知識の蓄積には政府や大学が大いに貢献している。スピルオーバーの拡大は研究開発投資を促進し、さらに知識ストックが蓄積されるという好循環が生まれる。このような組織の内部と外部にわたる技術

---

18) 内生性とは、回帰分析における誤差項と説明変数に相関が生じることをいう。この場合、推定量の一致性（consistency）が失われてしまうので、操作変数法などによって内生性を制御しない限り、有意な因果関係を同定することはできない。

情報の獲得・蓄積・普及のプロセスについては、主に**第Ⅲ部：イノベーション
と組織**で取り扱う。

　最後に、政府や大学は、自ら研究開発の主体となるばかりでなく、税制・補
助金、人材育成、産学官連携などの施策を通じて民間部門の研究開発インセン
ティブにも影響する。イノベーションを促進するために政府や大学が果たすべ
き役割については、**第Ⅳ部：イノベーションと政策**でまとめて検討する。

各部・各章の構成

　本書の課題は主に実証分析の方法論にあるので、具体的な章別編成もそれを
意識した構成としている。

　第Ⅰ部：技術変化と生産性では、生産性向上の源泉としてのイノベーション
の貢献を実証的に把握する手法を紹介する。まず、技術分野・産業分野ごとに
技術変化にさまざまな違いをもたらす知識自体の性質について検討する（第2
章）。次に、技術変化の測度として利用されてきたさまざまな科学技術指標に
ついて説明する。特にそのなかでも最も利用されてきた「研究開発」と「特
許」のデータ特性を説明し、その利用上の留意点を述べる（第3章）。そして
技術変化を生む研究開発投資と生産性の関係に注目し、知識ストックの構成方
法と、それが生産性を向上させる効果を具体的に計測する実証分析の方法につ
いて検討する（第4章）。

　第Ⅱ部：イノベーションと競争では、シュンペーター仮説を軸として発展し
てきた市場構造・企業規模とイノベーションの関係についての研究を概観す
る。まず、シュンペーター仮説に関わる論点を簡潔に整理しつつ、市場構造と
研究開発インセンティブとの関係や研究開発による独占の持続性を検討する
（第5章）。次に、企業規模の拡大と研究開発インセンティブの関係、また研究
開発の資金調達と資本コストに関わる論点を整理して述べる。ベンチャー・キ
ャピタルの仕組み、企業規模分布の特性についても検討する（第6章）。

　第Ⅲ部：イノベーションと組織では、企業組織の内部構造および組織の境界
を越えた連携という2つの視点から、研究開発を遂行する組織能力および組織
能力を規定するビジネス・アーキテクチャーのあり方、さらに、ビジネス・ア
ーキテクチャーと密接に関連するコーポレート・ガバナンスが研究開発インセ
ンティブに与える影響を検討する（第7章）。次いで、インターネットの発展

に典型的に見られる技術の複合的連関とデジタル技術を活用したシステム市場の特徴を理論的に整理し、政策的な課題についても述べる（第8章）。

第Ⅳ部：イノベーションと政策では、日本のイノベーション政策の現状と課題について論点を絞って検討する。まず、技術市場および技術取引契約の特徴を整理し、その戦略的側面および法的課題を述べる（第9章）。次に、知的財産権のなかでもとりわけ重要な特許制度の概要、また特許権の権利行使を強化するプロパテント政策の功罪について検討し、望ましい特許制度のあり方を論じる（第10章）。最後に、イノベーションを政策的に支援する諸施策を概観しつつ望ましいイノベーション政策のあり方を検討する（第11章）。

以上の各章を通じて、日本のイノベーションの特徴と実証分析の方法論、また、イノベーション・マネジメント、さらにイノベーション政策の課題まで、イノベーションと技術変化の経済学を幅広く鳥瞰することができるものと期待している。

●キーワード●
技術、技術変化、イノベーション、知識、無形資産、新結合、創造的破壊、企業家、シュンペーター仮説、限定された合理性、エージェンシー理論、取引費用、組織能力、機会主義的行動、資産の特殊性、新制度派経済学、財産権、知的財産権、比較制度分析、ナショナル・イノベーション・システム、三重らせん、科学技術政策、科学者、技術者、受容能力、イノベーション政策、内生性、スピルオーバー

▶理解を深めるためのヒント

1-1 技術・技術変化とイノベーションを分析するためには、因果関係の連鎖（モデル）を予測し、仮説を構成することが大切である。それが実証研究の基礎となる。図1-2の技術変化のプロセスのなかから因果関係を切り取って、自らさまざまな仮説を構成してみよう。

1-2 組織の境界を観察単位とみなす場合、企業という単位以外にどのようなものが考えられるだろうか。ミクロからマクロまでさまざまな観察単位で分析することを考えてみよう。

参考文献

Aoki, M.（1988）*Information, Incentives, and Bargaining in the Japanese Economy*, Cambridge University Press.（永易浩一訳『日本経済の制度分析』、筑摩書房、1992年）

Aoki, M.（2001）*Toward a Comparative Institutional Analysis*, MIT Press.

Chandler, A.（1990）*Scale and Scope: The Dynamics of Industrial Capitalism*, Harvard University Press.（安部悦生・川辺信雄・工藤章・西牟田祐二・日高千景・山口一臣訳『スケール・アンド・スコープ：経営力発展の国際比較』有斐閣、1993年）

Coase, R. H.（1937）"The Nature of the Firm," *Economica* 4： 386-405.

Cohen, W. M.（2010）"Fifty Years of Empirical Studies of Innovative Activity and Performance," in B. H. Hall and N. Rosenberg eds., *Handbook of the Economics of Innovation*, North-Holland, 129-213.

Cohen, W. M. and D. A. Levinthal（1989）"Innovation and learning: The two faces of R&D-implications for the analysis of R&D investment," *Economic Journal*, 99： 569-96.

Dasgupta, P. and P. David（1994）"Toward a New Economics of Science," Research Policy 23： 487-521.

Dosi, G., R. R. Nelson and S. G. Winter eds.（2000）*The Nature and Dynamics of Organizational Capabilities*, Oxford University Press.

Griliches, Z.（1979）"Issues in Assessing the Contribution of Research and Development to Productivity Growth," *Bell Journal of Economics* 10： 92-116.

Griliches, Z.（1998）*R&D and Productivity: The Econometric Evidence*, The University of Chicago Press.

Kamien, M. I. and N. L. Schwartz（1982）*Market Structure and Innovation*, Cambridge University Press.

Klein, S. J. and N. Rosenberg（1986）"An Overview of Innovation," in R. Landau and N. Rosenberg eds., *The Positive Sum Strategy: Harnessing Technology for Economic Growth*, The National Academy Press.

Lundvall, B. ed.（1992）*National Systems of Innovation: Towards a Theory of Innovation and Interactive Learning*, Pinter Publishers.

Milgrom, P. and J. Roberts（1992）*Economics, Organization and Management*, Prentice Hall.（奥野正寛・伊藤秀史・今井晴雄・西村理・八木甫訳『組織の経済学』NTT 出版、1997年）

Nelson, R. R. ed.（1993）*National Innovation System: A Comparative Analysis*, Oxford University Press.

Nelson, R. R. and S. Winter（1982）*An Evolutionary Theory of Economic Change*, Harvard University Press.（後藤晃・角南篤・田中辰雄訳『経済変動の進化理論』慶応義塾大学出版会、2007年）

Nonaka, I. and H. Takeuchi（1995）*The Knowledge Creating Company: How Japanese Companies Create the Dynamics of Innovation*, Oxford University Press.（梅本勝博訳『知識創造企業』東洋経済新報社、1996年）

North, D.（1990）*Institutions, Institutional Change and Economic Performance*, Cambridge University Press.

North, D.（2005）*Understanding the Process of Economic Change*, Princeton University Press.

Penrose, E. T.（1959）*The Theory of the Growth of the Firm*, Basil Blackwell.（末松玄六訳『会社成長の理論』ダイヤモンド社、1980年）

Schumpeter, J. A.（1934）*The Theory of Economic Development: An Inquiry into Profits, Capital, Credit, Interest and the Business Cycle*, Harvard University Press.（塩野谷祐一・中山伊知郎・東畑精一訳『経済発展の理論：企業者利潤・資本・信用・利子および景気の回転に関する一研究』岩波書店、1977年）

Schumpeter, J. A.（1939）*Business Cycles: A theoritical, Historical and Statistical Anyalysis*, McGraw-Hill.

Schumpeter, J. A.（1942）*Capitalism, Socialism, and Democracy*, Harper Brothers.（中山伊知郎・東畑精一訳『資本主義・社会主義・民主主義』東洋経済新報社、1955年）

Simon, H. A.（1955）"A Behavioral Model of Rational Choice," *Quarterly Journal of Economics* 69：99-118.

Simon, H. A.（1987）"Bounded Rationality," in J. Eatewell et al. eds., *The New Palgrave：Utility and Probability*, Norton & Co.

Stephan, P. E.（2010）"The Economics of Science," in B. H. Hall and N. Rosenberg eds., *Handbook of the Economics of Innovation*, North-Holland, 217-273.

Stoneman, P.（1987）*The Economic Analysis of Technology Policy*, Oxford University Press.

Teece, D. J.（2007）"Explicating Dynamic Capabilities: The Nature and Micro-foundations of（sustainable）Enterprise Performance," *Strategic Management Journal* 28：1319-1350.

Williamson, O.（1975）*Markets and Hierarchies: Analysis and Antitrust Implications*, Free Press.（浅沼萬里・岩崎晃訳『市場と企業組織』日本評論社、1980年）

Williamson, O.（1985）*The Economic Institutions of Capitalism: Firms, Markets, Relational Contracting*, Free Press.

第Ⅰ部

技術変化と生産性

第2章

知識生産の性質

1 知識ストックと知識生産関数

　技術とは知識の一形態であり、技術変化は、獲得・蓄積された**知識ストック**がヒトや組織に利用されてはじめて実現する。ここで、知識ストックとは、イノベーションの中間投入物として生産活動に利用される知識が資産として蓄積されたものである。

　具体的な知識ストックの定義は、技術変化のモデルをどのように特定化するかによって決まる。通常の経済統計では、例えば、設備投資の流列（フロー）から資本ストックを構成する方法が一般的である。しかし、知識ストックは、資本ストックのように明確にフローとストックの関係を定義することが難しい。知識ストックとはさまざまな知識の寄せ集めである点に注意しよう。例えば、ヒトに体化された熟練、設計図、ソフトウェア、アルゴリズム、データベース、資料・マテリアル等のライブラリー、特許、ノウハウ、業務ルーチン、組織文化などである。これらを単一の知識ストックに集計することはきわめて難しい。この種の「集計」の難しさは、あらゆる経済統計に当てはまる課題である。しかし、通常の資本ストックとは異なり、知識ストックの場合には個々の知識を生み出す構成要素の市場価値を測る手段がほとんどない点に注意しなければならない。技術・知識の取引市場は極めて不完全だからである[1]。

　観察が可能なデータから知識ストックを推計するためには、新しい知識の増

図 2-1　知識生産関数のモデル

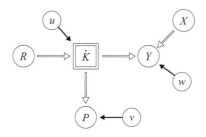

加分と、陳腐化した知識の減少分を同時に考慮した知識の純増分を、何らかの代理変数を用いて計測するモデルが必要となる。そのためには、知識ストックを増加させるインプットの代理指標と、知識ストックの蓄積がもたらすアウトプットの代理指標が必要である。

インプット指標には、ストック（人や組織に蓄積される人的資本や技術、特許など）とフロー（研究開発投資、研究従事者のマンアワー、フルタイム換算された研究者数など）の2つのタイプの指標が考えられる。一方、アウトプットの指標として、知識ストックがどのような成果を生み出したかを指標化する必要がある。そのような成果指標としては、生産性指標や企業価値指標が用いられることが多い[2]。あるいは、ライフサイエンス分野のイノベーションのように、個別の医療技術や薬剤の治療効果、医療費の節約効果など、より具体的な成果指標を個別ケースに合わせて採用する場合もある。さらに、新製品や新生産方法、新サービス等の具体的なケースが利用可能であれば、それらケースを数え上げて成果の代理指標とすることもできる[3]。

このような知識生産のプロセスを、実証分析の枠組みに照らして簡単にモデル化したものが図2-1である[4]。

ここで、Rは研究開発などのインプット、Kは知識ストック、$\dot{K}$はKを時間で微分したもの（$\dot{K} = dK/dt$、すなわち知識の増分）を表す。また、Pは知識ストックの代理指標（例えば、特許ストックなど）を表す。インプットR

---

1) 技術市場については第9章で検討する。
2) 例えば、全要素生産性やトービンのqなどである。詳しくは第4章で説明する。
3) さまざまなイノベーション指標をサーベイしたものとしてSmith（2005）を参照。
4) Pakes and Grileches（1984）、Fig.3.1をもとに作成。

と知識ストックの代理指標 P の観測誤差がそれぞれ u と v である。また、Y は生産性などのアウトプット指標、その観測誤差は w、X は Y に影響を与えるその他の観察可能な要因を表す。図2-1の中心には知識ストックの増分 $\dot{K}$ という観察不可能な要素が位置する。この左側の $R \Rightarrow \dot{K}$ の部分が**知識生産関数**（knowledge production function）に相当するモデルである[5]。

　次節では、知識ストックの測度 P を導入するための準備として、技術変化のプロセスを特徴づける要因について説明する。

2 技術特性と産業特性

　技術変化や知識ストックと相関する事象は無限といえるほど多い。また技術変化を引き起こすメカニズムもひとつとは限らない。技術の獲得・蓄積・利用のプロセスの把握が難しくなるのは、これらプロセスを構成する観察可能な要因にさまざまな**内生性**が見られるためである[6]。技術変化において特に留意すべき内生的要因は**技術特性**と**産業特性**である。技術特性とは、技術が知識として蓄積され、利用される態様のことである。知識が蓄積される態様はきわめて多様であり、また、知識が利用される場合も、異なる技術が補完的に用いられ、あるいは代替する技術が競合する状況が生まれやすい。

2-1　技術特性

暗黙知と形式知

　マイケル・ポランニーは、知識を認識論的に２つに分解した。個人や組織に体化され蓄積された経験や勘のような知識を**暗黙知**（tacit knowledge）という。暗黙知は特定の個人や組織に体化された知識であり、また主観的・経験的な知であり、形式化したり言語化することによって他人に伝えることが難しい。しかし、この暗黙知が知識創造活動に占める役割はきわめて大きい[7]。ポ

---

5) 知識生産関数のより詳しい説明は第4章で行う。

6) 内生性が生じる主な要因として、測定誤差（measurement error）、除外変数（omitted variable）の存在、逆因果関係（reverse causality）による同時性（simultaneity）が挙げられる。詳しくは計量経済学の基礎的教科書を参照のこと。Griliches（1994）は、知識生産関数の実証分析では測定誤差がとりわけ深刻である点を強調する。

ランニーが巧みに表現したように「人は語れる以上のことを知っている」(We can know more than we can tell) のである。一方、特許のように、言語化され、あるいはコード化された知識を**形式知**(explicit knowledge) と呼ぶ。形式知と暗黙知は相互補完的である。したがって、形式知を利用する際にも暗黙知の利用は必要不可欠となる点に注意しよう。

野中・竹内は、このような暗黙知と形式知の間の知識変換のプロセスが組織的知識創造の本質であると述べている[8]。この複合的かつスパイラル的な知識創造プロセスは、個々の組織に特異(idiosyncratic) な能力である。その能力を組織間で移転することは、単にコード化された形式知を移転する場合よりもはるかに難しい。この意味で、知識の模倣コストはゼロではない。「知識は公共財である」とは必ずしもいえないのである。

暗黙知と形式知から構成される複合的知識は、個人や組織の境界のなかで専有化することが容易な部分と、比較的模倣が容易な部分に分かれる。例えば、特許として専有化される知識は主に形式知から構成されることに注意しよう。特許のなかには、医薬品の化合物の組成のように、一定の化学合成の知識があれば容易に反復・模倣できるものがある。そのような場合の知識の模倣コストは極めて小さい。しかし、新しい医薬品の候補化合物を発見し最適化し臨床試験を経て市場に提供するという経営企画の能力(組織能力)は容易に模倣できないのである[9]。

技術変化の累積性：研究開発の二面性

技術変化には累積性がある。累積された知識の一部は形式知として蓄積され知識のスピルオーバー・プールを形成する。したがって、研究開発は、これら知識を吸収するための**受容能力**(absorptive capacity) を形成するという目的をもつ。すなわち、研究開発とは、自ら知識を創造する活動であることはもち

---

7) Polanyi (1967)、Nonaka and Takeuchi (1995, ch.2-3) を参照。

8) Nonaka and Takeuchi (1995, ch.3) を参照。

9) Nonaka and Takeuchi (1995) は組織間の知識移転は、①暗黙知の共有、②暗黙知と形式知の相互作用を通じたコンセプトの創造、③正当化、④原型(archetype) の構築、⑤知識の転移という5つのフェイズを自由かつ自律的に行うことによって可能となるとする。これを「ファイブ・フェイズ・モデル」と呼んでいる。

ろん、第三者から知識を吸収・模倣するための活動という性格を合わせもつのである[10]。この**研究開発の二面性**は、企業が外部から技術導入する場合、しばしば莫大な研究開発投資が必要となることからも直観的に理解できるだろう[11]。すなわち、現在の研究開発投資は将来の研究開発効率を向上させるのである。

なお、スピルオーバー・プールに蓄積された知識は、**公知**（public domain）の領域に入るものも入らないものもある[12]。知的財産権により保護された技術を利用しようとする場合には、特許契約等の明示的契約が必要となる。その場合であっても、高い受容能力をもつことは、技術の買手側による価値評価や契約条項の設定を的確に行うことを容易にするなど、さまざまな取引費用を節約することに繋がるだろう[13]。

技術変化の累積性の3類型

技術変化の累積性は、図2-2で示すように、**一対多、多対一、クオリティ・ラダー**の3つのタイプに類型化できる[14]。このうち一対多タイプは、基礎発明があって、それが広い用途をもつ応用発明につながる場合である。また、多対一タイプとは、多くの補完的な要素技術を組み合わせることによって発明の実施がはじめて可能となる場合である。最後に、品質が段階的に改良されていくパターンが考えられる。これをクオリティ・ラダー・モデルと呼ぶことがある。この場合、各段階の品質の差（$\varDelta_1, \varDelta_2, \varDelta_3$）に応じて、先行製品と後発製品の代替関係が変わってくる。また、各段階の品質向上が同一の企業によって継続的に実施されるとも限らない。各々の段階ごとに異なる企業が品質の改良を進めていることもあり得る。

---

10) Cohen and Levinthal（1989）を参照。

11) Yonekura（1994）は、明治以降の日本鉄鋼業が西欧諸国にキャッチアップするまでに莫大な費用と時間を要した過程を描いている。

12) 公知とは特許法の用語であり、公然と知られた状態であり新規性がない状態をいう。したがって、公知の技術は特許権を得ることができない。

13) 特許等のライセンス契約については第9章で説明する。

14) 以下の3分類はScotchmer（2004）による。なお、ここでは「基礎」と「応用」という言葉を、先行発明と後発発明を区別するために用いている。より一般的に用いられている基礎研究・応用研究・開発研究という分類については第3章で説明する。

図2-2 技術変化の累積性：3つの類型

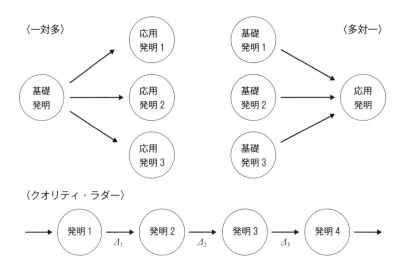

　累積的にイノベーションが起こることを前提とすると、各段階の研究開発インセンティブをどのように調整するべきかという難しい政策的課題が生じることとなる。先行する基礎発明を保護し過ぎると後続の応用発明のインセンティブが阻害される。一方、先行発明の保護を弱めると、そもそも応用発明へと繋がる累積的発明の連鎖が起こらなくなってしまうのである[15]。このように、基礎発明と応用発明の間には複雑かつダイナミックな相互依存関係が生じやすい。

汎用技術

　蒸気機関、電動モーター、内燃機関、レーザー、コンピューター、半導体、インターネットなどは、改良の余地の多さと潜在的用途の広がりが顕著なため、**汎用技術**（general purpose technologies）と呼ばれることがある。ここで汎用技術のもたらす累積性は、図2-2の一対多のパターンに相当する。汎用技術に広く見られる特徴をまとめると、①幅広い普及・浸透、②改良ポテンシャルの潜在的高さがもたらす技術開発のダイナミズム、③イノベーションの補完

---

15) この問題は第9章で検討する。

性がもたらす規模の経済性の3点である[16]。汎用技術では、基礎発明と応用発明の間だけでなく、応用発明の間にもさまざまな補完性が生じる。ソフトウェア産業に広く見られるプラットフォーム・ビジネスがその典型である[17]。

汎用技術の場合、応用発明の範囲が極めて広いため、先行発明を行った者がその利益をすべて専有することは難しい。したがって、汎用技術に関わる先行発明に対しては社会的に過小な研究開発インセンティブしか与えられていないといってよい。この点は、基礎的な汎用技術シーズを開発する者への公的支援を正当化する論拠となるかもしれない。民間部門ではリスクが大きすぎて投資負担を担えない、あるいは利益が十分に見込めない研究テーマは、大学や公的研究機関が担う、あるいは汎用技術の研究者への公的支援を行うといった対策が考えられる[18]。

2-2　産業特性

現代のイノベーションの主要な担い手は民間企業である。しかし、企業が属する産業にはそれぞれに固有の特性があり、研究開発インセンティブに強い影響を与えるものと考えられる。イノベーションに関する実証研究で、**産業特性**として特に重視されてきたのが、**需要の成長性**、**技術機会**、**専有可能性**の3つである[19]。以下、順番に説明しよう。

需要の成長性

ジェイコブ・シュムークラーは、詳細な特許文献を利用しつつ、米国の大陸横断鉄道の建設にともなう機関車への需要増大が、資本財（鉄道エンジン）に関連する特許件数の増加をもたらしたことを見出した[20]。この因果関係から、

16）Bresnahan and Trajtenberg（1995）を参照。
17）補完的技術が複合的に連関してプラットフォームを形成する市場については第8章で検討する。
18）汎用技術等の基礎発明への適切なイノベーション政策のあり方については第11章で論じる。
19）需要の成長性（いわゆるディマンド・プル）と技術機会（いわゆるテクノロジー・プッシュ）に関する論争の学説史的な説明として Kamien and Schwartz（1982）が優れている。また、Cohen（1995, 2010）が浩瀚な実証分析のサーベイを行っている。
20）Schmookler（1966）を参照。

シュムークラーは、**需要の成長性**が高いほど研究開発投資の期待収益率が高まり、その結果イノベーションが促進されるとみなした。すなわち、イノベーションは1人の天才的科学者の発明・発見という非経済的要因に依存するのではなく、企業の利潤追求という経済的要因によって十分に説明できると主張したのである。

ここで注意すべきは、生産コストを削減させ品質を向上させるために必要となる研究開発は、同時代に利用可能な科学技術の知識水準に依存する点である。同時代に共有された知識水準を、公共財の類推から**コモンズ**あるいは**コモン・プール**と呼ぶことがある。所与のコモンズの下で研究開発がもたらす限界利益は、事後的に期待できる生産規模が拡大するにつれて高くなる。したがって、需要の成長が期待される分野で研究開発インセンティブが高まるといってよい。

しかし、技術史や科学史の専門家であるデイビッド・マウリーとネイサン・ローゼンバーグは、需要の成長性を過度に重視する見方に批判的である[21]。現実のイノベーションは、科学・技術の進歩（コモンズの拡大）によって初めて実現すると主張する。過去を遡れば、どの発明においても、ごく少数の重要な先行発明が常に需要の成長に先行しているとみなせるからである。イノベーションの源泉は、国・産業・技術・時代に応じて極めて多様であり、需要の成長性によってすべてを説明することはできないといえよう。

経済学的には、需要の成長性の効果は、需要の価格弾力性が研究開発インセンティブに与える影響度として測られる[22]。例えば、生産に要する費用削減が目的となる**プロセス・イノベーション**（あるいは**新工程革新**）では、需要の価格弾力性が大きい市場ほど研究開発投資がもたらす限界利益（研究開発投資を1単位増加させたときに得られる追加的利益）が大きくなる。一方、新製品導入をめざす**プロダクト・イノベーション**（あるいは**新製品革新**）、あるいは製品の品質向上をめざすクオリティ・ラダー型のイノベーションでは、需要の弾力性が小さいほど研究開発投資が限界利益に与えるインパクトは大きくなる[23]。このように需要の成長性がもつインパクトは、イノベーションのタイ

---

21) Mowery and Rosenberg（1979）を参照。
22) Dasguputa and Stiglitz（1980）を参照。
23) 以上の指摘は Dasguputa and Stiglitz（1980）のモデルに依拠したものである。

プによって異なってくる点に注意が必要である。

技術機会

　技術史や歴史学の専門家がイノベーションのインセンティブを左右する要因として重視するのが**技術機会**である。技術機会とは、企業・産業の直面している技術の潜在的利用可能性の程度を表す。すなわち、研究開発資源を投入することによって利用可能となる潜在的な生産フロンティアの集合である。あるいは、技術機会とは新しい生産フロンティアに移動するために必要なコストといってもよい。

　イノベーションに必要となるコストは技術領域ごとに異なる。その違いは、技術固有の性格によるのかもしれないし、あるいは同時代に利用できるコモンズの水準の差を反映してのことかもしれない。したがって、産業間に見られる技術機会の違いは、時間の経過とともに変化する[24]。ただし、需要と比較すると、技術機会はより長期にわたり緩やかに変化すると見るべきだろう。したがって、需要の成長性と技術機会を考慮して知識生産プロセスを分析する場合には、その時間的な射程が異なって影響を与える可能性がある点に留意すべきである。

　技術機会の源泉はきわめて多様である。主な源泉を列挙しても、顧客、大学、政府・公的研究機関、競合企業、非競合的な産業・企業、社内の異なる研究開発部門、社内の生産・製造部門、など実に多様である。各々の役割・機能や重要度も技術領域や産業によって異なってくる[25]。なお、知識生産において、スピルオーバーの源泉となるコモン・プールを「スピルオーバー・プール」と呼ぶことはすでに述べた。このスピルオーバー・プールの大きさが技術機会を反映していることは確かであろう[26]。

専有可能性

　一般に、研究開発のもたらす**私的期待収益率**が高いほど、研究開発インセン

24）Scherer（1965）、Jaffe（1986）を参照。
25）歴史的・制度的、経営史的研究はきわめて多い。入門的なテキストとして、一橋大学イノベーション研究センター編（2001）を挙げておく。
26）Griliches（1979, 1992）、Jaffe（1986）を参照。

第2章　知識生産の性質　**25**

ティブは高まるといってよい。しかし、研究開発が社会全体にもたらす利益、すなわち**社会的収益率**と私的期待収益率は、技術のもつ公共財的性質によって原理的に一致しない。すなわち、社会的収益率は常に私的期待収益率を上回っているのである。この2つの収益率の乖離度を**専有可能性**と呼ぶ。

研究開発を行う企業が、その成果の専有性を高める手段としては、特許、企業秘密（trade secret）、製品開発のリードタイムによるブランドの確立、生産設備や販売網などの**補完的資産**の支配、**学習効果**が主なものとして挙げられる。

専有可能性とコインの表裏の関係にあるのが**模倣コスト**である。具体的な模倣コストとして、模倣の価値があるか否かを判断するための技術調査や市場調査、当該技術の消化のために必要となる追加的な研究開発投資や設備投資、特許等の知的財産権を得るためのライセンスあるいは当該特許を迂回するための研究開発、当該技術を実施するために必要となる企業組織の再編成などに要するコスト等が挙げられる。また、製品の先行的な導入による学習効果、関連する販売・サービス網やブランド・イメージの確立によっても、後発者の模倣コストが高まるだろう。

模倣コストが小さい場合、それはリードタイムや学習効果がそれだけ小さくなることを意味する。すでに述べたように、先行技術の受容能力は、企業・技術・製品ごとにさまざまである。したがって、模倣コストも技術・産業ごとに大きく異なっている。模倣コストが大きければ技術の専有可能性の確保はそれだけ容易になり、研究開発を行うことの**先行者利益**もそれだけ大きいといえる。

【BOX2.1】 イノベーション・サーベイによる技術特性・産業特性の解明

企業関係者へのインタビューに基づくイノベーションと技術変化に関する先駆的研究は Mansfield (1968)、Mansfield et al. (1977) である。また、サセックス大学を拠点とする SPRU（Science Policy Research Unit）は、400人ほどの技術者によって1945年から1983年に実現したイノベーション情報を系統的に収集したデータベースを構築した。その成果の一部は Geroski (1995)

にまとめられている。米国でも1982年に SBA（The Small Business Administration Database）と呼ばれるデータベースが作られた。Acs and Audretsch（1990）は SBA を活用した研究成果である。

　これらの研究に刺激を受けて、大学や公的機関による大規模なイノベーション調査が実施されるようになった。イェール大学の研究者を中心に行われた Levin et al.（1987）およびカーネギー・メロン大学の研究者を中心として行われた Cohen et al.（2002）が有名である。OECD は、研究開発や特許などでは測れないイノベーションの質的側面について質問票調査を行うためのガイドラインである「オスロ・マニュアル」を1992年に公表している。オスロ・マニュアル公表後、欧州経済地域（EEA）協定の締結国を対象とした「共同体イノベーション調査」（Community Innovation Survey: CIS）が、欧州共同体統計局（Eurostat）によって実施された。日本でも、2002年度より、科学技術政策研究所（現・科学技術・学術政策研究所）によって『全国イノベーション調査』が実施されている。これはオスロ・マニュアルに準拠した日本初の本格的なイノベーション調査である。同様の調査が、2009年度、2012年度、2015年度に実施されている。

　日米比較が可能な形で行われたカーネギー・メロン・サーベイの結果の一部を紹介しておこう。その成果は後藤・永田（1997）にまとめられている。この調査は1994年9月に実施され、日米比較が可能となるようにサンプル企業をフィルタリングし、かつ産業構造の差による影響も調整したうえで、年間売上高5000万ドル（51億4000万円）以上の企業（有効回答企業数：日本593社、米国826社）から回答を得て集計されたものである。このサーベイ調査のなかで興味深い項目は「専有可能性を確保する手段として有効であった研究開発プロジェクトの件数が全体の件数に占める比率」を尋ねている質問である。その比率として、10%未満、10-40%、41-60%、61-90%、90%以上の5つのレンジから選択するように尋ねられている。表 B2-1は、この質問項目に対して回答者が選んだ選択肢のレンジの中位値を平均して集計したものである。

　製品イノベーションについての集計結果を見ると、日本では「製品の先行的な市場化」と「特許による保護」のスコアが高い。先行調査のイェール・サーベイと比較すると、1980年代と比べて、米国では特許による保護はさほど重視されなくなっていたのに対して、日本では比較的高く評価されていた。1980年代から90年代にかけての日米の回答の違いが対照的となっている点が注目され

る。

表 B2-1　専有可能性を確保するための方法（平均値）

	製品イノベーション		工程イノベーション	
	日本	米国	日本	米国
技術情報の秘匿	25.6	51.4	28.9	52.7
特許による保護	37.8	35.7	24.8	23.9
他の法的保護	16.3	20.3	11.8	15.0
製品の先行的な市場化	40.7	51.8	28.2	38.0
販売・サービス網の保有・管理	30.0	41.9	22.7	29.0
製造設備やノウハウの保有・管理	33.1	45.5	36.1	43.3
生産、製品設計の複雑性	20.2	40.0	22.0	38.6
その他	6.5	8.6	6.6	8.0

出所：後藤・永田（1997），p.18-19 の図表に示された数値を引用

●キーワード●

知識ストック、知識生産関数、内生性、技術特性、産業特性、暗黙知、形式知、受容能力、研究開発の二面性、公知、一対多、多対一、クオリティ・ラダー、汎用技術、需要の成長性、技術機会、専有可能性、コモンズ、コモン・プール、プロセス・イノベーション（新工程革新）、プロダクト・イノベーション（新製品革新）、私的期待収益率、社会的収益率、補完的資産、学習効果、模倣コスト、先行者利益

▶理解を深めるためのヒント

2-1　補完的な技術を組み合わせることによって製品化やサービスの提供が可能となっている事例をいくつか挙げてみよう。補完的技術が複数企業にわたって所有されているケースも探してみよう。例えば、スマートホンに関連する補完的な部品や要素技術はどれぐらいあるだろうか。日本企業はどの部品や要素技術に関与しているだろうか。

2-2　暗黙知と形式知の間の知識変換の具体的な事例について考えてみよう。個々の企業に固有のコンセプトが社内で共有化されるメカニズムとして、どのようなものが考えられるだろうか。

2-3 　ビッグデータを用いた近年の AI の実用化研究の発展は、需要の成長性（ディマンド・プル型）と技術機会（テクノロジー・プッシュ型）のいずれによってより良く説明できるだろうか。タイム・スパンの取り方を 5 年、10年、30年、50年といろいろと変えて考えてみよう。

参考文献

後藤晃・永田晃也（1997）「イノベーションの専有可能性と技術機会：サーベイデータによる日米比較研究」NISTEP Report No.48、科学技術政策研究所。

一橋大学イノベーション研究センター編（2001）『イノベーション・マネジメント入門』、日本経済新聞社。

Acs, Z. and D. Audretsch（1990）*Innovation and Small Firms*, MIT Press.

Bresnahan, T. F. and M. Trajtenberg（1995）"General Purpose Technologies 'Engines of Growth'?" *Journal of Ecnometrics* 65： 83-108.

Cohen, W. M.（1995）"Empirical Studies of Innovative Activities," in P. Stoneman ed., *Handbook of the Economics of Innovation and Technological Change*, Blackwell, 182-264.

Cohen, W. M.（2010）"Fifty Years of Empirical Studies of Innovative Activity and Performance," in B. H. Hall and N. Rosenberg eds., *Handbook of the Economics of Innovation*, North-Holland, 129-213.

Cohen, W. M. and D. A. Levinthal（1989）"Innovation and Learning: The Two Faces of R&D-implications for the Analysis of R&D Investment," *Economic Journal* 99： 569-596.

Cohen, W. M., A. Goto, A. Nagata, R. R. Nelson, and J. P. Walsh（2002）"R&D Spillovers, Patents and the Incentives to Innovate in Japan and the United States," *Research Policy* 31： 1349-1367.

Dasguputa, P. and J. E. Stiglitz（1980）"Industrial Structure and the Nature of Innovative Activity," *Economic Journal* 90： 266-293.

Geroski, P.（1995）*Market Structure, Corporate Performance and Innovative Activity*, Oxford University Press.

Griliches, Z.（1979）"Issues in Assessing the Contribution of Research and Development to Productivity Growth," *Bell Journal of Economics* 10： 92-116.

Griliches, Z.（1992）"The Search for R&D Spillovers," *Scandinavian Journal of Economics* 94： S29-S47.

Griliches, Z.（1994）"Productivity, R&D, and the Data Constraint," *American Economic Review* 84, 1-23.

Jaffe, A. B.（1986）"Technological Opportunity and Spillovers of R&D: Evidence from Firms' Patents, Profits, and Market Value," *American Economic Review*

第 2 章　知識生産の性質　**29**

76： 984-1001.

Kamien, M. I. and N. L. Schwartz（1982）*Market Structure and Innovation*, Cambridge University Press.

Levin, R. C., A. K. Klevorick, R. R. Nelson, and S. G. Winter（1987）"Appropriating the Returns from Industrial Research and Development," *Brookings Papers on Economic Activity* 3： 783-820.

Mansfield, E.（1968）*Industrial Research and Technological Innovation: An Econometric Analysis*, WW Norton.

Mansfield, E., J. Rapoport, A. Romeo, E. Villani, S. Wagner, and F. Husic（1977）*The Production and Application of New Industrial Technology*, Norton.

Mowery, D. and N. Rosenberg（1979）"The Influence of Market Demand upon Innovation: A Critical Review of some Recent Empirical Studies," *Research Policy* 8： 102-153.

Nonaka, I. and H. Takeuchi（1995）*The Knowledge Creating Company: How Japanese Companies Create the Dynamics of Innovation*, Oxford University Press.（梅本勝博訳『知識創造企業』東洋経済新報社、1996年）

Pakes, A. and Z. Griliches（1984）"Patents and R&D at the Firm Level: A First Look," in Z. Grileches ed., *R&D, Patents, and Productivity*, University of Chicago Press, 55-72.

Pavitt, K.（1984）"Sectoral Patterns of Technological Change: Towards a Taxonomy and a Theory," *Research Policy* 13, pp.343-373.

Polanyi, M.（1967）*The Tacit Dimension,* Routledge.（佐藤敬三訳『暗黙知の次元』紀伊国屋書店、1980年）

Scherer, F. M.（1965）"Firm Size, Market Structure, Opportunity and the Output of Patented Inventions," *American Economic Review* 55： 1097-1123.

Schmookler, J.（1966）*Invention and Economic Growth*, Harvard University Press.

Scotchmer, S.（2004）*Innovation and Incentives*, MIT Press.（青木玲子監訳・安藤至大訳『知財創出：イノベーションとインセンティブ』日本評論社、2008年）

Smith, K.（2005）"Measuring Innovation," in J. Fagerberg, D. C. Mowery, and R. R. Nelson eds., *The Oxford Handbook of Innovation*, Oxford University Press, 148-177.

Yonekura, S.（1994）*The Japanese Iron and Steel Industry, 1850-1990: Continuity and Discontinuity*, Macmillan.

第**3**章

科学技術指標の読み方

1 科学技術指標の開発の歴史

　統計指標の開発は、図3-1に示すように、方法論の開発→データの収集と加工→分析→方法論の修正というサイクルによって徐々に改善されていく。それはイノベーションに関わる**科学技術指標**においても同様である[1]。本章では、科学技術指標の開発の歴史をふり返るとともに、実証研究で頻繁に利用される研究開発、研究開発人材、特許、および技術貿易収支という4つの代表的指標の特徴を説明する。

図3-1　統計指標の開発サイクル

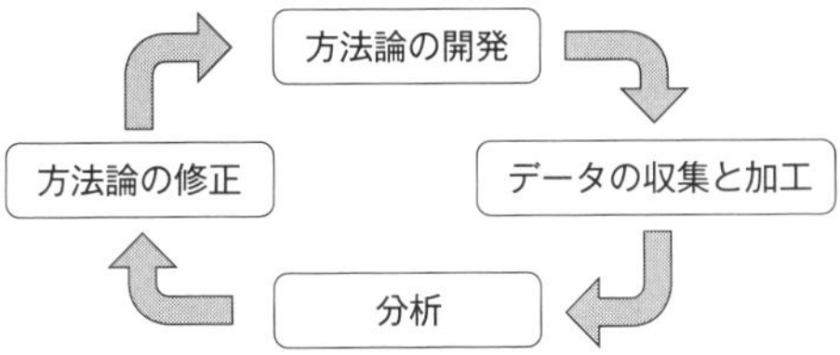

1）イノベーションに関する統計調査では「科学技術指標」（science and technology indicators）という用語がよく用いられる。本章もこの慣例に従うこととする。

31

$\boxed{2}$ 全米科学財団と経済協力開発機構による指標開発

　科学技術に関する統計指標は、イノベーション政策の立案・評価の基礎デー
タとなるにもかかわらず、1960年代に至るまで、その整備は大きく遅れてい
た。しかし、経済成長へのイノベーションの貢献が極めて大きいことが明らか
となるにつれて、科学技術指標の開発が徐々に本格化する[2]。とりわけ、科学
技術の振興を目的に掲げて1950年に設立された全米科学財団（NSF：National
Science Foundation）と、1961年に設立された経済協力開発機構（OECD：
Organisation for Economic Co-operation and Development）の2つの機関が科
学技術関係の指標開発をリードしてきた。

　NSFは世界初の体系的な科学技術指標である *Sciences and Engineering Indicators*（SEI）を1973年に発行した。以後、このSEIは世界各国の指標開発
のモデルとされてきた。同指標は、1987年に *Science & Engineering Indicators*
へと名称が変更され、以後2年ごとに公表されて現在に至っている。SEIの調
査項目は年々拡大され、教育・研究・産業に関する広範なデータが分野別・国
別等に公表されている。

2-1　OECDによる科学技術指標の指針

　国際機関であるOECDでは、科学技術に関するさまざまな統計指標作成の
指針（マニュアル）が開発されてきた。OECDによる主な指針を表3-1にまと
めている。これらの指針を通じて、各種の科学技術統計の調査方法や概念・定
義の国際的な標準化が進められてきた。

　OECDによる科学技術指標の発行は1984年から始まり[3]、1995年からは200
項目以上の詳細な指標を含む *Science, Technology and Industry Scoreboard*

2）経済成長へのイノベーションの貢献が極めて大きいことを数量的に明らかにした先駆的
　研究がSolow（1956, 1957）による成長会計（growth accounting）の研究である。また
　OECDによる科学技術指標開発の経緯については中島・小嶋（2002）が詳しい。
3）当初OECDは、科学技術活動に関する詳細な分析を含んだ *OECD Science and Technology Indicators Report*（STI Report）を1984年、86年、89年と3回発行したが、その後
　中止された。

32　第I部　技術変化と生産性

表 3-1　OECD 科学技術統計指標の指針

指針（初版発行年）	指針の対象
フラスカティ・マニュアル（1963）	研究開発
技術貿易収支マニュアル（1990）	技術貿易収支
オスロ・マニュアル（1992）	イノベーション調査
パテント・マニュアル（1994）	特許
キャンベラ・マニュアル（1995）	人的資源

表 3-2　OECD による科学技術統計の開発

1950～60 年代	1970年代	1980年代	1990年代以降
研究開発	研究開発	研究開発	研究開発
	特許	高等教育機関の研究開発	特許
	技術貿易収支	特許	技術貿易収支
		技術貿易収支	ハイテク製品
		ハイテク製品	計量書誌学
		計量書誌学	人的資源
		人的資源	イノベーション調査
		イノベーション調査	産業技術の公的支援
			無形投資
			情報通信技術指標
			生産性
			ベンチャー投資
			合併・買収　その他

出所：中島・小嶋（2002, p.6）表 1.4.1 を元に作成

（STIS）が隔年で発行されている。また、STIS と交互に *OECD Science, Technology and Innovation Outlook* が隔年で発行されている。

　OECD による統計指標の開発の流れを示したのが表3-2である。この表からも明らかなように、さまざまな科学技術指標が利用できるようになったのは1990年代のことである。これらの多様な指標を活用することによって、技術特性や産業特性がイノベーションに与える影響、教育や公的研究機関など、多様な経済主体によるイノベーションへの貢献を包括的に分析できるようになったのである。

　統計指標の開発が1960年代に始まった当初は、**研究開発**（R&D：Research and Development）に関する指標の開発が中心であった。まず、1963年に**フラスカティ・マニュアル**の初版が発行され[4]、研究開発の定義が初めて示され

た。翌1964年には研究開発活動調査（International Statistical Year for Research and Development）と呼ばれる包括的調査が OECD 加盟国に対して実施された。その後、表3-1に示されるように、技術貿易、イノベーション調査、特許、人的資源などへと徐々に指針の対象が拡大されていった。

研究開発と並んで経済分析で中心的な役割を果たしてきたのは**特許**である。データベースの電子化とともに特許データの利用価値が高まり、OECD では1994年に特許指標の作成指針である**パテント・マニュアル**が初めて作成された。特許データベースの整備は現在も急ピッチで進みつつあり、実証研究への特許データの利用は急激に拡大しつつある。

研究開発と特許以外にも、1990年代以降、さまざまな科学技術指標の開発が並行して進められてきた。例えば人的資源については、1995年に OECD と欧州委員会欧州共同体統計局（Eurostat）が共同で**キャンベラ・マニュアル**を作成した。このマニュアルは、**科学技術人材**（HRST：Human Resources devoted to Science and Technology）を、学歴または職業・資格によって定義している。すなわち、科学技術人材とは「自然科学または工学の分野で、最低でも大学卒と同等の資格をもつ者、あるいは関連する科学技術分野の職業に従事している者」と定義されている。

1980年代からは、インタビューやサーベイ調査を基礎とする**イノベーション調査**が活発に行われるようになった[5]。OECD では、サーベイ調査の指針として1992年に**オスロ・マニュアル**が作成されている。さらに、データの電子化やコンピュータの計算能力の向上に伴って、科学技術文献に含まれる大量の書誌情報を活用した**計量書誌学**（bibliometrics）も発展しつつある。計量書誌学とは、書籍・論文や特許等の文献や雑誌記事等の書誌情報を統計的・計量的に研究する学問である[6]。

2-2　日本の科学技術指標

日本の主な科学技術指標としては、1991年から毎年定期的に公表されている『科学技術指標』（文部科学省・科学技術・学術政策研究所）がある[7]。この報

4）最新のフラスカティ・マニュアルは第7版（2015年）である。
5）イノベーション調査については【Box2.1】も参照されたい。
6）科学文献を計量的に分析した OECD and SCImago Research Group（2016）を参照。

34　第Ⅰ部　技術変化と生産性

告書は、科学技術活動を「研究開発費」、「研究開発人材」、「高等教育」、「研究開発のアウトプット」、「科学技術とイノベーション」の５つのカテゴリーに分類し、日本および主要国の科学技術の状況を約150にわたる広範な指標で比較した多角的・包括的な情報を提供している[8]。

これらの科学技術指標を作成するためには、国内外のさまざまな基礎統計を収集・加工する必要がある。また、人口動態、特許統計、技術貿易などの統計も必要となる。そのため、広範な省庁が科学技術指標の基礎統計の作成に寄与している。なかでも1953年から総務省（旧総理府・総務庁）が調査作成している『科学技術研究調査報告』が科学技術統計の最も基礎的なデータと位置付けられる。

3 研究開発

以下主要な科学技術指標として、研究開発、研究開発人材、特許、技術貿易の４つに絞ってその特徴を順番に説明していこう。

3-1 研究開発の定義

研究開発は、国際比較が可能となるように世界共通の定義が用いられることが望ましい。実際、OECD 加盟国をはじめ多くの国々がフラスカティ・マニュアルに準拠した定義を採用している。フラスカティ・マニュアルおよび日本における研究開発費の定義を一部抜粋したのが表3-3である。

研究開発活動の代表的指標は、有価証券報告書など上場企業の財務データに記載された**研究開発費**および**試験研究費**である。通常、研究開発費とは「研究開発費等に係る会計基準」（企業会計審議会）で規定される会計上の用語であり、試験研究費とは「租税特別措置法」で規定される税法上の用語として区別している。定義上、有価証券報告書に記載される試験研究費と研究開発費は一

7）この他、『科学技術白書』や『科学技術要覧』も有益である。

8）『科学技術指標』は科学技術・学術政策研究所（NISTEP）から毎年公表されている。また、NISTEP の下記のサイトは、日本や国際機関、世界各国の主要統計指標へのリンクがあり有益である。http://www.nistep.go.jp/research/scisip/data-and-information-infrastructure/datalink_country_detail（最終閲覧日：2018年９月21日）

第３章　科学技術指標の読み方　**35**

表 3-3　研究開発の定義

● OECD フラスカティ・マニュアル（第 7 版、2015年）
知識ストックを増やすための創造的・体系的な作業のことであり、知識ストックには、人類・文化・社会に関わる知識および既存の知識の新しい用途をも含む

●企業会計審議会「研究開発費等に係る会計基準」（1998年 3 月公表）
研究とは、新しい知識の発見を目的とした計画的な調査及び探究をいう。開発とは、新しい製品・サービス・生産方法（以下、「製品等」という。）についての計画若しくは設計又は既存の製品等を著しく改良するための計画若しくは設計として、研究の成果その他の知識を具体化すること

●法人税法・租税特別措置法による「試験研究費」・「開発費」
試験研究費とは「製品の製造又は技術の改良、考案若しくは発明に係る試験研究のために要する費用」であり、開発費とは「新たな技術若しくは新たな経営組織の採用、資源の開発、市場の開拓又は新たな事業の開始のために特別に支出する費用」である

致しない点に注意しよう。試験研究費は、法人税法あるいは租税特別措置法などによって税法上の特別控除の対象範囲等が政令で細かく定められている。大雑把にみれば、試験研究費と開発費を合わせたものが研究開発費に相当するとみてよい。細かい政令上の差異を除けば、企業会計基準でいう「研究」は税法や科学技術基本法でいう「基礎研究」にほぼ相当し、企業会計基準でいう「開発」は、税法や科学技術基本法でいう「応用研究」および「開発研究（あるいは工業化研究）」にほぼ相当するとみてよい。

　研究費の性格として**基礎研究・応用研究・開発研究**の 3 つに区分されることがよくある。フラスカティ・マニュアルの定義によると、基礎研究とは「特別な応用、用途を直接に考慮することなく、仮説や理論を形成するため、もしくは現象や観察可能な事実に関して新しい知識を得るために行われる理論的または実験的研究」を指す。また、応用研究とは「基礎研究によって発見された知識を利用して、特定の目標を定めて実用化の可能性を確かめる研究、およびすでに実用化されている方法に関して新たな応用方法を探索する研究」を指す。さらに、開発研究とは、「基礎研究、応用研究および実験の経験から得た知識の利用であり、新しい材料、装置、製品、システム、工程等の導入または既存のこれらのものの改良を狙いとする研究」を指す。日本でもほぼ同様の定義が科学技術基本法で定められているが、基礎研究をさらに「純粋基礎研究」と

36　第Ⅰ部　技術変化と生産性

「目的基礎研究」の２つに分けている。一方、欧州諸国では、応用研究を「戦略的応用研究」と「非戦略的応用研究」の２つに分類することが多い。

3-2 研究開発費の会計処理上の問題点

　研究開発費に関わる財務データとして容易にアクセスできるものは上場企業のものに限られる。研究開発費や試験研究費が記載されている『有価証券報告書』は、証券取引所に上場している企業が決算後にハードコピーで公開するものである[9]。ただし、有価証券報告書では、研究開発費が空欄あるいはゼロと記入されている企業が多く見られる。財務データ上の研究開発費が仮にゼロであったとしても、必ずしもその企業がイノベーション活動を行っていないとはかぎらない。さらに問題となるのは、有価証券報告書に記載されている研究開発費は、真の値を下回っている可能性が高いことである。有価証券報告書による研究開発費は、科学技術研究調査（総務省）における同様の値の28％に過ぎなかったという調査報告もある[10]。その理由として、本来、研究費に含められるべき支出、例えば研究者への賃金支払い分が人件費に含められている、研究所のコストのみを研究費として計上しており、生産現場により近いところで行われている研究のための費用が計上されていない、といったことが考えられる。このように、財務上の研究開発費は過小に報告される傾向（**報告バイアス**）がある点に注意すべきである。

　研究開発費の会計処理は、1998年度までは、①貸借対照表の繰延勘定分（研究・開発費のうち開発費のなかで資産計上された部分）、②損益計算書の一般管理費・販売費分、③製造原価明細書の経費分からなっていた。経済学的に考えると、①がストックとしての費用、②がフローとしての費用、③が技術導入後の回収費用である。しかし、これらの計上基準が不明確だった過去の記載例を見ると、①を②に含めている企業、②を一切公表せずに①にすべてを含めて

　9）2005年以降は、EDINET（Electronic Disclosure for Investors' Network）を利用して誰でも簡単に上場企業の財務データをインターネットで閲覧できるようになっている。EDINET とは「金融商品取引法」に基づく有価証券報告書等の開示書類に関する電子開示システムのことで、提出された開示書類について、インターネット上においても閲覧を可能とするものである。

　10）後藤（1993, pp.56-58）

第3章　科学技術指標の読み方　**37**

いる企業などがある。また分類の精度も産業ごとに大きく異なっていた。

　このような会計処理上の混乱を受けて、1998年、企業会計審議会（旧大蔵省）より「研究開発費等に係る会計基準の設定に関する意見書」が公表され、研究開発活動と将来収益との対応関係は不確実であるという米国会計基準の考え方を踏襲して、研究開発費は発生時にすべて費用として処理するルールに統一された。この会計原則を**発生主義**という[11]。この会計基準の公表によって、科学技術研究調査の研究開発費と財務データの研究開発費のギャップは相当に縮小したものと思われる[12]。このように、日本企業の財務データを用いる場合、研究開発費の系列が1998〜99年前後で不連続となっている点に注意しなければならない。

3-3　日本の研究開発費：使用と負担の部門別推移

　表3-4は最近10年の日本の部門別（企業・大学・公的機関・非営利団体別）研究開発費の使用額を表したものである[13]。日本の研究開発費は緩やかに増加しつつあり、2015年には18兆9000億円を超えている。ただし、その多くは企業部門が使用している。企業部門の2015年度の研究開発費は13兆6000億円以上、部門別割合も企業の研究費は全体の72.3％を占めている。これに対して、大学は3兆6000億円程度、公的機関は1兆3000億円程度、部門別使用割合はそれぞれ大学19.2％、公的機関7.3％に留まっている。

　主要国の研究開発費の部門別負担割合を比較したのが表3-5である。各国の部門の分類方法は、国の制度や調査方法、対象機関の範囲によって違いが生じるため、厳密な国際比較は難しい[14]。しかし、そのような差を考慮しても、日本の研究開発費の政府負担割合は18％程度となっており、20％を大きく越える他の主要国よりもかなり小さい。負担・使用のいずれの割合で見ても、日本

11）発生主義とは、現金の収入や支出に関係なく、事業上の事象の発生または変化が生じた時点で、収益または費用を計上しなければならないとするものである。この公表以降、研究開発費について大きな会計基準の変更は行われていない。

12）吉澤・小林（2003）によればそのギャップは7割程度まで縮小したという。

13）負担額ではない点に注意せよ。研究開発費を部門別に見る場合、負担部門と使用部門のいずれであるか注意する必要がある。

14）各国・地域間の詳しい部門の定義については『科学技術指標2017』第1章を参照のこと。

表 3-4　日本の研究開発費：使用部門別推移（単位：100 万円）

年度	企業	大学	公的機関	非営利団体	合計
2006	13,327,391	3,382,392	1,430,440	322,878	18,463,102
2007	13,830,433	3,423,678	1,379,374	310,282	18,943,767
2008	13,634,478	3,444,992	1,447,364	273,229	18,800,063
2009	11,983,844	3,549,780	1,457,538	255,138	17,246,300
2010	12,010,033	3,433,979	1,416,519	249,419	17,109,951
2011	12,271,778	3,540,506	1,335,473	231,328	17,379,084
2012	12,170,475	3,562,409	1,369,191	222,484	17,324,559
2013	12,691,955	3,699,668	1,529,297	212,709	18,133,628
2014	13,586,360	3,696,157	1,454,760	234,024	18,971,300
2015	13,685,745	3,643,887	1,377,232	232,266	18,939,130

出所：『科学技術指標 2017』統計集 p.10

表 3-5　主要国における政府の研究開発費負担割合の推移（単位：％）

年	日本	米国	ドイツ	フランス	英国	中国	韓国
2006	18.1	29.9	27.5	38.5	31.9	24.7	23.1
2007	17.5	29.2	27.5	38.1	30.9	24.6	24.8
2008	17.8	30.4	28.4	38.9	30.7	23.6	25.4
2009	20.3	32.7	29.8	38.7	32.6	23.4	27.4
2010	19.3	32.6	30.4	37.1	32.3	24.0	26.7
2011	18.6	31.3	29.9	35.1	30.5	21.7	24.9
2012	19.1	29.9	29.2	35.4	28.7	21.6	23.8
2013	19.5	27.8	29.1	35.3	29.1	21.1	23.8
2014	18.4	26.2	28.8	34.6	28.4	20.3	23.0
2015	17.6	24.0	—	—	28.0	21.3	23.7

注：米国では大部分あるいはすべての資本支出を除外。また一部の箇所で前年までのデータの継続性が損なわれている。詳しくは『科学技術指標 2017』第 1 章を参照。
出所：『科学技術指標 2017』統計集 p.21

の研究開発費は民間部門が主要な担い手となっているといってよい。

3-4　国際会計基準への収斂

　企業活動のグローバル化に伴って、研究開発費の会計処理原則の国際的収斂が課題となっている。国際標準となりつつある**国際財務報告基準**（IFRS：International Financial Reporting Standards、アイファースと呼ばれる）と[15]、

第 3 章　科学技術指標の読み方　**39**

米国や日本の会計基準は、その研究開発費の会計処理ルールに違いがある。例えば、IFRS では、「研究費」は発生時に費用処理されなければならないものの、将来の回収可能性がある「開発費」は無形資産として計上して規則的に償却することが可能とされる。一方、日本および米国の従来の会計基準では、研究費、開発費ともに、すべて発生時に費用として処理しなければならない。将来の回収可能性のある開発費の資産計上を認める国際基準と、それを認めない日本および米国の会計基準を、どのように収斂させるべきかが大きな課題となっている。

　日本では、2009年6月に企業会計審議会が「我が国における国際会計基準の取扱いに関する意見書（中間報告）」を公表し、2009年12月に関係内閣府令が改正され、2010年3月期決算から国際会計基準（IFRS）に準拠した連結財務諸表を提出することが認められるようになった。その後、企業会計審議会等の場を通じて、IFRS の任意適用の積極的な拡大が謳われるようになった。しかし、金融庁によれば、日本の IFRS 適用企業数は漸増しつつあるとはいえ、2017年2月3日時点で135社（全上場企業時価総額の22.6％）に留まっている[16]。

　国際的な会計基準としての IFRS の影響力は極めて大きい。金融庁によれば、2017年2月時点で、世界の149法域のうち119法域において、ほぼすべての主要企業に IFRS が強制適用されており、金融機関を除くすべての上場企業に強制適用されている6法域を合わせると、IFRS が強制適用されている法域は全部で125に及ぶ。一方、日本やインドなど12の法域では IFRS を強制適用せず任意適用に留めており、米国や中国等の9つの法域は自国基準を採用している。研究開発費の国際比較を行う場合には、これらの法域ごとの会計基準の違いに注意すべきである。

15）2001年に国際会計基準委員会（IASC）が改組されて設立された国際会計基準審議会（International Accounting Standards Board：IASB）によって定められる会計基準のことである。

16）「国際会計基準をめぐる最近の状況」（金融庁、2017年2月14日公表）を参照。

【*BOX3.1*】研究開発の資本化

研究開発費の企業会計処理上の問題に加えて、マクロ経済の国民所得統計においても研究開発の取扱いは大きな問題となった。現行の国民経済計算体系（SNA: Systems of National Accounts）の指針である2008SNAでは、研究開発は、「人類・文化・社会に関する知識ストックを増加させ、効率や生産性を改善させたり、あるいは将来の利益を得ることを目的として体系的に実施される創造的活動」と定義され、R&Dによる知識ストックの蓄積を、固定資産（具体的には「知的財産生産物」の内訳としての「研究・開発」）として扱うこととされている。そのためには、研究・開発として実際に支出された費目のどの部分が固定資産であり、どの部分が所有者に経済的利益をもたらさない中間消費に当たるかを区分けする必要がある。R&D活動とSNA上への記録の対応は図B3-1のとおりである。

図 B3-1

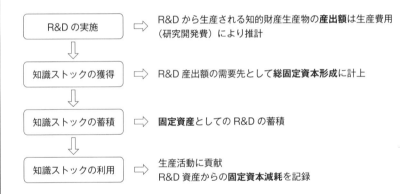

この考え方に従って、R&D産出額にR&Dの純輸入額を加えた金額としてR&Dの総固定資本形成額を算出することとなり、日本も欧米諸国から2年ほど遅れて2016年12月末からR&Dの資本化を行った。日本の研究開発費はGDP比3%超と高水準のため、基準改定後の名目国内総生産は3%強（15兆円前後）も押し上げられることとなった。この改定によって、知識生産関数にマッチしたモデルに基づき、マクロの消費と投資のバランスの把握がいっそう正確に行われるようになるものと期待される。

4 研究開発人材

　科学技術を支える基盤は人材であることは論を俟たない。しかし、研究開発を担う研究者や研究支援者をどのように定義して集計すべきであろうか。フラスカティ・マニュアルは、研究者（researcher）を「新しい知識の着想または創造に従事する専門家である。研究を実施し、概念、理論、モデル、技術、測定、ソフトウェア又は操作校訂の改善もしくは開発を行う」者と定義している。

　実際に研究者数を数えるためには、**フルタイム換算**（FTE: full-time equivalent）を行って集計する方法と、兼務も含めた研究従事者をすべて**ヘッド・カウント**（HC: head count）して集計する方法に分かれる。例えば、大学教員は、研究とともに教育に従事することが多いが、実際に研究者として活動した時間をフルタイムの比率で換算してマンアワーを計算するのがフルタイム換算（FTE）であり、一方、研究に従事することが本務に含まれるすべての教員を単純集計したものがヘッド・カウント（HC）である。図3-2は日本の研究者数の推移を示したものである。『科学技術指標』では、日本の FTE 研究者数は

図 3-2　日本の研究者数の推移

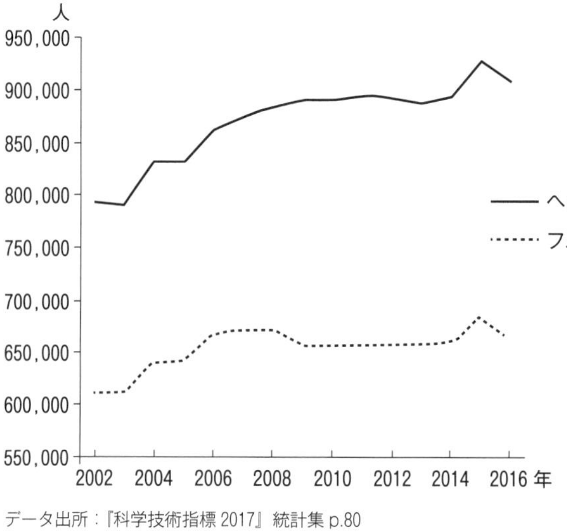

データ出所：『科学技術指標 2017』統計集 p.80

42　第Ⅰ部　技術変化と生産性

表 3-6　主要国の研究者数の部門別内訳（単位：%）

	年	企業等	大学	公的機関	非営利団体
日本	2016	73.4	20.7	4.6	1.3
米国	2014	71.0	—	—	—
ドイツ	2015	56.5	28.6	14.9	—
フランス	2014	60.5	27.5	10.6	1.4
英国	2015	38.2	58.3	2.6	0.9
中国	2015	62.7	18.5	18.9	—
韓国	2015	79.7	11.5	7.4	1.4

データ引用：『科学技術指標2017』統計集 p.83
注：ドイツ・英国は暫定値（OECD基準に一致するように修正）

2002年から算出されている。2016年時点で日本の研究者数はHCで90.7万人、FTEで66.2万人であり、中国のHCの161.9万人、米国のHCの135.2万人に次いで世界3位の規模を維持している[17]。

　日本の研究者の多くは民間企業に属する。表3-6は主要国の研究者数の部門別内訳比率を示したものである。日本の研究者は73.4%が企業等に属しており、大学や公的機関に属する研究者数は諸外国と比較して少ない。HCでみても、日本の研究開発の主要な担い手は民間企業である。この点は日本の研究開発投資の性格やその成果を解釈する場合に重要なポイントとなる[18]。

　図3-3は日本の研究者がどのように部門間を異動したかを示したものである。図からも窺えるように、日本では部門のカベを越えた研究者の移動が少ない。また、企業や公的機関等から大学へと一方向に研究者の転入が生じていることも特徴としてみられる。日本の研究開発人材の流動性が他国と比較して低い理由は明確でないが、雇用慣行や年金制度など複合的な要因が絡むものと考えられる[19]。

17）いずれも『科学技術指標2017』（p.72）に基づく。ただし、2008年と2013年にFTEを計算する方法が変更されているのでデータの連続性は損なわれていることに注意せよ。

18）この点は第11章であらためて検討する。

19）高度人材の国際的な流動性調査を行ったOECD（2008）も参照されたい。

第3章　科学技術指標の読み方　**43**

図 3-3 日本の各セクター間の研究者の移動（2015 年度末時点→ 2016 年度末時点）

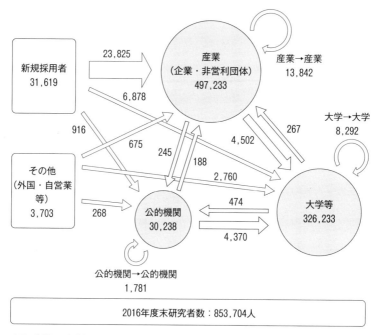

出所：我が国の産業技術に関する研究開発活動の動向—主要指標と調査データ第 17.3 版 (H30.2)
（総務省科学技術研究調査を基に経済産業省作成）

5 特許

5-1 イノベーションの価値指標としての特許

　研究開発費と並んで、イノベーション研究で活発に利用されてきたのが特許データである。特許データは魅力的な性質を多く備えている。第 1 に、長期にわたる横断的かつ時系列的なデータが存在すること、第 2 に、特許は研究開発活動と密接に関連したデータであること、第 3 に、特許庁による審査基準が変動することがない限り、発明の質が保証されたデータであることである。さらに、特許には詳細な技術分類コードが付されているので、研究開発費のみでは窺うことのできないイノベーションのポートフォリオを知る手がかりとなる。

ただし、一部の先端的な技術領域のように特許が認められない分野や、特許化されない企業秘密やノウハウが重要な産業では、特許データの利用価値はそれだけ低下する。

審査を経て登録された特許を、イノベーションのアウトプットとみなそうとする場合には、特許1件ごとの価値に大きな相違があることに注意すべきである。特許の価値はパレート分布に近いロングテールの形状で分布するといわれている。ほとんどの特許は価値がなく収益に貢献するのはごく少数の特許であることが多いのである。したがって、研究成果の価値指標として特許を利用するためには、特許価値を反映した何らかのウエイトを付与する必要がある。よく利用されるウエイトは、特許の**引用件数**、**請求項数**、**出願国数**の3つである[20]。

特許の引用件数には、①特許出願時に引用した先願特許の数、②当該特許が後願特許に引用された数の2つがある。①は**後方引用**（backward citation）の件数、②は**前方引用**（forward citation）の件数である。後方引用件数は、先行特許への依存度、すなわち技術革新の累積性の測度とみることが可能である。一方、前方引用件数は、当該特許文献が後願特許によって引用された回数であり、当該特許の技術的価値、権利の範囲、あるいは特許化された技術の基礎的・先行的性格を測る指標となりえる。引用を決める主体は、出願人や特許弁護士（弁理士）による検討や交渉を経るものの、究極的には特許当局の審査官である。したがって、審査官が当該特許の審査の際に引用する先行特許の選定基準は、慎重な検討を経た技術的客観性の高いものとみなしてよい。しかし、前方引用件数の情報には多くのノイズが伴うのも事実である。まず出願からの経過年数によって前方引用件数は増加する。したがって、コーホートによる効果をコントロールしなければならない。また、前方引用には同一の出願人による自己引用（self-citation）も含まれている。さらに、引用の頻度は、特許庁の審査官が利用する先行技術調査のためのデータベースにも依存する。データベースが徐々に完備されてきた経緯を考慮すると、引用件数にはプラスのトレンドがあるとみてよい。

特許に記載される**請求項**は、当該特許によって保護される技術領域を画定す

20）Lanjouw and Schankerman（2004）、岡田・河原（2002）を参照。

第3章　科学技術指標の読み方　**45**

るもので、権利書の機能を担っている。したがって、請求項の数が多いほど、当該特許によって保護される技術領域が拡大する。出願人はできるだけ多くの、また範囲の広い請求項を記載しようとする。これに対して特許審査官は、①新規性、②進歩性、③産業上の利用可能性という特許審査基準に照らして保護範囲を限定しようとする。

このように、請求項の数は特許の保護範囲の代理変数とみなすことができる[21]。また、請求項の数を増やすと、通常、特許料金や出願手続きの費用が増加する。したがって、請求項の数は、当該特許に対する出願人の主観的な価値評価を反映しているといえよう。

最後に**出願国数**について述べる。特許権は「属地主義」に基づいて権利が定まる。すなわち、各国の特許法に準拠する特許権が認められる範囲は当該国の領域内に限定される。したがって、複数国にまたがって権利保護を受けようとする場合は、各々の国ごとに特許を出願し登録されなければならない。海外に出願する場合は翻訳のコスト負担が大きい。このコストゆえに、敢えて複数国に出願しているという事実は、出願人の当該特許への主観的評価が高いことを表しているものと考えられるのである。それゆえ出願国数は特許価値の主観的な指標とみなすことができる。

なお、**特許ファミリー**という言葉が用いられることがあるが、これは出願国数と同義でない。ここで特許ファミリーとは、「同一の優先権を有する一群の特許」と定義される。すなわち、ひとつの発明に対して、ひとつの特許ファミリーが対応する。外国出願が多数の国・地域におよぶ場合でも、また分割出願によって同一国内で複数の特許権が存在する場合でも、それら特許が同一の優先権に基づく発明である場合には、単独の特許ファミリーに含めて全体でひとつの発明と扱うべきである。この特許ファミリーの大きさも出願国数と同様に特許の価値指標として利用できる。

5-2　特許データの利用上の課題

実際に特許データを用いて実証研究を行おうとすると多くの困難に直面する。特許データの利用が困難となる主な理由として以下の3点が重要である。

21）特許の保護範囲については第10章を参照。

第1に、特許データは標準化された**国際特許分類**（IPC: International Patent Classifications）に従って分類されており、経済分析で定義される「製品」や「産業」とは直接関連づけられていない。IPC は技術的・機能的な分類となっており、産業とは無関係に振り分けられるのである。第2に、特許データを産業別に分類しようとしても、産業を構成する個々の企業の多角化度はさまざまであるため、特許データを産業別に振り分けることは容易でない[22]。第3に、産業別に特許データが分類できたとしても、それは研究開発を実施した産業（industry of origin）が判明するだけで、その技術を利用する産業（industry of use）と一致する必然性はない。例えば、研究開発によって性能がアップした製造装置を購入する事業者を想像すればよい。このように、製品に**体化されたイノベーション**では、発明者である産業と利用者である産業は必ずしも一致しないのである。

さらに特許制度に固有の問題として[23]、特許出願はイノベーションのタイムラインのどの時点を最も反映したデータであるかが明確でない。例えば、発明の時点から特許の優先権を得る出願時点までの猶予期間は、各国の特許制度によって異なる。ただし、特許出願の時点と研究開発投資が行われる時点とのラグはそれほど大きくないとする有力な研究もあるので[24]、特許出願件数をイノベーションのインプットとみなして利用することはある程度は許容できるだろう。

特許データベースの整備は、近年、急速に進みつつある。例えば、欧州特許庁（EPO: European Patent Office）による Espacenet、日本の工業所有権情報・研修館による特許情報プラットフォーム（J-PlatPat）はインターネットから利用でき、各国・地域の特許データベースへのリンクも公開されている。また、財団法人・知的財産研究所による IIP パテントデータベースは、出願人情報や引用情報などとマッチングされたデータベースを構築して公開している[25]。米国特許に関しては、2001年に NBER（National Bureau of Economic

---

22) この課題に挑んだ初期の試みとして、Scherer（1984）がある。Okada and Asaba（1997）は、企業の事業構成比をウエイトとして企業別特許データを産業別に変換する試みを行っている。

23) 特許制度の検討は第10章で行う。

24) Hall et al.（1986）を参照。

第3章　科学技術指標の読み方　**47**

Research）が引用情報などのウエイトで加工された特許データ（NBER Patent Data Files）をウェブ上で公開している[26]。

【BOX3.2】国際特許分類（IPC）の構造

国際特許分類（IPC）は、セクション、クラス、サブクラス、メイングループ、サブグループの5つの階層から成る体系である。このうちセクションは8個（A〜H）、クラスは118個（A01〜H05）、サブクラスは624個というように階層的に分類され、サブグループになると実に6万5000個ほどにもなる。例えば、IPCコードがA61K31/015であるとき、A（生活必需品）をセクション、A61をクラス、A61K（医薬用、歯科用または化粧用製剤）をサブクラス、A61K31（有機活性成分を含有する医薬品製剤）をメイングループ、さらにA61K31/015（炭素環式のもの）をサブグループと呼んでいる。これら分類を主分類として複数の副分類が付されることもある。

　基本的にIPCは機能的（function-oriented）な分類となっており、類似した技術上の概念やアイディアであれば、製品や産業とは関係なく同じグループに分けられる。通常の経済分析ではサブクラスまでの分類で十分であろう。なお、米国特許商標庁は、米国独自の特許分類コードを採用しており、技術分類を伴う国際比較を行う場合は注意を要する。

---

6 技術貿易統計

　技術輸出と技術輸入をあわせて技術貿易と呼ぶ。技術貿易収支は、技術の国際取引やグローバル化の指標として重要である。また、一国の技術水準を国際

---

25) IIPパテントデータベースは特許庁の「整理標準化データベース」を元に、後藤晃教授をヘッドとする研究プロジェクトによって構築されたものである。このデータベースの詳細と利用方法についてはGoto and Motohashi（2007）を参照されたい。

26) NBERのHP（http://www.nber.org/patents/）を参照（最終閲覧日：2018年9月21日）。このデータセットを作成した著者らによる研究成果であるHall et al.（2001）およびJaffe and Trajtenberg（2002）は特許の経済分析を試みる場合に参照されるべき基本文献である。

48　第Ⅰ部　技術変化と生産性

的に測る指標としても用いられる。具体的には、技術輸出額（受取額）の技術輸入額（支払額）に対する比率（技術貿易収支比）が技術力を反映する指標として用いられることがある。OECD は、1990年に**技術貿易収支マニュアル**を公表している。このマニュアルに従って、OECD 加盟国を初めとして多くの国々で技術貿易統計の標準化が進められてきた。

　日本の技術貿易統計として利用可能なものとして『国際収支統計』（日本銀行）と『科学技術研究調査』（総務省）の２つがある。しかし、この２つの統計は、対象となる技術の範囲が異なるため技術貿易収支に大きな違いが生じている。

　具体的には、総務省統計では、「会社等」への調査票の「技術輸入」「技術輸出」の項目に記載された金額および契約件数を「国際技術交流」という項目のなかで集計している。技術貿易の範囲としては、特許・実用新案、ノウハウ（ソフトウェアを含む）や技術指導などの提供・受入れが対象となり、意匠・商標に関するものは除かれている。一方、日銀統計では、貿易外取引を行った居住者から提出される「貿易外支払報告書」および「貿易外受取報告書」の「特許等使用料」の項目に基づいて集計され、原則として300万円相当額を超える技術援助契約に基づく特許権使用等（ノウハウの提供を含む）の取引を行った居住者を対象とする。例えば、工業所有権（特許、実用新案、意匠、商標）に関する権利の譲渡、使用権の設定、ノウハウ（仕様書、知識、情報、ソフトウェア等）に関する権利の譲渡、使用権の設定、工場経営の技術指導、事業経営の技術指導などである。しかし、プラント輸出に伴うノウハウや技術指導への対価は日銀統計には含まれていない。

　両者の違いを図示したものが図3-4である。技術輸出額では総務省統計と日銀統計の差はそれほど大きくなく、プラント輸出に伴うノウハウ等の対価による差額分はそれほど大きくないことがわかる。しかし、技術輸入額には大きな差があり、卸売業、小売業、サービス業の有無、商標・意匠の有無、工場経営・事業経営の技術指導の有無による差額分によって日銀統計が総務省統計を大きく上回ることがわかる。

　これらの定義の違いによって、日本の技術貿易収支は、総務省統計では1993年以降に黒字となったのに対し、日銀統計では2002年に初めて黒字となっている。現在では、OECD の技術貿易収支マニュアルにより準拠した総務省統計

第3章　科学技術指標の読み方　**49**

図 3-4　技術貿易額の推移（購買力平価換算値、単位 10 億円）

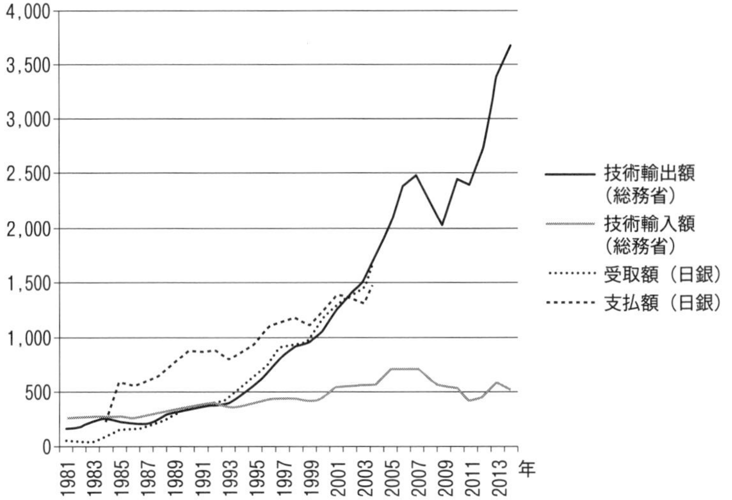

出所：文部科学省 科学技術・学術政策研究所『科学技術指標 2016』および国際収支統計（日銀）を元に作成。

が参照されることが多く、2005年以降は日銀による技術貿易収支は集計・公表されていない。ただし、近年の技術輸出増加分は、企業のグローバル化に伴う親子（関連）会社間や企業グループ内での技術貿易の比率が大きい点には注意が必要である。例えば、『科学技術指標2017』によると、2015年の技術貿易額のうち、資本関係50％以上の親子会社間での技術輸出は2.9兆円、技術輸入は0.1兆円であった。一方、50％未満の親子会社による技術輸出は1.0兆円、技術輸入は0.5兆円であった。技術貿易黒字のかなりの部分は親子会社間の技術貿易によることがわかる。

●キーワード●

科学技術指標、研究開発（R&D）、フラスカティ・マニュアル、特許、パテント・マニュアル、キャンベラ・マニュアル、科学技術人材、イノベーション調査、オスロ・マニュアル、計量書誌学、研究開発費、試験研究費、基礎研究、応用研究、開発研究、報告バイアス、発生主義、国際財務

報告基準（IFRS）、研究開発の資本化、フルタイム換算（FTE）、ヘッド・カウント（HC）、国際特許分類（IPC）、後方引用、前方引用、請求項、特許範囲、出願国数、特許ファミリー、体化されたイノベーション、技術貿易収支マニュアル

▶理解を深めるためのヒント

3-1 ウェブから『科学技術指標』（科学技術・学術政策研究所）最新版をダウンロードして、いろいろな科学技術指標を眺めてみよう。各国の違いにどのような背景があるのかを考えてみよう。例えば、各国の部門間の研究開発の使用割合と負担割合はなぜ異なっているのだろうか。

3-2 日本の高度人材（例えば、大卒以上の技術者）の企業・大学・政府間の流動性は低い。また外国から日本、あるいは日本から外国に移住する高度人材の数も少ない。その理由を考えてみよう。

3-3 特許情報プラットフォーム（独立行政法人 工業所有権情報・研修館）を利用して、日本の主要企業の特許データを抽出してみよう。特許文献に付された国際特許分類がどの技術分野に該当するかチェックしてみよう。IPC分類表は世界知的所有権機構（WIPO）[27]あるいは特許庁[28]のHPから見ることができる。最新のIPC分類表は2017年版である。

参考文献

岡田羊祐・河原朗博（2002）「日本の医薬品産業における特許指標と技術革新」、南部鶴彦編『医薬品産業組織論』、東京大学出版会、153-183。

後藤晃（1993）『日本の技術革新と産業組織』東京大学出版会。

中島志円・小嶋典夫（2002）「科学技術指標体系の比較と史的展開」文部科学省・科学技術・学術政策研究所、調査資料-85。

吉澤健太郎・小林信一（2003）「研究開発に関する会計基準の変更と企業の研究開発活動」文部科学省科学技術・学術政策研究所、調査資料-95。

Goto, A. and K. Motohashi（2007）"Construction of a Japanese Patent Database and a First Look at Japanese Patenting Activities," *Research Policy* 36：

27）https://www.wipo.int/classifications/ipc/（最終閲覧日：2018年9月21日）

28）https://www.jpo.go.jp/shiryou/s_sonota/kokusai_t/ipc8wk.htm（最終閲覧日：2018年9月21日）

1431-1442.

Hall, B. H., Z. Griliches, and J. Hausman（1986）"Patent and R and D: Is There a Lag?" *International Economic Review* 27 : 265-283.

Hall, B. H., A. B. Jaffe, and M. Trajtenberg（2001）"The NBER Patent Citation Data File: Lessons, Insights and Methodological Tools," *NBER Working Paper*, no.8498.

Jaffe, A. B. and M. Trajtenberg（2002）*Patents, Citations & Innovations: A Windows on the Knowledge Economy*, MIT Press.

Lanjouw, J. O. and M. Schankerman（2004）"Patent Quality and Research Productivity: Measuring Innovation with Multiple Indicators," *Economic Journal* 114 : 441-465.

OECD（2008）*The Global Competition for Talent: Mobility of the Highly Skilled*, OECD, Paris.

OECD and SCImago Research Group（2016）*Compendium of Bibliometric Science Indicators*, OECD, Paris.

Okada, Y. and S. Asaba（1997）"Patent System and R&D in Japan," in A. Goto and H. Odagiri eds., *Innovation in Japan*, Oxford University Press, 229-255.

Scherer, F. M.（1984）"Using Linked Patent and R&D Data to Measure Interindustry Technology Flows," in Z. Griliches ed., *R&D, Patents, and Productivity*, University of Chicago Press, 417-461.

Solow, R. M.（1956）"A Contribution to the Theory of Economic Growth," *Quarterly Journal of Economics* 70 : 65-94.

Solow, R. M.（1957）"Technical Change and the Aggregate Production Function," *Review of Economics and Statistics* 39 : 312-320.

第**4**章

研究開発と生産性

1 イノベーションの成果指標としての生産性

イノベーションの成果指標としてよく用いられてきたのが生産性である。本章は、**知識生産関数**の枠組みを用いて、研究開発が生産性に与えるインパクトを計測する方法を説明する[1]。知識生産関数のアプローチは、個々のイノベーションの事例がもつ、興味深くはあるものの一般化の難しい細部を捨象して、す・べ・て・の研究開発投資がす・べ・て・の産出物をどれだけ増加させたかに注目する。この単純化された方法は、データの制約が厳しい場合に特に有力なアプローチとなる[2]。計量経済学の用語を用いれば、これはイノベーションの構造的な細部を捨象した**誘導形**のアプローチであるといえよう。

具体的な実証分析のモデルとしては、生産関数を特定化してそのパラメーターを推定する**パラメトリック・アプローチ**と、インプットとアウトプットをそれぞれ指数化して生産性を計測する**ノンパラメトリック・アプローチ**の2つに分けられる[3]。本書は推定量の経済的解釈が容易なパラメトリック・アプローチに重点をおいて説明する。

---

1) Griliches（1979）を参照。
2) Hall et al.（2010）を参照。
3) 生産性分析全般については深尾・宮川編（2008）を参照。指数理論全般の詳しい解説として阿部（2017-2018）を参照。

研究開発の貢献度を測定する方法としては、この他に、個別のイノベーションの成功事例に注目する研究もある[4]。この種の事例研究では、個々のイノベーションやそれに成功した企業・研究者に焦点を当てて、その開発や商用化の態様、産業内での普及プロセスを具体的に検証する。このタイプの研究に学ぶべき点は非常に多い。しかし、個別事例の情報はしばしば入手が困難であり、詳細な事例研究が常に可能というわけではない。また、個々の事例をどこまで普遍的な現象とみなせるかという問題がつきまとう。事例研究は、しばしば商業的に大きく成功したケースをとりあげる傾向が強く、失敗した事例の情報は入手が難しく研究対象としてとりあげられる可能性も低いからである。すなわち、研究対象が成功事例に偏る**サンプル・セレクション・バイアス**を免れがたい点に注意が必要である。

　以下では、まず知識生産関数の基本的な枠組みを紹介する[5]。そしてアウトプットの測定誤差の問題を検討したのちに、知識ストックとその投資収益率の具体的な測定方法を説明する。また、知識創造プロセスのカギとなる、組織の境界の外部からの知識の流入（スピルオーバー効果）について検討する。最後に、イノベーションの成果指標として生産性指標と並んでよく利用される**企業価値**の指標を用いた実証分析の枠組みについてもごく簡単に紹介することとしたい。

2 | 知識生産関数と技術変化

2-1　知識生産関数の基本的枠組み

全要素生産性と知識ストック

　今、生産関数 $Y = F(X, K, u)$ が与えられているとしよう。ここで、Y はアウトプット、X は資本・労働などの通常のインプット、K は知識ストックである。ここで単純化のために資本と労働に関して一次同時性を仮定して $X = L^s C^{1-s}$ とする。ここで、L は労働、C は資本、s はそれぞれの要素所得

4）代表的な事例研究として、Griliches（1957, 1958）、Trajtenberg（1989）を挙げておく。
5）以下の説明は Griliches（1979）に多くを負っている。

54　第Ⅰ部　技術変化と生産性

シェアを表す。通常の生産要素である労働と資本に加えて、知識ストック K が
アウトプットを増加させることを明示的に組み入れている点が、通常の生産関
数の定式化とは異なっている。その他の観察不可能な要因は u で表される。以
下では、説明の便宜上、コブ・ダグラス型生産関数を仮定しよう。すなわち、

$$Y = AL^{\alpha}C^{\beta}K^{\gamma}e^{u} \tag{4-1}$$

である。ここで A は定数、また、(α, β, γ) は各々の変数のパラメーターであ
り、各生産要素の弾力性を表している。また労働の要素所得シェア s は
$s = \alpha/(\alpha+\beta)$ である。なお、e は自然対数の底である。ここで、**全要素生産性**
（TFP: total factor productivity）は、総アウトプット Y を通常の生産要素の総
インプット X で除したものと定義されるので、

$$\frac{Y}{X} = AX^{\alpha+\beta-1}K^{\gamma}e^{u}$$

と表される。規模に関して収穫が一定のもとでは $\alpha+\beta = 1$ となる。この仮定
のもとでは、測定された全要素生産性は $AK^{\gamma}e^{u}$ となる。しかし、収穫一定で
なければ $\alpha+\beta \neq 1$ となるので、全要素生産性は知識ストックとともに通常の
生産要素 X にも依存する。すなわち、資本や労働の測定誤差が全要素生産性
の推定量にさらなるバイアスをもたらすことに注意しよう[6]。

　ここで、(4-1)式の両辺の対数をとることによって、推計が容易な線形モデ
ルに変換しよう。すなわち、時間を t、企業または産業部門を i、各変数の対
数値をそれぞれ小文字で表すと、

$$y_{it} = a_i + \lambda_t + \alpha l_{it} + \beta c_{it} + \gamma k_{it} + u_{it} \tag{4-2}$$

となる。ただし、(4-2)式では、技術変化のパラメーター A の対数値を、企業
や産業の固有効果 a_i とトレンド等の時間効果 λ_t の和 $a_i+\lambda_t$ に分解できるもの
と仮定している。(4-2)式を時間で微分して成長率に変換すると、

$$\Delta y_{it} = \lambda_t + \alpha\Delta l_{it} + \beta\Delta c_{it} + \gamma\Delta k_{it} + \Delta u_{it} \tag{4-3}$$

6）理解を深めるためのヒント4-1を参照。なお、本書では資本や労働など通常のインプッ
　トの測定誤差についてはごく簡単に説明するに留める。

となる。全要素生産性の成長率を $\Delta TFP_{it} = \Delta y_{it} - (\alpha \Delta l_{it} + \beta \Delta c_{it})$ とみなすことができれば、

$$\Delta TFP_{it} = \lambda_t + \gamma \Delta k_{it} + \Delta u_{it} \tag{4-4}$$

と表すことができる。もし、規模に関して収穫一定、完全競争市場、利潤最大化行動を仮定すれば、(4-3)式の生産関数のパラメーターを要素コストシェアに置き換えることができる[7]。例えば、要素コストシェア s を用いれば、一次同時性の仮定のもとで、

$$\Delta TFP_{it} = \Delta y_{it} - [s\Delta l_{it} + (1-s)\Delta c_{it}]$$

となる[8]。同様の簡単化は、生産性の水準を表す（4-2）式でも行うことができる。

全要素生産性とソロー残差

　以下、本章で主な検討対象となるのは、知識ストック K の構成方法、および γ の推定方法の2点である。これらの検討に入る前に、まず全要素生産性の測定誤差について簡単に説明しておこう。

　全要素生産性の成長率がプラスであるならば、それは何らかの外生的な技術変化が起こった証拠とみなすのが伝統的な解釈である[9]。この先駆的研究を行ったロバート・ソローの名をとって、全要素生産性の成長率を**ソロー残差**（Solow residuals）とも呼ぶ。ソロー残差とは、観察可能な通常のインプットの増加率によっては説明できないアウトプットの増加率のことである。もしすべてのインプットとすべてのアウトプットが適切に測定できており、また、すべてのインプットが通常の生産要素の投資収益率を生み出しているならば、アウトプットへのインプットの貢献分はその収益率としてすべて捕捉されるはずである[10]。ところが、実証研究では通常のインプットの貢献によっては説明

7）規模の経済性や市場支配力の存在を仮定したモデルついては後述する。

8）この特定化はノンパラメトリックな指数アプローチに相当する。要素コストシェアとしてよく用いられるのがディビジア指数（Divisia index）、あるいはその離散時間の近似値であるトルンクヴィスト指数（Tornqvist index）である。阿部（2017-2018）を参照。

9）Solow（1956, 1957）を参照。

56　第Ⅰ部　技術変化と生産性

できない全要素生産性の大幅な上昇が数多く観察されてきた。この意味で、ソロー残差を「無知の測度」と呼ぶこともある。生産性上昇が具体的にどのような要因によって生まれてきたのかをソロー残差は何も語ってくれないからである。知識生産関数アプローチは、全要素生産性の変化に対して、知識ストックがどれだけ貢献したかを直接推定しようとする試みなのである。

2-2　測定誤差の要因

インプットの測定誤差

生産性分析における測定誤差は、インプットの測定誤差とアウトプットの測定誤差に分けられる[11]。このうち、インプットの測定誤差として問題となるのが、資本の質（資本ヴィンテージの差や稼働率の変動、体化された技術進歩）と、労働の質（熟練労働者の構成比の変動、フルタイム換算の有無）である。これらの質に関わる測定誤差は、通常の全要素生産性の実証研究の課題とも共通するので、ここでは詳しく触れない[12]。

さらに、知識生産関数において問題となるのは、総投入における**研究開発費の二重カウント**の問題である。通常の生産要素の資本や労働のなかには、研究目的で使用された生産要素（研究者の人件費や研究施設・設備など）への支出分が含まれるので、研究者や研究施設等のインプットが二重計算されている可能性が高い。しかし、企業財務では**発生主義**に基づき研究開発は発生時に費用として処理されるので、総投入の費用として厳格には切り分けられていない[13]。この意味で、研究開発の投資収益率は、研究開発のインプットをその本来の収益率で評価した場合と、それを今期の生産に用いられる労働・資本等の報酬率で評価した場合との差、すなわち**超過収益率**を表すものと解釈できるのである。

10）これをオイラーの完全分配定理という。

11）Griliches（1979, 1994）を参照。

12）Griliches and Jorgenson（1966）、Jorgenson and Griliches（1967）は、インプットとアウトプットの測定誤差を修正することによってソロー残差が大幅に縮小することを示した。全要素生産性の実証分析については深尾・宮川編（2008）を参照。生産性分析の優れた入門書に中島（2001）がある。

13）Schankerman（1981）、Hall and Mairesse（1995）を参照。

第 4 章　研究開発と生産性　**57**

アウトプットの測定誤差

アウトプットを具体的に測定する場合の候補は、粗産出 Q、付加価値 V、売上高 S の 3 つである。中間投入を M とおけば $Q = V + M$、また、産出物価格を P、在庫増減を ΔI とおくと $S = PY = Q - \Delta I$ となる。このとき、粗産出、付加価値に基づく TFP をそれぞれ TFP_G、TFP_V と定義すると、

$$TFP_G = Q/(L + C + M)$$
$$TFP_V = (Q - M)/(L + C)$$

となる。それぞれの差分 Δ をとって成長率を計算すると、

$$\Delta TFP_G = 1 + \Delta Q/Q$$
$$\Delta TFP_V = 1 + \Delta Q/(Q - M)$$

となるので、$\Delta TFP_V > \Delta TFP_G$ となる。すなわち、付加価値を用いた場合の TFP 成長率は粗産出を用いた場合よりも大きく計算される。

理論的には、通常の生産要素と中間投入との代替関係（例えば資源節約型の技術変化）を考慮できるように粗産出を利用することが望ましい。しかし、実証分析では付加価値が好まれることが多い。その理由として、中間投入の比率は企業の垂直統合度によって大きく異なっていること[14]、中間投入の調整コストを考慮することが必要となること、また、中間投入のデータの入手はしばしば困難であることが挙げられる[15]。

生産性を測る際のアウトプットを付加価値で測ろうとする場合、研究開発は本来はアウトプットとしてカウントされるべきである。例えば、マクロデータの場合、アウトプットは国民所得勘定（GDP）をベースに計算される。しかし、GDP は研究開発がもたらすアウトプットを正確に反映していない。研究開発投資のなかには、防衛・宇宙開発・エネルギーなどに見られるように、その成果が政府に売却されるものがある。これらの成果は GDP には反映されない。また、政府の行う研究開発、例えば、健康・安全などへの支出も、その貢献度が十分に GDP に反映されない。このように、研究開発投資のもたらす社

---

14) 例えば（付加価値÷売上高）の指標は垂直統合度と相関が高いと思われる。
15) 法人企業統計や事業所ベースの工業統計表などの個票データが必要となる。

会的収益率は過少推計される危険が非常に高いといえよう[16]。

　また、知的財産権の専有化は完全ではないため、研究開発投資のもたらす利益の一部は、新製品・新サービスが導入されることに伴う品質向上や実質的な価格低下というかたちで消費者に移転される。この消費者効用の増加分がデフレータにどこまで反映されるかは、個別の製品やサービスの価格指数（デフレータ）の品質調整の程度にかかっている。残念ながら、このような品質調整済みのヘドニック価格指数は十分に導入されていない[17]。

　さらに、アウトプットの測定の最も困難な課題は、年々登場する新製品や新サービスが迅速に捉えられていないことである。例えば、仲介マージンを稼ぐインターネットを活用したサービスのイノベーションの品質調整を行うことは非常に難しい[18]。これらのバイアスによって、知識生産に伴うアウトプットは大幅に過小推計されている可能性が高い。

アウトプットの測定誤差によるバイアスの方向*

　売上高をアウトプットの代理変数として用いる場合、測定誤差はより複雑に表れる。売上高は、需要と供給の両面の影響を受けるからである。今、アウトプットとして売上高を用いたために、生産関数は収入関数に置き換えられたとしよう。$S_{it} = P_{it}Y_{it}$ より、変化率では $\Delta p_{it} = \Delta s_{it} - \Delta y_{it}$ と表される。ここで需要関数が $Y_{it} = DP_{it}^{\eta}K_{it}^{\phi}$ と表されるものとしよう。ただし、η は需要の価格弾力性、ϕ は知識ストックによって品質が高まり需要が拡大する効果を表す弾力性、D は定数である。このとき、需要関数より $\Delta y_{it} = \eta\Delta p_{it} + \phi\Delta k_{it}$ が得られるので、これに $\Delta p_{it} = \Delta s_{it} - \Delta y_{it}$ を代入すると、$\Delta y_{it} = \eta(\Delta s_{it} - \Delta y_{it}) + \phi\Delta k_{it}$ より、

$$\Delta y_{it} = \frac{\eta}{\eta+1}\Delta s_{it} + \frac{\phi}{\eta+1}\Delta k_{it} \tag{4-5}$$

が導かれる。利潤最大化条件のもとでは、$\eta/(\eta+1)$ はマークアップ（$\mu = P/x$、ただし x は限界費用）に等しくなることを確かめられたい。

　(4-5) 式はアウトプット指標として売上高を用いる場合のバイアスの方向を

---

16) ただし、研究開発の資本化は日本でも2016年から導入されている。【Box3.1】を参照。

17) ヘドニック法を適用した物価統計の計測の試みとして白塚 (1998)、また経済統計全般に関して、梅田・宇都宮 (2009) を参照。

18) サービス産業の生産性を計測した試みに森川 (2014) がある。

第4章　研究開発と生産性　**59**

示唆してくれる。このことを以下に示そう。まず、生産物の限界費用 x は、

$$x = \frac{w\Delta L}{\Delta Y} + \frac{r\Delta C}{\Delta Y}$$

と表される。w は賃金率、r は資本のレンタルプライスである。これを書き直すと、生産性上昇率と限界費用の関係は

$$\frac{\Delta Y}{Y} = \frac{wL}{xY}\frac{\Delta L}{L} + \frac{rC}{xY}\frac{\Delta C}{C} \tag{4-6}$$

となる。完全競争かつ規模に関して収穫一定であれば、オイラーの完全分配定理が成立して、

$$\Delta y_{it} = s\Delta l_{it} + (1-s)\Delta c_{it} + \theta_{it}$$

となる。この左辺から右辺の生産要素への分配分を差し引いた θ_{it} がソロー残差であり、このとき価格は限界費用に等しいことが含意されている。しかし、不完全競争のもとでは価格は限界費用から乖離するので、(4-6) 式は、

$$\frac{\Delta Y_{it}}{Y_{it}} = \frac{P}{x}\frac{wL_{it}}{PY_{it}}\frac{\Delta L_{it}}{L_{it}} + \frac{P}{x}\frac{rC_{it}}{PY_{it}}\frac{\Delta C_{it}}{C_{it}}$$

となり、ソロー残差は

$$\theta_{it} = \Delta y_{it} - \mu[\alpha\Delta l_{it} + \beta\Delta c_{it}] \tag{4-7}$$

に修正されることになる。以上の結果より、(4-5) 式を (4-3) 式に代入して整理すると、

$$\Delta s_{it} = \tilde{\lambda}_t + \alpha\Delta l_{it} + \beta\Delta c_{it} + (\gamma/\mu - \phi/\eta)\Delta k_{it} + \Delta\tilde{u}_{ut} \tag{4-8}$$

となる。すなわち、売上高をアウトプットとして用いると、需要サイドと供給サイドの両面から知識ストックの弾力性にバイアスをもたらすことがわかる。知識ストックのパラメーターの推定量は $(\gamma/\mu - \phi/\eta)$ となっていることに注意されたい。また、元々の λ_t と u_{it} も修正されるのでチルダ記号を付してある。需要関数についての情報（例えば個別企業の製品に関する価格指数）が利用できれば(4-8)式を推計することも可能かもしれない。しかし、マークアップや需要の弾力性の効果を無視して、$(\gamma/\mu - \phi/\eta)$ を γ とみなして推計してしまうと、知識ストックの弾力性の推定値にはマークアップ μ による過大推計

60 第Ⅰ部 技術変化と生産性

バイアス、および品質調整 ϕ を無視することによる過小推計バイアスが生じるのである[19]。

【BOX4.1】測定誤差の影響

測定誤差は内生性を生む最も基本的な要因であり、代理変数などを用いた計量分析を行う場合に留意すべき重要なポイントとなる。被説明変数 y_i、説明変数 x_i、誤差項 u_i からなる単回帰式 $y_i = \beta_0 + \beta_1 x_i + u_i$ を例に用いて測定誤差の影響を説明しよう。OLS 推定量が一致推定量になるためには $E(u_i) = 0$ かつ $\mathrm{cov}\,(x_i, u_i) = 0$ でなければならない。ここで、x_i に測定誤差があり観察された説明変数 $\tilde{x}_i$ と測定誤差 e_i は $\tilde{x}_i = x_i + e_i$ と加法的に相関していると仮定しよう。ただし真の値 x_i と測定誤差 e_i は無相関であり $\mathrm{cov}\,(x_i, e_i) = 0$ としよう。このとき $y_i = \beta_0 + \beta_1 \tilde{x}_i + (u_i - \beta_i e_i) = \beta_0 + \beta_1 \tilde{x}_i + v_i$（ただし $v_i = u_i - \beta_1 e_i$）である。

　ここで測定誤差を含んだ説明変数 $\tilde{x}_i$ を用いて OLS 推定量を求めると、

$$\mathrm{cov}\,(\tilde{x}_i, v_i) = \mathrm{cov}\,[(x_i + e_i),(u_i - \beta_1 e_i)] = -\beta_1 E(e_i^2) = -\beta_1 \mathrm{var}\,(e_i) = -\beta_1 \sigma_e^2 \neq 0$$

となる。したがって、これより OLS 推定量 $\hat{\beta}_1$ は、

$$\mathrm{plim}\hat{\beta}_1 = \beta_1 + \frac{\mathrm{cov}\,(\tilde{x}_i, v_i)}{\mathrm{var}\,(\tilde{x}_i)} = \beta_1 + \frac{\mathrm{cov}\,[(x_i + e_i),(u_i - \beta_1 e_i)]}{\mathrm{var}\,(x_i + e_i)} = \beta_1 - \frac{\beta_1 \sigma_e^2}{\sigma_x^2 + \sigma_e^2} \leq \beta_1$$

となり、ゼロ方向にバイアスが生じることがわかる。これを**減衰バイアス**（attenuation bias）と呼ぶ。

---

3 知識ストックの測定

3-1　知識ストックの弾力性を直接求める方法

　知識ストックとは、さまざまな知識の寄せ集めである。しかし、これら知識を単一の指標に集計することはきわめて難しい。知識ストックの集計指標を作

19）ここでは、独占的市場支配力によるマークアップと生産性の関係を示した Hall（1988）、グリリカスの枠組みを拡張した Klette（1996）のモデルをごく簡略化して説明している。より厳密な説明はこれらの論文を参照されたい。

成する最大の障害は、個々の知識に対応する生産要素市場がほとんど存在しないため、市場価値を推計する手がかりがほとんど得られない点にある。知識を直接観察できないことによる集計バイアスと測定誤差は、グリリカスが一貫して強調してきた課題である[20]。以下では、企業活動のなかでも比較的入手が容易な研究開発費を利用することによって知識ストックを構成する方法を説明しよう。

今、知識ストック K は、過去から現在にわたる研究開発投資の流列の加重和によって構成されるとしよう。すなわち、研究開発投資額を R_t、$W(B)$ をラグ多項式、B をラグ・オペレータとすると、知識ストック K は、

$$K_t = G[W(B)R_t, v]$$

と表される。ラグ多項式 $W(B)$ は、

$$W(B)R_t = (w_0 + w_1 B + w_2 B^2 + \cdots)R_t = w_0 R_t + w_1 R_{t-1} + w_2 R_{t-2} + \cdots$$

$$(4-9)$$

である。ここで、v は観察不可能な誤差項である。このモデルの特定化において、すでに多くの仮定がおかれていることに注意されたい。例えば、生産関数は通常のインプット X と知識ストック K に関して分離可能（separable）と仮定されている[21]。また、ラグ多項式(4-9)式では、年々の研究開発投資に収穫逓減や費用逓増は生じないと仮定されている。

研究開発から生産性向上に至る時間的ラグを先験的に知ることは難しい。しかし、何らかのラグ構造を仮定しない限り知識ストックを計算することはできない。例えば、過去の失敗が現在に生かされるのは多くの人が経験することであろう。医薬品産業のように、研究開発に着手してから医薬品が市場に登場するまでの時間が極めて長いケースもある。そのような情報をシステマティックに収集することはほとんど不可能といってよいので、何らかの単純化の仮定をおかざるを得ないのである。

ここで、知識ストックの源泉を民間部門の研究開発投資のみと考えて、

---

20) Griliches（1979, 1992, 1994）を参照。
21) 実証分析の際に X と K のデータを分離して把握することは困難である。この点については後述する。

$$K_t = \theta[W(B)R_t]^{\eta}e^{\mu_t+v}$$

と定義し直してみよう。ここで、θ と η は定数、μ_t は知識ストックに影響する時間効果である。これをもとの生産関数(4-1)式に代入すると、η は知識ストックの係数である γ に、μ_t は全体の時間効果 λ_t に、また誤差項 v は全体の誤差項 u に吸収される。したがって、この定式化のもとで知識ストックの推計に真に重要な要素は $W(B)R_t$ のみである。

これを前提として、資本ストックの計算に用いられる**恒久棚卸法**を知識ストックの計算に応用してみよう[22]。すなわち、年々の研究開発支出額 R_t を用いて、知識ストック K_t を

$$K_t = W(B)R_t + (1-\delta)K_{t-1}$$

と定義する。ここで、δ は**知識ストックの陳腐化率**を表す。実際には、知識フローのラグ構造の情報は利用できないので、ラグ多項式 $W(B)$ については、さまざまな分布ラグモデルから適切と思われるモデルを選んで知識ストックを計算することになる。また、知識の陳腐化率については、10%、15%、20%といった値をアドホックに用いることが多い[23]。実際の実証研究では、これらのいくつかの陳腐化率の値を用いて推定量の頑健性をチェックする、いわゆる**感応度分析**が行われることが多い。

ここで、知識ストックの計算に必要となるベンチマーク年（$t=0$）の水準は、以下のように求められる。簡単化のために $W(B)=1$ とおき、研究開発は一定のトレンド g で成長しているものと仮定する。このとき、

---

22) Nadiri（1980）、Griliches（1980）を参照。

23) これら陳腐化率の数字に特に根拠があるわけではない。可能であれば、産業別・技術分野別に陳腐化率を求めることが望ましい。特許の更新頻度から陳腐化率や特許価値を計測した基本文献として、Bosworth（1978）、Pakes and Schankerman（1984）、Lanjouw et al.（1998）を挙げておく。日本で知識ストックの陳腐化率を特許の更新状況から推計した貴重な試みに後藤他（1986）がある。

第4章 研究開発と生産性 **63**

$$K_t = R_t + (1-\delta)K_{t-1} = R_t + (1-\delta)R_{t-1} + (1-\delta)^2 R_{t-2} + \cdots = \frac{R_t(1+g)}{g+\delta}$$

$$\therefore \quad K_0 = \frac{R_1}{g+\delta}$$

である。この計算の仮定のもとでは、研究開発 R_t と知識ストック K_t が同じ率で成長すると仮定していることになる。このような近似は初期の知識ストック水準が比較的低く伸び率が高い場合に許容できる方法である。

　知識の陳腐化がどのように生じるかという情報は、適切なラグ多項式を考えるうえで有益なヒントとなる。例えば、技術変化が活発な産業ほど、陳腐化のスピードは速いだろう。それは知識ストックの評価にも反映されるはずなので、知識ストックの私的期待収益率はそれだけ低下するだろう。一方、知識の陳腐化を社会的収益率と関連付けることは難しい。すでに公知となった知識を獲得するために研究開発投資を行うことは社会的にみれば重複投資となるため、社会的収益率を明らかにするには知識のスピルオーバーを評価することが不可欠となるからである[24]。

　知識ストック K が利用可能となれば、知識ストックの弾力性は(4-3)式または(4-4)式から γ の推定量として直接求めることができる。ここで、アウトプット Y を知識ストック K で微分したものを ρ とおこう。すなわち、

$$\rho = \frac{dY}{dK} = \gamma \frac{Y}{K}$$

である。ρ は、知識ストックの限界生産性として**研究開発の投資収益率**を定義したものである。もし γ の推定量が得られれば、これにアウトプットと知識ストックの比率 Y/K を掛けることによって研究開発の投資収益率を求めることができる。

3-2　研究開発の投資収益率を直接求める方法

　知識ストックの計算が容易でなく、γ の推計を直接行うことが難しい場合はどうすればよいだろうか。代替的方法として、以下のモデルがよく用いられる。すなわち、

---

24) スピルオーバーについては第4節で検討する。

$$\gamma = \left(\frac{dY}{dK}\right)\left(\frac{K}{Y}\right) = \rho\left(\frac{K}{Y}\right)$$

であるから、(4-3)式は、

$$\Delta y_{it} = \lambda_t + \alpha l_{it} + \beta c_{it} + \rho\left(\frac{\dot{K}_{it}}{Y_{it}}\right) + \tilde{u}_{it}$$

となる。もし、知識ストック K の代わりに知識ストックの変化率である $\dot{K}$ のデータが利用可能であれば、研究開発の投資収益率 (dY/dK) に当たる ρ を直接推定することができるのである。全要素生産性の成長率を左辺にまとめることができれば、

$$\Delta TFP_{it} = \lambda_t + \rho\left(\frac{\dot{K}_{it}}{Y}\right) + \tilde{u}$$

となる。

　知識ストックの純増分 $\dot{K}$ を研究開発投資額 R に置き換えれば、知識生産関数のモデルは、TFP 成長率を研究開発集約度（R/Y）で回帰するという非常に簡単なモデルに還元できる。この場合、研究開発集約度の係数は研究開発の投資収益率と解釈できるわけである。これはマクロレベルで集計された生産性の推定を行う場合にはそれほど悪い近似ではない。しかし、知識の陳腐化を考慮すると、知識の純増分 $\dot{K}$ は知識ストックの純投資 $R_{it} - \delta K_{i,t-1}$ とみなすべきである。したがって、ρ を正しく推定するためには、知識ストックの陳腐化率 δ を知る必要がある。しかし、そもそも、δ が利用可能ならば直接知識ストック K を推計することが可能なはずである。実際に $\dot{K} \cong R$ とみなして ρ を直接推計する場合のバイアスの方向を確認しておこう。知識ストックの変化率を $R_{it} - \delta K_{i,t-1}$ を用いて書き換えると、

$$\Delta k_{it} = \frac{R_{it} - \delta K_{i,t-1}}{K_{it}} \cong \frac{R_{it} - \delta R_{it}/(\delta+g)}{K_{it}} = \frac{R_{it}}{K_{it}}\left[1 - \frac{\delta}{\delta+g}\right]$$

となる。したがって、投資収益率 ρ の推定量 $\hat{\rho}$ は、

$$\hat{\rho} = \rho\left[1 - \frac{\delta}{\delta+g}\right] = \rho\left[\frac{g}{\delta+g}\right] \tag{4-10}$$

となる。すなわち、推定量 $\hat{\rho}$ は $g/(\delta+g)$ だけ過小推定されるのである。

　これまで、知識ストックの投資収益率の推定量を求める方法を 2 通り説明してきた。ただし、そもそも γ と ρ のどちらをパラメーターとして扱うのかを

はじめに明確にしておく必要がある。知識ストックの弾力性を直接求める方法ではγを一定とした。一方、投資収益率を直接求める方法では投資収益率ρを一定とした。この点、両者の方法はモデルとしてコンシステントでない。

　どちらのモデルが望ましいかを先験的に判断することは難しいものの、少なくとも理論的にはρを一定とみなす方が望ましいように思われる。なぜならば、投資の意思決定でベンチマークとなるのは資本コストに相当するρであるからである[25]。一方、γは知識ストックの蓄積によって変動すると思われるので投資決定のベンチマークとはなりにくいであろう[26]。

　知識生産関数アプローチによる研究開発の投資収益率を実証的に調べた研究は膨大な数に上る。これらの実証研究によれば、研究開発の投資収益率はほぼ20〜30％のレンジにあるという[27]。投資収益率の推定量の変動性は大きいものの、研究開発は極めて高い投資収益率をもたらすことはほぼ定型化された事実であるといってよい[28]。

4 スピルオーバー効果

　知識ストックは企業などの組織の境界を越えて波及する性質をもつ。そもそも、知識創造プロセスは、形式知や暗黙知のさまざまな相互作用を触媒として進むというべきである[29]。したがって、自らの研究開発によって生じる利益

25）研究開発の資本コストについては第6章で詳しく説明する。

26）ただし、ρの推定量は不安定となりやすい点には注意が要る。なぜならば、ρの真の値は事前の期待投資収益率とみなせるのに対して、推定量$\hat{\rho}$は事後の投資収益率である。そのため、研究開発の不確実性に照らして事後の推定量$\hat{\rho}$の変動性が大きくなるからである。

27）Hall et al.（2010）を参照。

28）日本の1980年代までのデータを用いたOdagiri and Iwata（1986）やGoto and Suzuki（1989）によると、日本の製造業の研究開発投資収益率は30％前後であった。また、1990年代後半の日本製造業を対象として同様の推計を行ったOkada（2005）によれば23〜24％程度である。より広く無形資産を定義して生産性との関係を検討したものに、Corrado et al.（2005, 2009）、Fukao et al.（2009）、Miyagawa and Hisa（2013）、Bloom et al.（2017）がある。例えば、Fukao et al.（2009）によると、無形資産の生産性への貢献は1990年代後半から徐々に低下傾向にあるという。包括的に無形資産を定義して、その経済効果を分析したものとして宮川他編（2016）がある。

29）第2章第2節第2-1項を参照。

をすべて確保することは本来的に難しい。この私的収益率と社会的収益率の乖離度を**専有可能性**と呼ぶ。専有可能性の違いを生む要因のひとつが、組織、産業、地域・国境を越えた知識フローをもたらす**スピルオーバー効果**である。スピルオーバーは、知識の伝播を通じて研究開発を推し進める一方で、競合する企業による代替的な研究開発を促す可能性もある。それは自らのもつ知識ストックの陳腐化を早めてしまう可能性すらある。しかし、実際に競合する企業の研究開発が互いに代替的か補完的かを見極めることは容易でない[30]。技術特性や産業特性に応じて、技術の代替・補完関係はさまざまなパターンがあり得るからである。

スピルオーバー効果の実証研究によると、推定値のレンジは相当大きいものの、その効果は強く働いており、研究開発投資の社会的収益率は私的収益率を大きく上回っているという[31]。ただし、企業・産業・地域・国家などのカベを越えて、どのような範囲までスピルオーバー効果が及んでいるかは、イノベーション政策の観点から極めて重要なエビデンスとなる[32]。

4-1　スピルオーバーの波及経路

スピルオーバーが波及する経路は、知識のタイプに応じてさまざまである。大きく分けると、市場を経由するものと経由しないものとに分けられる。市場を経由するスピルオーバーとしては、①明示的な技術取引契約、②イノベーションを体化した中間財の流通が考えられる。一方、市場取引を経由しないスピルオーバーとしては、③研究者・技術者間の直接の知識フロー、および④研究者・技術者の組織のカベを越えた移動が考えられる。さらに、これらを複合した形で、⑤地域・国境を越えたスピルオーバーが波及するとも考えられる。以

---

30) Griliches（1979）を参照されたい。産業内・産業間のスピルオーバー効果を実証的に分析したものとして、Terleckyj（1974）、Scherer（1982）、Jaffe（1986）、Henderson and Cockburn（1996）、Goto and Suzuki（1989）を挙げておく。なお、Jones and Williams（1998）は、生産可能性フロンティアに依拠したモデルによってスピルオーバーを考慮した社会的収益率を測定し、従来のGrilichesらの実証研究で得られた社会的収益率は、真の値の下限を計測していることに等しいことを示した。従来のGrilichesらの新古典派的な実証研究が内生的成長理論に基づく推計と整合的であることを示唆しており興味深い。

31) Griliches（1992）、Hall et al.（2010）を参照。

32) この点は第11章であらためて検討する。

下、順に説明しよう。

①明示的な技術取引契約

　技術取引契約を通じた知識フローでは、特許などの定型化された形式知が取引対象となる。この場合、契約の情報を通じてその対価を推定することがある程度できるかもしれない[33]。ただし、技術取引契約は、特許とノウハウの混合契約となっていることが多く、また、一括型のクロスライセンスやパテント・プールなどでは、特許1件ごとに厳密な対価を設定しているとも限らない。技術の実施に当たってさまざまな制限条項が含まれる契約も多い。それは技術の実質的な価値を変動させるだろう。また技術取引契約では、対価の設定が一括型（lump-sum）と従量型（pay-as-you-go）を組み合わせた非線形価格となることも多く、技術価値を推定することをいっそう困難にする。

②中間財に体化された技術進歩

　中間財に体化（embodied）された知識は、中間財取引を通じて企業間に波及していく。この場合、中間財の取引価格は、体化された技術進歩の貢献分をある程度織り込んでいると考えられる。ただし、中間財の市場構造に取引価格が依存するため、資本に体化された知識の貢献分が中間財の価格に十分に反映されていない可能性があることに注意しなければならない[34]。

③研究者・技術者間の知識フロー

　同じ職場、業界、学会等に属する研究者・技術者の人的ネットワークを通じた情報交換によっても知識は伝播する。その際、技術的に近い領域の研究者・技術者ほど、より濃密な知識フローが実現するといえるだろう。技術的に近接した研究者同士では、お互いの技術・知識の理解が容易となるので、受け手側の知識の受容能力もそれだけ高いと思われるからである。

　しかし一方で、画期的なアイディアは異業種・異分野の研究者や技術者の交流によって生まれるともいわれる。知識の累積性のパターンに応じて、ヒトか

33）技術取引契約について詳しくは第9章で取り扱う。

34）中間財の産業間取引を捕捉するためには、産業連関表を利用する方法が考えられる。この先駆的試みとして、Terleckyj（1974）、Scherer（1982）がある。

68 第Ⅰ部　技術変化と生産性

らヒトへの知識フローはさまざまな態様を取ることにも注意が必要である。例えば、公的部門から民間部門への知識フローは、教育活動、学会・学術雑誌等における研究報告、インフォーマルな研究会など多様なルートで生じている。この種の知識フローの効果を過小評価してはならない。ただし、民間部門と大学・公的研究機関の研究者は異なるインセンティブをもつことにも注意しなければならない。さらに、民間部門からどれぐらい知識の流出が生じるかは、組織のもつ専有化志向の強さにも依存するだろう[35]。あるいは、組織内部の研究者と組織外部の研究者のいずれが相手であるかによって、知識を開示したり受容するインセンティブが異なっているかもしれない[36]。研究者同士の競争の状況によって、知識の開示による個人的な利益が異なってくるかもしれないからである。

④研究者・技術者の移動

研究者や技術者の組織間の移動も知識フローをもたらす源泉として重要である。組織の境界を越えた研究者や技術者の移動は増加傾向にある[37]。研究開発の環境を整えることによって優れた研究者を外部からスカウトしようとする動きは、バイオテクノロジーやIT、人工知能などの先端的な技術分野であるほど顕著である。このような研究者の移動は間違いなく知識フローを引き起こす。また、活発な研究者・技術者の移動は、立地上の研究拠点の集積（クラスター化）を促すかもしれない[38]。暗黙知タイプの知識をもつ優れた研究者・技術者は、周囲に多くの研究者や企業を引きつける磁力をもつからである。もし暗黙知を体化した優れた研究者や技術者が移動すると、まるごとその知識拠点が消失したり移動することも起こり得る[39]。

ただし、先端分野の研究者の労働市場では、知識フローに伴う外部効果を内部化するメカニズムが働いているかもしれない[40]。例えば、研究者としての

---

35) これは企業の知財管理の実務にも依存する。この点は第9章で検討する。

36) Menon et al.（2006）を参照。

37) 第3章第4節を参照。

38) Saxenian（1994）を参照。

39) Azoulay et al.（2010）、Zucker and Darby（2014）を参照。

40) Møen（2005）を参照。

キャリアの初期には、報酬は低くとも研究環境や研究資金の整った組織や企業で経験を積み、十分な経験を積んだ後、スピンオフして起業することを目指したり、高い賃金を提供する職場に転職するのである。さらに、研究者・技術者の移動は、独立起業によるスピンオフのメカニズムを解明する手がかりともなる[41]。

⑤地域・国境を越えたスピルオーバー

国際的なスピルオーバーの存在は多くの実証研究によって支持されている[42]。そのルートはさまざまであるが、上述のようなルートによっても生じるだろうし、国境を越えた企業の起業や参入によっても生じる[43]。ただし、スピルオーバー効果には地域的な偏りがあるとする研究も多い。例えば、地理的な距離の近さ、文化的・言語的な親和性がスピルオーバーを強める方向に働くかもしれない[44]。さらに国境がスピルオーバーの違いを生んでいるかもしれない[45]。

4-2　産業内スピルオーバー＊

産業の境界に即して考えると、産業内に留まる知識フローと産業の境界を超える知識フローの両方がありえる。前者を**産業内スピルオーバー**、後者を**産業間スピルオーバー**と呼ぼう。このうち、産業内スピルオーバーが波及する効果をコブ・ダグラス型生産関数のモデルに基づいて説明しよう[46]。今、生産関数は、

$$Y_i = AX_i^{1-\tau}K_i^{\tau}K_I^{\zeta} \tag{4-11}$$

と表されるものとしよう。ここで、Y_i は i 企業のアウトプット、A は定数、X_i は通常の生産要素、K_i は i 企業のみ利用できる知識ストック、K_I は産業 I

---

41) Klepper（2001）、Agarwal et al.（2004）、Klepper and Sleeper（2005）を参照。

42) Coe and Helpman（1995）、Hall et al.（2010）を参照。

43) Bartelsman and Doms（2000）を参照。

44) Jaffe et al.（1993）、Audretsch and Feldman（1996）、Eaton and Kortum（1999）を参照。

45) Bernstein and Mohnen（1998）、Branstetter（2001）を参照。

46) Griliches（1979）を参照。

に属するすべての企業が利用できるスピルオーバー・プールとしよう。γ と ξ はパラメーターである。なお、(4-11)式では、単純化のため、X_i と K_i は規模に関して収穫一定と仮定している。

　ここで、集計されたスピルオーバー・プール K_I は、同一産業に属するすべての企業の知識ストックを集計したものと仮定しよう。すなわち、$K_I = \sum_i K_i$ である。また、各企業とも生産要素の投入比率は費用が最小となるように最適化されており、要素価格比率はすべての企業で共通となっているものとしよう。このとき費用最小化条件より、X_i と K_i の要素投入比率は

$$\frac{K_i}{X_i} = \frac{\gamma}{1-\gamma}\frac{P_x}{P_k} = \phi$$

となる。ここで、P_x と P_k は X_i と K_i の価格である。このとき、比率 ϕ はすべての企業で等しくなることに注意されたい。このとき(4-11)式は、

$$Y_i = AX_i(K_i/X_i)^\gamma K_I^\xi = AX_i\phi^\gamma K_I^\xi \tag{4-12}$$

と書き直すことができる。これをすべての企業について足し合わせると、

$$\sum_i Y_i = \sum_i AX_i\phi^\gamma K_I^\xi = A\phi^\gamma K_I^\xi \sum_i X_i$$

を得る。ここで、$\phi = K_i/X_i = \sum K_i/\sum X_i$ および $\sum_i K_i = K_I$ となることから、

$$\sum_i Y_i = A(\sum K_i/\sum X_i)^\gamma K_I^\xi \sum_i X_i = A(\sum_i X_i)^{1-\gamma}K_I^{\xi+\gamma} \tag{4-13}$$

となる。産業レベルで集計された生産関数(4-13)式を、個別企業の生産関数(4-12)式と比較してみよう。(4-12)式における知識ストック K_I の冪数は ξ である。一方、(4-13)式における知識ストック K_I の冪数は $(\xi+\gamma)$ となっている。このように、産業レベルで集計されたスピルオーバーは、私的な知識ストックの効果（K_I^ξ）と、集計された知識ストックの効果（K_I^γ）を合わせたものになっている。このモデルは、ミクロ・データと集計データの双方が利用できる場合に、スピルオーバー効果を整合的に比較するための枠組みを提供している。実際、産業内スピルオーバー効果の実証研究の多くは、自らの知識ストックが生産性を向上させる効果よりも産業全体のスピルオーバー効果が生産性を向上させる効果の方が大きいという結果を得ており、以上の分析と整合的で

第4章　研究開発と生産性　**71**

ある[47]。

ただし、以上のモデルは多くの仮定に依存している点に注意しなければならない。例えば、要素価格が企業間で同一、通常のインプットと知識ストックは規模に関して収穫一定といった仮定は、現実に満たされているとは言い難い。ただし、これらの仮定を緩めてさらに一般化しようとすれば、いっそう複雑なモデルとなることは避けがたい。データの制約とのバランスを取りつつ適切なモデルの特定化に努めるほかはない。

4-3　産業間スピルオーバーと技術距離*

産業間のスピルオーバーの程度は、技術特性や産業特性の組み合わせによってさまざまに異なってくる。ある産業の生産性上昇は製造装置など資本財の提供を通じて他の産業の生産性向上に貢献するかもしれない。インプットに体化されたイノベーションがユーザー側の生産性をも向上させるのである。資本財を媒介としたスピルオーバーは、資本財の価格が品質の向上を十分に反映していないことによって生じると考えられる。資本財を生産する企業は研究開発の成果を専有化できないので、成果の一部は資本財の価格低下を通じてユーザー企業に移転するのである[48]。

あるいは、産業間スピルオーバーの強さは、取引関係の強さによって変わるかもしれない。例えば、取引関係が固定的・継続的で相互に依存度の高い川上企業と川下企業の間で、知識フローは活発となっているかもしれない。

さらに、産業間の技術的な近さによってもスピルオーバー効果の大きさが変わるかもしれない。以下では、技術特性の近接性に依拠してスピルオーバー効果を測定する方法を説明しよう。アダム・ジャフィは産業間の**技術距離**（technological distance）をウエイトとしてスピルオーバーの集計に利用した[49]。以下、その枠組みを簡潔に説明しよう。

企業の研究開発は K 種類の技術領域からなるとしよう。この企業の**技術ポジション**のベクトルを、

---

47) Griliches（1992）、Hall et al.（2010）を参照。

48) Terleckyj（1974）、Scherer（1982）、Cheng and Nault（2007）を参照。

49) Jaffe（1986）を参照。

72　第Ⅰ部　技術変化と生産性

$$F = (F_1 \cdots F_k \cdots F_K)$$

と表す。ここで F_k は、技術領域 k に向けられた研究開発費である[50]。技術ポジションが近接した企業は、互いの知識の受容能力が高く、スピルオーバー効果が強く働くものと想定しよう。ここで、企業間の技術距離を、企業 i と企業 j の技術ポジションの間の基準化された角度で定義する。すなわち、

$$P_{ij} = \frac{F_i F_j'}{[(F_i F_i')(F_j F_j')]^{1/2}}$$

である。このように定義された技術距離 P_{ij} は、0 から 1 の間の値をとり、企業間の技術距離が近づくに従って 1 に近づく。この指標をウエイトとして自分以外のすべての企業の研究開発費の加重和を求めることによってスピルオーバー・プールを定義する。すなわち、企業 j の研究開発費を R_j とおくと、スピルオーバー・プール S_i は、

$$S_i = \sum_{j \neq i} P_{ij} R_j$$

と定義できる。ただし、簡単化のため専有可能性（模倣コスト）はすべての技術領域において等しいと仮定されている。この手法の優れた点は、産業、地域、国家等、多様な境界を越えたスピルオーバーの実証に応用できる点である。技術距離は、すでに標準化された分析方法として多くのスピルオーバーの実証研究に応用されている[51]。

5 | 知識ストックと企業価値*

　企業にとって研究開発は投資活動の一形態であり、そのアウトプットとなる知識ストックがキャッシュ・フローを高める効果をもつならば、研究開発は企業価値を高めるはずである。しかし、事前に研究開発の成功確率を予測するこ

---

50) プロジェクト別の研究開発費のデータは入手が難しいので、代わりに技術領域別の特許出願件数が用いられることが多い。

51) 医薬品産業を対象とした分析として Henderson and Cockburn（1996）を参照。また、Jaffe（1986）の手法をさらに拡張してスピルオーバー効果を検証した Bloom et al.（2013）を参照。

とは難しい。すなわち、研究開発というインプットから知識ストックが生まれ、それが企業価値をどれぐらい高めるかを予測しなければならない。知識ストックと企業価値を結びつける難しい課題に突破口を開いたグリリカスのモデルを以下に説明しよう[52]。その主要な特徴は、企業のもつ物的資産と知識ストックの限界評価が一致すると仮定する点にある。今、企業価値を、

$$V_{it} = q_t (A_{it} + \gamma K_{it})^\sigma \tag{4-14}$$

と表そう。ここで、V_{it} は企業 i の t 年における市場価値、A_{it} は通常の物的資産、そして K_{it} が知識ストックとする。パラメーター σ は企業価値の規模効果を表す。(4-14)式の両辺の対数をとると、

$$\log V_{it} = \log q_t + \sigma \log A_{it} + \sigma \log \left(1 + \gamma \left(\frac{K_{it}}{A_{it}}\right)\right)$$

となる。ここで、規模に関して収穫一定と仮定して $\sigma = 1$ とおこう。もし、(K_{it}/A_{it}) がごく小さな値をとるならば、$\log(1+x) \cong x$ という近似式を用いて、

$$\log q_{it} = \log \left(\frac{V_{it}}{A_{it}}\right) = \log q_t + \log \left(1 + \gamma \frac{K_{it}}{A_{it}}\right) = \log q_t + \gamma \frac{K_{it}}{A_{it}} \tag{4-15}$$

と線形化できる。これによってパラメーターの推定も容易となる。ここで、左辺の q_{it} は**トービンの q** と呼ばれるものである。また、切片となる $\log q_t$ は、各年の対数平均をとったトービンの q と解釈できる。Jaffe（1986）によると、γ はほぼ 3 の値となったという。すなわち、資本市場は物的資産 1 ドルがもたらす企業価値よりも知識ストック 1 ドルがもたらす企業価値がほぼ 3 倍であると評価していたと解釈できる。

ただし、ブロンウィン・ホールらは、(K_{it}/A_{it}) が15％前後であるとする推計が多いことに照らして、(4-15) 式の導出で用いた近似は適切でないと批判している[53]。そこで、ホールたちは線形近似を行わず、そのまま非線形推計を行った。さらに、(K_{it}/A_{it}) を、研究開発ストック（R_{it}）、特許ストック（P_{it}）、前方引用件数ストック（C_{it}）の合成指標とみなして、

52）Griliches（1981）、Pakes（1985）を参照。
53）Hall et al.（2005）を参照。

$$\log Q_{it} = \log\left(\frac{V_{it}}{A_{it}}\right) = \log q_t + \log\left(1 + \gamma\frac{K_{it}}{A_{it}}\right)$$

$$= \log q_t + \log\left(1 + \gamma_1\frac{R_{it}}{A_{it}} + \gamma_2\frac{P_{it}}{R_{it}} + \gamma_3\frac{C_{it}}{P_{it}}\right) \tag{4-16}$$

と特定化した推計を試みている。この定式化に理論的根拠があるというわけではないが、研究開発も特許件数・引用件数も、そのノイズや偏りが大きいとはいえ、知識ストックと関係の深い変数であることは疑いない。ホールらの推計では（4-16）式のすべての知識ストックのパラメーターが正で有意となった。例えば、特許引用件数が1件増えるにつれて、企業価値は3％増加したという。知識ストックが企業価値に与える影響は極めて大きいとみてよさそうである[54]。

> ●キーワード●
> 知識生産関数、誘導形、サンプル・セレクション・バイアス、全要素生産性、測定誤差、ソロー残差、研究開発費の二重カウント、発生主義、超過収益率、ヘドニック価格指数、マークアップ、減衰バイアス、恒久棚卸法、知識ストックの陳腐化率、感応度分析、研究開発の投資収益率、専有可能性、スピルオーバー効果、明示的な技術契約、中間財に体化された技術進歩、研究者・技術者間の知識フロー、研究者・技術者の移動、地域・国境を越えたスピルオーバー、産業内スピルオーバー、産業間スピルオーバー、技術距離、技術ポジション、企業価値、トービンの q

▶理解を深めるためのヒント

4-1 全要素生産性(4-2)式において、労働者の平均的な質（スキル）を q_L、

---

54) 無形資産が企業価値を高めるとする研究に、Blundell et al.（1999）、Bloom and Van Reenen（2002）、Hall et al.（2005）、Nicholas（2008）、日本企業を対象とした研究に Haneda and Odagiri（1998）、Nagaoka（2006）、Arato and Yamada（2012）、枝村・岡田（2013）がある。企業価値を高める効果に懐疑的な研究に Toivanen et al.（2002）、Belenzon（2011）がある。企業価値については完全に定型化された事実が確立しているとまでは言えないようである。

労働投入量を N と仮定する。このとき、労働投入の真の値は $L = q_L N$ となる。もし労働投入の質を考慮しないまま、通常の生産要素を $\tilde{X} = C^s N^{1-s}$ と計算した場合、真の全要素生産性は $D\tilde{X}^{\alpha+\beta-1} q_L^\beta K^\gamma e^{\lambda t+u}$ と修正されることを確認しよう。また、労働投入の測定誤差は全要素生産性の推計値にどのようなバイアスをもたらすかを説明してみよう。

4-2 (4-5)式に含まれる $\eta/(\eta+1)$ はマークアップ（$\mu = P/x$）に等しいことを確認しよう（ヒント：独占企業の利潤最大化条件を求める）。また、不完全競争市場のもとで、規模の経済性が存在する場合のソロー残差(4-6)式、および収入関数(4-7)式を導出してみよう。

4-3 (4-10)式のもとで、研究開発費の成長率が３％〜10％、知識ストックの陳腐化率が15％と仮定すると、投資収益率の推定量 $\hat{\rho}$ は真の ρ の値からどれぐらい乖離するだろうか（答：17％から40％程度、過小推定される）。

4-4 新しい知識を創造するプロセスにおいて、知識のスピルオーバーが不可欠となる理由を考えてみよう。企業が自らの知識ストックと外部知識との相互作用を引き起こすいろいろな状況や態様を想像してみよう。

参考文献

阿部修人（2017-2018）「指数理論への招待」『経済セミナー』No.698-No.703連載、日本評論社。

梅田雅信・宇都宮浄人（2009）『経済統計の活用と論点』（第３版）、東洋経済新報社。

枝村一磨・岡田羊祐（2013）「省エネルギー技術開発と企業価値」、馬奈木俊介編著『環境・エネルギー・資源戦略：新たな成長分野を切り拓く』、日本評論社、203-221。

後藤晃（1993）『日本の技術革新と産業組織』、東京大学出版会。

後藤晃・本城昇・鈴木和志・滝野沢守（1986）「研究開発と技術進歩の経済分析」『経済分析』No.103、経済企画庁・経済研究所。

白塚重典（1998）『物価の経済分析』、東京大学出版会。

中島隆信（2001）『日本経済の生産性分析：データによる実証的接近』、日本経済新聞社。

深尾京司・宮川努編（2008）『生産性と日本の経済成長：JIP データベースによる産業・企業レベルの実証分析』、東京大学出版会。

宮川努・淺羽茂・細野薫編（2016）『インタンジブルズ・エコノミー：無形資産と日本の生産性向上』、東京大学出版会。

森川正之（2014）『サービス産業の生産性分析：ミクロデータによる実証』日本評論社。

Agarwal, R., R. Echambadi, A. M. Franco, and M. B. Sarkar（2004）"Knowledge Transfer through Inheritance: Spin-out Generation, Development and Ssurvival," *Academic Management Journal* 47：501-522.

Arato, H. and K. Yamada（2012）"Japan's Intangible Capital and Valuation of Corporations in a Neoclassical Framework," *Review of Economic Dynamics* 15：459-478.

Audretsch, D. B. and M. P. Feldman（1996）"R&D Spillovers and the Geography of Innovation and Production," *American Economic Review* 86：630-640.

Azoulay, P. Z., J. Graff, and J. Wang（2010）"Superstar Extinction," *Quarterly Journal of Economics* 125：549-589.

Bartelsman, E. J. and M. Doms（2000）"Understanding Productivity: Lessons from Longitudinal Microdata," *Journal of Economic Literature* 38：569-594.

Belenzon, S.（2011）"Cumulative Innovation and Market Value: Evidence from Patent Citations," *Economic Journal* 122：265-285.

Bernstein, J. and P. Mohnen（1998）"International R&D Spillovers between US and Japanese R&D Intensive Sectors," *Journal of International Economics* 44：315-338.

Bloom, N. and J. Van Reenen（2002）"Patents, Real Options and Firm Performance," *Economic Journal* 112：C97-C116.

Bloom, N., M. Schankerman and J. Van Reenen（2013）"Identifying Technology Spillovers and Product Market Rivalry," *Econometrica* 81：1347-1393.

Bloom, N., C. I. Jones, J. Van Reenen, and M. Webb（2017）"Are Ideas Getting Harder to Find?" National Bureau of Economic Research Working Paper, No. 23782.

Blundell, R., R. Griffith, and J. Van Reenen（1999）"Market Share, Market Value and Innovation in a Panel of British Manufacturing Firms," *Review of Economic Studies* 66：529-554.

Branstetter, L.（2001）"Are Knowledge Spillovers Intranational or International in Scope? Microeconometric Evidence from US and Japan," *Journal of International Economics* 53：53-79.

Bosworth, D. L.（1978）"The Rate of Obsolescence of Technical Knowledge - A Note," *Journal of Industrial Economics* 26：273-279.

Cheng, Z. J. and B. R. Nault（2007）"Industry Level Supplier-Driven IT Spillovers," *Management Science* 53：1199-1216.

Coe, D. T. and E. Helpman（1995）"International R&D Spillovers," *European Economic Review* 39：859-887.

Corrado, C., C. Hulten and D. E. Sichel（2005）"Measuring Capital and

Technology: An Expanded Framework," in C. Corrado, J. Haltiwanger, and D. E. Sichel eds., *Measuring Capital in the New Economy*, University of Chicago Press, 11-46.

Corrado, C., C. Hulten and D. E. Sichel (2009) "Intangible Capital and U. S. Economic Growth," *Review of Income and Wealth* 55 : 661-685.

Eaton, J. and S. Kortum (1999) "International Patenting and Technology Diffusion: Theory and Measurement," *International Economic Review* 40 : 537-570.

Fukao, K., T. Miyagawa, K. Mukai, Y. Shinoda, and K. Tonogi (2009) "Intangible Investment in Japan: Measurement and Contribution to Economic Growth," *Review of Income and Wealth* 55 : 717-736.

Goto, A. and K. Suzuki (1989) "R&D Capital, Rate of Return on R&D Investment and Spillover of R&D in Japanese Manufacturing Industries," *Review of Economics and Statistics* 71 : 555-564.

Griliches, Z. (1957) "Hybrid Corn: An Exploration in the Economics of Technological Change," *Econometrica* 25 : 501-522.

Griliches, Z. (1958) "Research Cost and Social Returns: Hybrid Corn and Related Innovations," *Journal of Political Economy* 66 : 419-431.

Griliches, Z. (1979) "Issues in Assessing the Contributions of Research and Development to Productivity Growth," *Bell Journal of Economics* 10 : 92-116.

Griliches, Z. (1980) "R&D and the Productivity Slowdown," *American Economic Review* 70 : 343-348.

Griliches, Z. (1981) "Market Value, R&D, and Patents," *Economics Letters* 7 : 183-187.

Griliches, Z. (1992) "The Search for R&D Spillovers," *Scandinavian Journal of Economics* 94 : S29-S47.

Griliches, Z. (1994) "Productivity, R&D, and the Data Constraint", *American Economic Review* 84 : 1-23.

Griliches, Z. and D. W. Jorgenson (1966) "Sources of Measured Productivity Change: Capital Input," *American Economic Review* 56 : 50-61.

Hall, R. (1988) "The Relation between Price and Marginal Cost in U. S. Industry," *Journal of Political Economy* 96 : 921-947.

Hall, B. H. and J. Mairesse (1995) "Exploring the Relationship between R&D and Productivity in French Manufacturing Firms," *Journal of Econometrics* 65 : 263-294.

Hall, B. H., A. Jaffe, and M. Trajtenberg (2005) "Market Value and Patent Citation," *Rand Journal of Economics* 36 : 16-38.

Hall, B. H., J. Mairesse, and P. Mohnen (2010) "Measuring the Returns to R&D," in B. H. Hall and N. Rosenberg eds., *Handbook of Economics of*

Innovation, North-Holland: 1033-1082.

Haneda, S. and H. Odagiri（1998）"Appropriation of Returns from Technological Assets and the Values of Patents and R&D in Japanese High-tech Firms," *Economics of Innovation and New Technologies* 7：303-321.

Henderson, R. and I. Cockburn（1996）"Scale, Scope and Spillovers: The Determinants of Research Productivity in Drug Discovery," *Rand Journal of Economics* 27：32-59.

Jaffe, A. B.（1986）"Technological Opportunity and Spillovers of R&D: Evidence from Firms' Patents, Profits, and Market Value," *American Economic Review* 76：984-1001.

Jaffe, A. B., M. Trajtenberg and R. Henderson（1993）"Geographic Localization of Knowledge Spillovers as Evidenced by Patent Citations," *Quarterly Journal of Economics* 108：577-598.

Jones, C. I. and D. Vollrath（2013）*Introduction to Economic Growth*, 3rd ed., W. W. Norton & Co.

Jones, C. I. and J. C. Williams（1998）"Measuring the Social Return to R&D," *Quarterly Journal of Economics* 113：1119-1135.

Jorgenson, D. W. and Z. Griliches（1967）"The Explanation of Productivity Change," *Review of Economic Studies* 34：249-283.

Klette, T. J.（1996）"R&D, Scope Economies, and Plant Performance," *Rand Journal of Economics* 27：502-522.

Klepper, S.（2001），"Employee Startups in High-Tech Industries," *Industrial and Corporate Change* 10：639-674.

Klepper, S. and S. Sleeper（2005）"Entry by Spinoffs," *Management Science* 51：1291-1306.

Lanjouw, J.O., A. Pakes and J. Putnam（1998）"How to Count Patents and Value Intellectual Property: The Uses of Patent Renewal and Application Data," *Journal of Industrial Economics* 46：405-432

Menon, T., L. Thompson, and H. Choi（2006）"Tainted Knowledge vs. Tempting Knowledge: People Avoid Knowledge from Internal Rivals and Seek Knowledge from External Rivals," *Management Science* 52：1129-1144

Miyagawa, T. and S. Hisa（2013）"Estimates of Intangible Investment by Industry and Productivity Growth in Japan," *Japanese Economic Review* 64：42-72.

Møen, J.（2005）"Is Mobility of Technical Personnel a Source of R&D Spillovers?" *Journal of Labor Economics* 23：81-114.

Nadiri, M. I.（1980）"Contributions and Determinants of Research and Development Expenditures in the U. S. Manufacturing Industries," in G. M. von Furstenberg ed., *Capital, Efficiency, and Growth*, Ballinger Publishing, 361-392.

Nagaoka, S.（2006）"R&D and Market Value of Japanese Firms in the 1990s," *Journal of the Japanese and International Economies* 20：155-176.

Nickel, S. J.（1996）"Competition and Corporate Performance," *Journal of Political Economy* 104：724-746.

Nicholas, T.（2008）"Does Innovation Cause Stock Market Run ups? Evidence from the Great Crash," *American Economic Review* 98：1370-1396.

Odagiri, H. and H. Iwata（1986）"The Impact of R&D on Productivity Increases in Japanese Manufacturing Companies," *Research Policy* 15：13-19.

Okada, Y.（2005）"Competition and Productivity in Japanese Manufacturing Industries," *Journal of the Japanese and International Economies* 19：586-616.

Pakes, A.（1985）"On Patents, R&D, and the Stock Market Rate of Return," *Journal of Political Economy* 93：390-409.

Pakes, A. and M. Schankerman（1984）"The Rate of Obsolescence of Knowledge, Research Gestation Lags and the Private Rate of Return to Research Resources," in Z. Griliches ed., *R&D, Patents and Productivity*, The University of Chicago Press: 73-88.

Saxenian, A.（1994）*Regional Advantage: Culture and Competition in Silicon Valley and Route 128*, Harvard University Press.（大前研一訳『現代の二都物語：なぜシリコンバレーは復活し、ボストン・ルート128は沈んだか』、講談社、1995年）

Schankerman, M.（1981）"The Effect of Double Counting and Expensing on the Measured Returns to R&D," *Review of Economics and Statistics* 63：454-458.

Scherer, F. M.（1982）"Inter-industry Technology Flows in the United States," *Research Policy* 11：227-245.

Solow, R. M.（1956）"A Contribution to the Theory of Economic Growth," *Quarterly Journal of Economics* 70：65-94.

Solow, R. M.（1957）"Technical Change and the Aggregate Production Function," *Review of Economics and Statistics* 39：312-320.

Terleckyj, N. E.（1974）*Effects of R&D on the Productivity Growth of Industries: An Exploratory Study*, National Planning Association.

Toivanen, O., P. Stoneman, and D. Bosworth（2002）"Innovation and Market Value of UK Firms, 1989-1995," *Oxford Bulletin of Economics and Statistics* 64：39-61.

Trajtenberg, M.（1989）"The Welfare Analysis of Product Innovation with an Application to Computed Tomography Scanners," *Journal of Political Economy* 97：444-479.

Zucker, L. and M. R. Darby（2014）"Movement of Star Scientists and Engineers and High-Tech Firm Entry," *Annals of Economics and Statistics* 115-116：125-175.

第Ⅱ部

イノベーションと競争

第5章

市場構造と研究開発

1 シュンペーター仮説再考

1-1 研究開発インセンティブの定義

　市場競争は、研究開発を促し生産性を向上させるのだろうか。それとも、独占市場の方がイノベーションを促進する環境としてより望ましいのだろうか。本章では、市場構造要因と研究開発の関係を整理しつつ、シュンペーター仮説に関わる理論的・実証的研究を概観する。図5-1に示されるように、市場支配力などの市場構造要因は、研究開発のみばかりでなく、生産性向上のインセン

図 5-1　市場構造と研究開発の関係

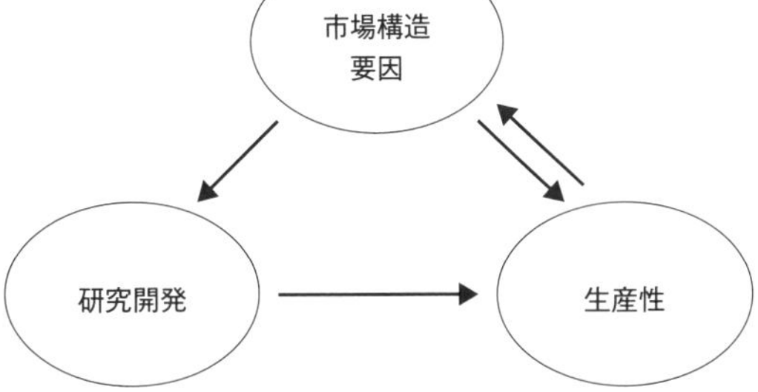

図 5-2 市場構造と研究開発インセンティブ

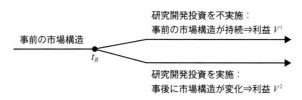

ティブにも影響する。さらに、生産性向上自体が市場構造を変化させていく。したがって、市場構造要因を十分に考慮しないと、研究開発と生産性の因果関係に内生性の問題を生じさせてしまう。すなわち、研究開発と生産性の因果関係の推定に**除外変数バイアス**が生じるのである[1]。

　シュンペーターは、市場支配力は研究開発の成果を確保する手段として重要であると考えた。しかし、イノベーション・プロセスのなかの、どの時点の市場支配力をシュンペーターが念頭においていたかは必ずしも明らかでない。実は、市場構造と研究開発インセンティブの関係を考察するためには、研究開発が行われる時点の前後の市場構造を区別する必要がある。なぜならば、研究開発によって生産費用や製品・サービスの品質が変わり、市場における競争条件が変わってしまうからである。すなわち、市場構造は研究開発によって動学的に変化する。以下、この市場構造の動学的な変化に留意しつつ、研究開発インセンティブを定義することとしよう。

　まず、研究開発が行われる時点より前を**事前**（*ex ante*）、その時点より後を**事後**（*ex post*）と呼ぶことにしよう。図5-2は、市場構造の変化と企業が獲得する利益の関係を図示したものである。今、ある企業が、時点 t_R に研究開発を行うべきかを検討しているものとしよう。また、研究開発に伴う費用はすべて時点 t_R にサンクされると仮定する。すなわち、研究開発費は事後的にすべて固定費用となる。

　ここで、研究開発を行わない場合、所与の割引率 r のもとで、時点 t_R 以降に得る毎期の期待利益 π_1 の割引現在価値を V^1 とおこう。このとき、研究開

1）除外変数バイアスについては【Box5.1】を参照。

発は行われないので事前の市場構造が持続する。一方、研究開発が時点 t_R に行われた場合、それ以降に得る毎期の期待収益 π_2 の割引現在価値を V^2 とおこう[2]。研究開発が行われると市場構造が変化することに注意されたい。すなわち、利益 V^1 は事前の市場構造に依存し、利益 V^2 は事後の市場構造に依存するのである[3]。

企業は、以上の枠組みのもとで、$V^2 > V^1$ であれば研究開発を実施し、$V^2 < V^1$ であれば研究開発を実施しない。あるいは、この差額が大きくなるほど研究開発投資を増やそうとすると考えてもよい[4]。すなわち、研究開発インセンティブは、研究開発によって得られる利益と、それを行わなかった場合に得られる利益との差額（$V^2 - V^1$）と定義できるのである。

【*BOX5.1*】除外変数の影響

線形回帰モデル $y_i = \alpha + \beta x_i + \gamma z_i + u_i$ において、回帰式に加えるべき独立変数 z_i を除外してしまうと、残された説明変数 x_i の OLS 推定量は母回帰係数の一致推定量とはならなくなることを示そう。

今、観察不可能なために除外された変数は独立変数と相関しており、$z_i = \delta + \eta x_i + \varepsilon_i$ であるものとする。$\alpha, \beta, \gamma, \delta, \eta$ はすべてパラメーターであり $\gamma \neq 0$ とする。すなわち、z_i は y_i に影響すると仮定する。ここで $E(u_i) = 0$, $E(\varepsilon_i) = 0$, $\mathrm{cov}(x_i, u_i) = 0$, $\mathrm{cov}(x_i, \varepsilon_i) = 0$ であり、また z_i は y_i に相関するので $\mathrm{cov}(x_i, z_i) \neq 0$ となる。このとき、z_i を元の回帰式に代入すると、$y_i = \alpha + \beta x_i + \gamma(\delta + \eta x_i + \varepsilon_i) + u_i$ となるので、真のモデルは、

$$y_i = (\alpha + \gamma\delta) + (\beta + \gamma\eta)x_i + (u_i + \gamma\varepsilon_i)$$

となる。このとき、除外変数モデルの推定量 $\hat{\beta}_i$ は、$\mathrm{plim}\hat{\beta} = \beta + \gamma\eta$ となるので一致推定量とはならずバイアスが生じる。すなわち、推定量 $\hat{\beta}_i$ は、$\gamma > 0$, $\eta > 0$ または $\gamma < 0$, $\eta < 0$ のときには上方バイアス、$\gamma > 0$, $\eta < 0$ または $\gamma < 0$, $\eta > 0$ のときには下方バイアスが生じるのである。

2）ただし、V^2 を計算する際、研究開発費は π_2 から差し引かれているものとする。なお、研究開発投資の資金調達や資本コストについては第6章で詳しく検討する。

3）無限期間にわたる利益の割引現在価値は $V^1 = \pi_1/r$, $V^2 = \pi_2/r$ である。

4）例えば、研究開発の成功確率は研究開発投資を増やすほど高まると考えればよい。

1-2　市場構造と研究開発インセンティブの関係

市場支配力が事前と事後のいずれの時点で行使されるかによって、市場構造と研究開発インセンティブの関係を3通りに分けて考えることができる。第1に、事後に市場支配力を行使できる場合には、研究開発を行ったときの利益 V^2 が増加する。したがって、研究開発インセンティブ（V^2-V^1）は増加すると考えられる。例えば、特許制度によって事後の市場構造が独占となることが保証されれば、研究開発を実施した場合の利益 V^2 は増加するだろう。このような効果を**シュンペーター効果**と呼ぶ。

第2に、事前に市場支配力がすでに行使されている場合は、研究開発を行わなかったときの利益 V^1 がそれだけ高くなるので、研究開発によって得られる追加的利益（V^2-V^1）が低下する。したがって、研究開発インセンティブは減少することになる。このような効果を**置き換え効果**（replacement effect）と呼ぶ[5]。

第3のケースでは、自ら研究開発を実施しない場合はライバル企業が研究開発に遅かれ早かれ成功すると考えよう。このとき、研究開発を行わなかった企業から見れば競争相手が増えることになるので、事後の市場はより競争的となる。したがって、置き換え効果の場合とは逆に V^1 が低下するのである。このような効果を**レント消失効果**と呼ぶ。仮に事前の市場が独占であったとしても、研究開発を実施することによって独占的地位を持続できるのであれば、V^2 が低下するとは考えにくい。したがって、研究開発インセンティブ（V^2-V^1）は増加するのである。以上、3つの効果をまとめると以下のとおりとなる。

①シュンペーター効果：$V^2 \uparrow \Rightarrow (V^2-V^1) \uparrow$
②置き換え効果　　　：$V^1 \uparrow \Rightarrow (V^2-V^1) \downarrow$
③レント消失効果　　：$V^1 \downarrow \Rightarrow (V^2-V^1) \uparrow$

以下では、これら3つの効果が研究開発インセンティブに与える影響をさら

5）この効果を最初に理論的に指摘した Arrow（1962）にちなんで、**アロー効果**（Arrow effect）と呼ぶこともある。

に詳しくみていくこととしよう。

2 シュンペーター効果[*]

　研究開発インセンティブの定義から明らかなように、事後的市場が独占となり、市場支配力の行使が容易となるほど、事後に得られる利益 V^2 は増加する。したがって、研究開発投資も増加する。逆にいえば、事後的な市場が競争的であるほど、他の事情が一定のもとで、研究開発インセンティブは小さくなる。この因果関係を簡潔にモデル化して分析するために頻繁に用いられてきたのが、独占的競争モデルと、立地選択モデルの2つである。いずれのモデルも、製品差別化された市場への新規参入をイノベーションとみなすことができる。以下では、立地選択モデルのひとつである**円環市街地モデル**を用いて、シュンペーター効果の仕組みを説明することとしよう[6]。

　製品差別化をイノベーションと関連づけるため、以下では、製品差別化された製品メニューを拡大する新規参入企業の数をイノベーションの測度とみなす。すなわち、個々の企業は参入によって市場に新製品を導入する役割を担うものとみなす。

　円環市街地モデルを、図5-3を用いながら説明しよう。今、消費者は円環状に一様に分布しており、円周の長さを1と基準化しよう。各企業は円周上のどこか一か所に立地するものとする。消費者は円周上を移動して、ひとつの企業から1個の製品を買うとしよう[7]。すなわち、企業の提供する製品は消費者の移動距離によって差別化されている。したがって、消費者は移動距離の最も小さい企業から製品を1単位購入することになる。ここで、消費者の移動コストは単位距離当たり t としよう[8]。また、各企業は、市場への参入費用 f（例えば、店舗の建設コスト）を負担しなければならないものとする。また、生産に

6）以下の説明は、Salop（1979）、Tirole（1988）、Aghion and Griffith（2005）に依拠している。一方、独占的競争モデルでは競争は需要の代替弾力性で測られる。Dixit and Stiglitz（1977）、Dasgupta and Stiglitz（1980）を参照。

7）ここでは、円の内側をショートカットすることはできないと仮定している。例えば、湖の周りに店舗が立地しており、湖内をボートで移動することが難しい街を想像されたい。

8）単純化のために、移動コストは距離に比例して線形とする。

第5章　市場構造と研究開発　**87**

図5-3 円環市街地モデル(1)

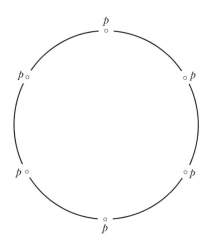

必要となる単位費用は c で一定とする。このとき、企業 i が設定する価格を p_i、その企業が直面する需要を D_i とおけば、この市場に参入した場合に得られる利潤は $(p_i-c)D_i-f$ となる。参入しなければ利潤はゼロである。

このモデルのもとで、以下のような**2段階ゲーム**を考えよう。第1段階では、すべての企業が参入するか否かを同時に決定する。次いで第2段階では、ベルトラン型の価格競争が行われる。このとき、参入企業数を n とすると、n 社は、できるだけ多くの消費者を囲い込むために、互いの立地からできるだけ離れた立地点を選ぶだろう。この結果、円環市街地の上を、企業は等間隔に立地することになるのである。図5-3は、全部で6社が参入した場合を描いている。すなわち、第2段階で価格競争が行われる円環市街地モデルでは、製品差別は最大化されるのである。

このような2段階ゲームでは、**後方帰納法**によって**ナッシュ均衡**を求めることができる[9]。すなわち、所与の企業数 n のもとで、まず第2段階の均衡価格と均衡利潤を求める。次に、企業が参入にあたって負担しなければならない固定費用 f と均衡利潤が一致するまで参入が続くと想定して、第1段階におけ

---

9) ナッシュ均衡とは、すべてのプレイヤーの戦略が互いに最適反応となっている均衡である。

図 5-4　円環市街地モデル(2)

る均衡企業数を求めるのである。

　ナッシュ均衡のもとでは限界企業の利潤はゼロとなる。このときのナッシュ均衡を**自由参入均衡**と呼ぶ。すべての企業が対称的である限り、自由参入均衡のもとで価格は共通の値に収斂するはずである。図5-3ではすべての企業が共通の価格 p を設定したものと描かれている。

　ここで、各々の企業の競争相手は、その両側に立地した企業のみであることに注意しよう。その様子が図5-4に描かれている。いま、企業 i が価格 p_i を設定し、参入企業数を n とすれば、円環状を $1/n$ の幅で等間隔に企業が立地することになる。

　このとき、企業からの距離が $x \in (0, 1/n)$ の地点に住む消費者にとって、企業 i から購入することと、企業 i とは反対側に立地する企業から購入することが無差別となる条件を求める。隣接する企業の提供する価格と移動コストの和が等しくなるので、

$$p_i + tx = p + t\left(\frac{1}{n} - x\right) \tag{5-1}$$

となる。(5-1)式の左辺は、消費者が企業 i へ支払う価格 p_i と企業 i の立地点までの移動コスト tx の和である。右辺は、同じ消費者が、隣接する企業から購入した場合に支払う価格 p と移動コスト $t[(1/n)-x]$ の和である。(5-1)式が成り立つとき消費者は両側の企業の製品に対して無差別となる。そこで、企業 i の直面する需要 D_i は $2x$ に等しくなることに注意しつつ、(5-1)式を整理すると、

$$D_i = 2x = \frac{p + t/n - p_i}{t}$$

となる。この需要のもとで、企業 i は両側に位置する企業の設定する価格 p を

第 5 章　市場構造と研究開発

所与として、自らの利潤が最大となるように価格 p_i を決定する。すなわち、企業 i の利潤は、

$$(p_i - c)D_i = (p_i - c)\left(\frac{p + t/n - p_i}{t}\right) \tag{5-2}$$

となるから、これを最大化する価格 p_i を求めればよい。利潤最大化の一階条件より、(5-2)式を価格 p_i で微分してゼロとおくと、

$$p_i = \frac{1}{2}(p + \frac{t}{n} + c)$$

が導かれる。ここで、対称的なナッシュ均衡のもとではすべての企業の価格が共通（$p_i = p$）となることから、均衡価格 p^* は、

$$p^* = \frac{t}{n} + c \tag{5-3}$$

となる[10]。また、企業数 n のもとでの利潤 $\pi^*(n)$ は、

$$\pi^*(n) = \frac{t}{n^2} \tag{5-4}$$

となる。(5-4)式より、企業数 n が増加すると均衡利潤が減少することを確認されたい。ここで、第1段階のゲームでは自由参入であったことを想起してほしい。すなわち、(5-4)式で与えられる均衡利潤が、ちょうど参入費用 f と一致するまで参入が続くのである。したがって、均衡企業数 n^*、すなわち、新製品の数で測られるイノベーションの程度は、(5-4)式を f と等しいとおくことによって、

$$n^* = \sqrt{t/f} \tag{5-5}$$

と求めることができる。すなわち、消費者の移動コスト t が減少すると、(5-4)式より均衡利潤は減少し、(5-5)式より均衡企業数も減少する。逆に、消費者の移動コスト t が増大すると、均衡企業数 n^* が高まり、均衡利潤も増大する。

　ここで、移動コストは競争の程度を表すことに注意しよう。もし移動コスト

---

10) 製品差別の存在しないベルトラン競争のもとでは、$t = 0$ となるので $p^* = c$ となり価格と限界費用が一致する。

90　第Ⅱ部　イノベーションと競争

が減少して市場の競争圧力が増大すると、均衡企業数 n^* が減少するのでイノベーションは停滞する。逆に、移動コストが増大して市場の競争圧力が減殺されると、均衡企業数 n^* が増大するのでイノベーションが活発になる。この効果がまさにシュンペーター効果に相当するのである。別の言い方をすると、第2段階の価格競争圧力が強まると、第1段階の製品差別化が促進され、一方、第2段階の価格競争圧力が減殺されると、第1段階の製品差別化が抑制されるのである[11]。

3 | 置き換え効果

3-1　完全競争と独占のもとでの研究開発インセンティブの比較

　円環市街地モデルでは、事後の市場が競争的となるほど研究開発インセンティブは低下し、事後の市場が独占的となるほど研究開発インセンティブは増加した。このシュンペーター効果とは対照的に、事前の市場が競争的となったり独占的となったりした場合の研究開発インセンティブへの影響を考えてみよう。

　事前の市場が独占的となる場合には、研究開発インセンティブが低下する。この効果を**置き換え効果**と呼ぶ。以下、置き換え効果のメカニズムを簡単な部分均衡モデルを用いて説明しよう。単純化のために、市場構造は完全競争か独占のいずれかであるものと仮定しよう。そのため、研究開発の成果は**完全特許**（他の企業による模倣は不可能、かつ特許期間が無限大となる特許）として保護されるものとする。この完全特許の仮定は、独占か完全競争という極端な市場構造に分析対象を限定するためのものである。

　完全競争、独占の市場構造の元で、研究開発インセンティブがどのように表されるかを図5-5を用いて説明しよう。今、研究開発が行われる前の1単位当たりの生産費用は c_H で一定とする。ここで、研究開発によって限界費用が c_H から c_L に低下するものと仮定する。図の dd' は市場需要曲線、dh は限界収入

---

11)　同様の設定で、もし需要構造が円環市街地モデルではなく、端点のある線分状の市街地モデルとなった場合には、企業の立地選択は中点の近傍に集まるので差別化は最小化される。

第5章　市場構造と研究開発　**91**

図5-5 研究開発インセンティブ：完全競争と独占

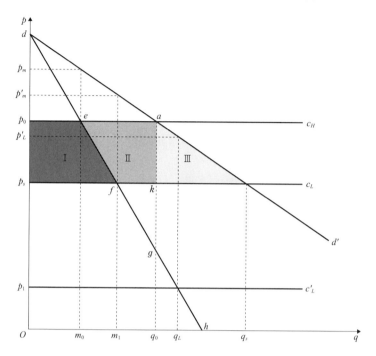

曲線である。このとき、事前の完全競争均衡は、点 a で示される価格と数量 (p_0, q_0) となる。また、限界収入と限界費用の一致する点は e であるから、事前の独占均衡は (p_m, m_0) となる。この2つの均衡下の研究開発インセンティブを比較してみよう。

事前の市場構造が完全競争である場合、研究開発を行った企業が直面する事後の需要曲線は $p_0 a d'$ という屈折した曲線となる。このとき限界収入曲線は $p_0 a g h$ となり、ag の区間で切断された曲線となる。したがって、限界収入曲線 $p_0 a g h$ と事後の限界費用曲線 c_L が交わる点は k となり、価格と生産量は (p_0, q_0) のまま事前の均衡から変化しない。このとき企業が得る利潤は四角形 $p_0 p_s k a$ となり、その大きさは領域 I ＋ II の面積で表される。完全競争の場合、すべての企業の利潤は事前にはゼロであるから、事後の利潤に相当する領域 I ＋ II の面積が、完全競争下での研究開発インセンティブとなる。

一方、事前の市場が独占の場合、独占利潤は dep_0 の三角形の面積に相当す

る。ここで、研究開発によって単位費用が c_L に低下すると、事後の市場構造も独占のままであるから、利潤は dfp_s に拡大する。したがって、研究開発によってもたらされる独占企業の利潤の増分は p_0efp_s という台形の面積 I に等しくなる。この台形の面積 I の大きさが、事前の市場が独占の場合の研究開発インセンティブとなる。

　以上をまとめると、事前の市場が完全競争である方が、事前の市場が独占の場合よりも、II の面積の分だけ研究開発インセンティブが大きくなるのである。さらに付け加えると、事後に最善（first-best）となる均衡は (p_s, q_s) である。このとき、最善のケースの社会的余剰の増分は領域 I + II + III の面積となる。ただし、最善の均衡を実現するためには、事後の価格を限界費用水準まで低下させる必要がある。このとき、事後の利潤はゼロとなるため、研究開発インセンティブはまったく失われる。そもそも完全特許の場合には、余剰の増分 III は永遠に実現しないのである[12]。

3-2　大発明と小発明

　以上の説明では、費用削減の程度が小さいため、限界収入曲線のギャップである ag の間にちょうど限界費用曲線 c_L が収まっていた。このとき、均衡価格は p_0 のままであり事前の均衡価格から変化しない。費用削減の程度が小さいため均衡価格が変化しないケースを**小発明**と呼ぶことにしよう。

　一方、費用削減の程度が大きいため、限界費用曲線が限界収入曲線と交わる領域が gh の範囲まで低下すると、利潤最大化をもたらす価格は p_0 を下回る。例えば、図5-5で限界費用曲線が c'_L まで低下すると、事後の利潤最大化価格は p'_L となり p_0 を下回ることになる。このようなケースを**大発明**と呼ぶことにしよう[13]。

12）特許期間が有限であれば、領域 III に示される潜在的利益の一部が実現する。事前の研究開発インセンティブと領域 III に示される事後の社会的利益のトレードオフを考慮して、社会的に最適な特許期間を導く必要がある。詳しくは第10章を参照。

13）大発明の場合であっても、本節の置き換え効果の結論は左右されない。図5-5の部分均衡分析の枠組みを用いて、同様に証明できるので各自確かめられたい。なお、大発明と小発明の区別は、レント消失効果を検討する際に問題となってくる。第4節を参照。

第5章　市場構造と研究開発　**93**

4 レント消失効果と独占の持続性

4-1 レント・シーキングと独占の社会的費用

自由市場経済のもとで、独占的地位を獲得することによって**独占レント**が獲得できるならば、その地位を目指した競争が起こる[14]。研究開発・イノベーションによる競争においても、事後的に独占的地位が期待できるならば、そこから得られる独占レントを目指した競争が起こるはずである。

一般に、事後的な独占レントの獲得を目指した活動のことを、政治的・経済的な活動も含めて**レント・シーキング**（rent seeking）と呼ぶ。許認可や免許、関税などの保護を求める圧力団体の政治的なロビー活動が典型である。このように、通常、レント・シーキングという場合には、何らかの政治的働きかけによって、供給の限定された資源や免許などの独占権を得ることを指す[15]。

リチャード・ポズナーは、レント・シーキングによって、通常の厚生損失を越える水準まで**独占の社会的費用**が拡大する可能性を指摘した。ポズナーはそのための条件を2つの公準にまとめている[16]。すなわち、①レントを目指した競争が、レント獲得の費用と独占レントが一致するまで亢進すること、②レント獲得の費用からは社会的便益は何も生まれないこと、の2つである。このうち、①の条件は、レントの獲得競争への参入障壁が存在せず自由参入が保証されていれば、独占レントの水準までレント・シーキングの費用が増大することを意味する。すなわち、自由市場経済のもとでは、独占レントの機会が存在する限り、その機会が完全に消尽されるまで競争圧力が働くと考えるのである[17]。このように、レント・シーキングによって独占レントが消尽することを**レント消失効果**（rent dissipation effect）と呼ぶ。

---

14) 経済学でいうレントとは、地代収入（rent）のように供給が固定的であることによって獲得できる、正常利潤を上回る超過利潤のことをいう。また、独占レントと呼ぶ場合には、それが市場における独占的地位に起因する場合を指すことが多い。

15) Buchanan et al.（1980）を参照。

16) Posner（1975）を参照。

17) この条件を、ゲーム理論の文献では free entry zero-profit condition と呼ぶ。

94 第Ⅱ部 イノベーションと競争

次に、②のレント獲得の費用からは社会的便益が生まれないという条件も、レント・シーキングによって独占の社会的費用が増大する条件となる。例えば、政府規制のもとにある非効率的な公企業が、政府による保護の継続を求めてロビー活動を行うケースを想定しよう。このようなロビー活動に向けられる資源は社会的浪費とみなされ、生産性の向上やイノベーションに何ら貢献しないだろう。

　ただし、競争的な入札制度によって、独占レントが政府の財政収入として移転される場合には注意が必要である。例えば、周波数オークションでは競争入札によって政府の財政収入が増加する、あるいは、公共事業では、より安い価格の調達が可能となる。このように、競争的な入札制度や免許制度の場合には、民間部門から政府部門へのレントの移転が生じるのである。このとき、①は成立するが②は成立しないので独占の社会的費用が通常の厚生損失の水準を超えて拡大するとはいえない。

4-2　レントの消失と独占の持続性*

　独占的地位は単なる偶然や幸運（serendipity）によって得られる場合がある。このような偶然や幸運のもたらした初期条件が、先行者の優位性を生み、独占的地位を持続させる場合がある。このような先行者による市場の先取りを**先占**（preemption）と呼ぶこともある[18]。

　置き換え効果が働く場合には、事前の市場が競争的であるほど研究開発インセンティブが大きくなることはすでに述べた。しかし、レント消失効果は置き換え効果を打ち消す働きをもつ。例えば、独占的地位をもたらす特許の獲得を目指して研究開発競争が行われる場合、勝者がすべてのレントを総取り（winner-take-all）するとしよう。このような競争を**序列競争**と呼ぶ。この場合、ライバル企業よりも少しでも早く研究開発を成功させるために社会的に過剰な研究開発投資が行われる可能性がある[19]。

---

18) 先占とは民法等で用いられる言葉で、所有権がない動産を所有の意思をもって他人よりも先に占有することをいう。

19) Barzel（1968）を参照。米国の航空機メーカーに対抗するために、イギリス・フランス両政府が進めた超音速旅客機コンコルドの研究開発を、序列競争によって過剰投資がもたらされた事例に挙げている。

第5章　市場構造と研究開発　**95**

レント消失効果が無視できない場合に、研究開発インセンティブがどのように影響を受けるかを検討しよう[20]。既存の独占企業と潜在的な参入企業の2社からなる市場を考えよう。独占企業の単位当たり利潤を $\pi^m(c_H)$ とする。ここで c_H は生産1単位当たりに要するコストである。ここで、新技術を利用すると単位当たり費用が c_L まで低下するものとしよう。ただし、$c_L < c_H$ である。

　まず、新技術を獲得した企業が市場を独占するケースを考えよう。このとき、独占企業が新しい技術を獲得したときの追加的利潤は $\pi^m(c_L) - \pi^m(c_H)$ となる。また、潜在的参入企業が新技術を獲得したときの利潤は $\pi^m(c_L)$ となる。すなわち、事後の市場構造が独占に限定されている場合は、置き換え効果によって潜在的参入企業の研究開発インセンティブが独占企業よりも大きくなるのである。

　一方、独占企業が技術を獲得しなかった場合には、潜在的参入企業が技術を獲得して市場に参入するとしよう。この場合にはレント消失効果が発生する。例えば、第三者から新技術を獲得するために入札が行われるとしよう。このとき、独占企業は、新技術のもたらす追加的な利潤だけを考えるのではなく、潜在的参入企業が落札に成功して市場に参入した場合に失われる利潤の減少分（レント消失効果）も考慮するはずである。ただし、潜在的参入企業は、事前には何も利潤を得ていないので、独占企業が新技術を落札しても利潤はゼロのままである。

　このような状況のもとで、レント消失効果が生じる場合の独占企業と潜在的参入企業の研究開発インセンティブを比較してみよう。新技術を潜在的参入企業が落札した場合には、既存企業が市場から退出しない限り、市場は複占となる。このときの利潤を、独占企業は $\pi^d(c_H, c_L)$、競争企業は $\pi^d(c_L, c_H)$ と表すことにしよう。ここで、カッコ内の第1項は自分の単位費用、第2項は相手企業の単位費用である。このとき新技術のもたらす独占企業と競争企業の追加的利潤の割引現在価値 V^m および V^c は、r を所与の割引率とすると、

$$V^m = \frac{\pi^m(c_L) - \pi^d(c_H, c_L)}{r}, \quad V^c = \frac{\pi^d(c_L, c_H)}{r} \tag{5-6}$$

---

20) Gilbert and Newbery（1982）を参照。

と表すことができる。一般に、複占下の利潤 π^d の 2 社分の合計よりも、独占利潤 π^m の方が大きくなるといってよい。したがって、

$$\pi^m(c_L) \geq \pi^d(c_H, c_L) + \pi^d(c_L, c_H) \tag{5-7}$$

となる。独占から複占に市場構造が変わる場合、利潤の低下を上回る消費者利益の増加が生じる。これを**効率性効果**（efficiency effect）と呼ぶ。したがって、競争企業が新技術を得て市場が複占となった場合、2 社が獲得できる利潤の合計は必ず減少するのである。(5-7)式を変形すると、

$$\pi^m(c_L) - \pi^d(c_H, c_L) \geq \pi^d(c_L, c_H) \tag{5-8}$$

となる。(5-6)式と(5-8)式より $V^m \geq V^c$ となることを確かめられたい。独占企業の研究開発インセンティブ V^m は潜在的参入企業の研究開発インセンティブ V^c 以上となっている。すなわち、置き換え効果のケースとは逆に、レント消失効果が働いた結果、$V^m \geq V^c$ が成立するのである。

　ここで、(5-8)式が不等号で成立する条件を確認しておこう。実は、(5-8)式が等号か不等号のいずれで成立するかは、置き換え効果の説明の際に定義した大発明と小発明の違いに依存する。大発明の場合、図5-5からもわかるように、新技術を獲得した企業の価格 $p^m(c_L') = p_L'$ は既存技術による費用水準 c_H を下回るので、既存技術 c_H を利用する企業は市場から完全に排除される。このとき、排除される企業の利潤は $\pi^d(c_H, c_L) = 0$ となり、一方、大発明に成功した企業の利潤は $\pi^m(c_L') = \pi^d(c_L', c_H)$ となる。このとき(5-8)式は等号で成立することが確認できる。すなわち、大発明の場合は、独占企業と潜在的参入企業の研究開発インセンティブには差がなく、$V^c = V^m$ が成立する。

　一方、小発明の場合には、独占企業の価格は**制限価格**（limit price）に等しくなる[21]。このとき、$p^m(c_L) \cong c_H$ である。潜在的参入企業が技術を獲得して複占となった市場で得られる利潤 $\pi^d(c_L, c_H)$ は、既存企業による独占が持続した場合の独占利潤 $\pi^m(c_L)$ よりも小さくなるので、$V^m > V^c$ となる。すなわち、小発明においては独占が維持されるのである。

21）制限価格とは、参入阻止が可能となる水準まで引き下げられた価格のことである。本章のモデルのもとでは制限価格は $c_H - \varepsilon$（ε はごく僅かな値）である。

これまでの検討から明らかなように、市場構造と研究開発の関係を見極めるためには、置き換え効果とレント消失効果のトレードオフに注目する必要がある。これによって多様な理論的予測を立てられることとなる[22]。独占企業の研究開発インセンティブは $\pi^m - \pi^d$ によって決まり、潜在的競争企業の研究開発インセンティブは π^d の大きさによって決まる。したがって、例えば、市場競争がレント消失効果を強める（すなわち、π^d を減少させる）ならば、

$$\pi^m - \pi^d > \pi^d$$

となる可能性が高くなり既存企業の研究開発インセンティブが潜在企業のそれを上回るので独占が持続するのである。

5 | 市場競争と研究開発：理論と実証の概観

市場競争と研究開発の関係を検討したものは枚挙に暇がない。最後に、主要な理論および関連する実証研究の概要を簡潔に紹介しておこう[23]。

5-1 内生的サンクコストと製品差別

製品差別化を目指した研究開発投資は、製品のバラエティを増やしたり製品の品質を向上させることによるメリットを生む一方、サンクコストの水準を高めて参入障壁を高める可能性もある。研究開発は事前にはサンクされないが、事後にはすべてサンクされ固定費となるので、もし研究開発によって製品・サービスの価値を持続的に高めることができるならば、競争企業の参入は困難であり続けることとなる。このように、研究開発投資は、**内生的サンクコスト**（endogenous sunk cost）を高めることによって独占を持続させる効果を伴う可能性がある[24]。内生的サンクコストの理論では、研究開発や広告宣伝等に

---

22) Fudenberg et al.（1983）、Aghion and Griffith（2005）を参照。

23) 市場競争とイノベーションの関係を検討した実証研究として Scherer and Ross（1990）、Geroski（1995）、Nickel（1996）、Blundell et al.（1999）、Klette and Griliches（2000）、Aghion et al.（2005）を挙げておく。また、日本の市場競争と研究開発・生産性との関係を検討した Okada（2005）、Inui et al.（2012）も参照されたい。

24) Sutton（1991）を参照。ただし、技術の耐久性（あるいは陳腐化の速度）や需要の不確実性によって独占の持続性の程度は変わるだろう。

よる消費者便益の増加の無限定性（unlimitedness）が独占の持続性を決める重要なポイントとなる。

5-2 市場競争と経営効率化インセンティブ

　独占のもとでは、市場競争の規律が働かなくなり、経営者の効率化インセンティブが失われる危険がある。経営者の努力は観察できないが経営成果は観察できるので、エージェンシー問題が発生してモラルハザードが起きるからである。しかし、競争市場の規律が働く場合には、市場を通じた経営情報や価格情報の開示と交換が促されるので、経営者に生産性向上のインセンティブを与えることになる[25]。さらに、市場が競争的である場合には、経営判断の良し悪しが利益に影響する度合いを強めるかもしれない[26]。ただし、これらの効果は経営効率の水準を高める効果をもつとはいえるものの、生産性の成長率を持続的に高める効果をもつとは限らない。イノベーションと密接に関連するのは企業価値や生産性の上昇率であることに留意すべきである。

5-3 内生的成長理論

　これまでの説明からも明らかなように、技術変化は外生的なショックとしてではなく内生的なメカニズムに従って起こると考えるべきである。知識には非競合性があり、スピルオーバー効果を通じて社会的収益率を高めてくれる。それが研究開発の効率を高めるので、生産技術は収穫逓増となり、持続的な経済成長を可能とするのである。この**内生的成長理論**は、競争とイノベーションの関係を考えるうえで有力な理論モデルを提供しているといえよう[27]。

　内生的成長理論のモデルは、市場競争と研究開発インセンティブ、生産性の関係についてさまざまな命題を提供している[28]。とりわけ、市場競争とイノベーションの間に逆 U 字型の関係があるとする**逆 U 字型仮説**を提示している

25）Hart（1983）、Holmstrom（1999）、Aghion et al.（1999）を参照。

26）Scharfstein（1988）、Martin（1993）、Meyer and Vickers（1997）を参照。

27）内生的成長理論モデルの詳細は本書ではとりあげない。Aghion and Howitt（1998）を参照。入門書として Jones and Vollrath（2013）が優れている。

28）Romer（1990）、Grossman and Helpman（1991）、Aghion and Howitt（1992）、Jones（1995）を参照。

第 5 章　市場構造と研究開発　**99**

点が興味深い[29]。逆 U 字仮説は、競争と独占の中庸に好ましい市場構造が存在すると示唆するからである。

また、この理論は、市場構造と研究開発の関係に影響する要因として、競争を回避するために研究開発を行うインセンティブに注目している。この**競争回避効果**（escape competition effect）は、競争と市場構造の関係を考えるうえで示唆的である。すなわち、競争を回避するために**市場をめざす競争**（competition for the market）が促され、市場構造が動学的に変化していくと考えるのである。

5-4 企業成長とプロダクト・ライフ・サイクル

技術変化が活発に起こる産業の参入・退出・成長の軌道を、動学的な確率過程のモデルによって進化論的に巧みに説明する**プロダクト・ライフ・サイクル**という考え方がある[30]。この研究の特徴は、比較的長期の時系列データに依拠しつつ魅力的なケース・スタディを提供していることである[31]。

この仮説が想定する企業成長の典型的なプロセスは以下のとおりである。新しい産業では参入企業数が多く、プロダクト・イノベーションが活発でそのスピードも速いため、市場構造は流動的で激しく変動する。しかし産業の成熟化に伴い退出が参入を上回るようになる。やがてプロダクト・イノベーションは減少し、製品の標準化も進行して、研究開発はプロセス・イノベーションに焦点を合わせるようになる。最終段階では、大規模企業群のマーケットシェアの変動率は減少し、次第に寡占的市場構造へと収斂して長期にわたり安定する。

ウィリアム・アバナシーは、プロダクト・ライフ・サイクルの駆動力は技術変化とみなす。新産業の草創期には、消費者の選好の不確実性は大きく技術も流動的である。したがって、この段階では、さまざまな技術を利用して新しい製品やサービスを提案するプロダクト・イノベーションが競争の中心となる。

---

29) Aghion et al.（2005）を参照。また、経験的事実として逆 U 字型仮説を早くから指摘していた Scherer（1965a, b）、Levin et al.（1985）も参照されたい。

30) Geroski（1999）は企業成長の段階理論（stage theories of growth）と呼んでいる。

31) Abernathy（1978）、Jovanovic（1982）、Hopenhayn（1992）、Jovanovic and MacDonald（1994）、Utterback（1994）、Ericson and Pakes（1995）、Klepper（1996）、Klepper and Simon（2000）、Yamamura et al.（2005）を参照。

しかし、消費者・生産者双方の経験が深まるにつれて、新製品革新の余地は次第に狭まって、やがてプロトタイプとなる**ドミナント・デザイン**が確立する[32]。ドミナント・デザインに適応できない企業は退出せざるを得なくなり、企業数は急激に減少し始める。また、ドミナント・デザインの確立によって、製品デザインが陳腐化するリスクが小さくなり、プロセス・イノベーションのインセンティブが高まる。こうして、資本集約的な生産技術の優位性が高まり、規模の経済性による企業数の減少にさらに拍車がかかる、と考えるのである。

このモデルは、ドミナント・デザインというコンセプトに強く依拠しているので、実際に応用できる産業はごく限られているように思われる。プロダクト・イノベーション→ドミナント・デザインの確立→プロセス・イノベーションという段階が明確に観察できるとも限らない。ただし、自動車、自動二輪車、タイヤといった産業の長期にわたる市場構造の変化をよく説明しており興味深い。

以上、市場構造と研究開発に関わる理論と実証研究をいくつか紹介してきた。ごく簡潔にそのエッセンスをまとめると、競争とイノベーションの関係には複雑なダイナミクスが絡んでおり、技術変化を引き起こす要因も多様である。市場競争もその要素のひとつであるが、市場構造や企業行動のどの要素を重視するかによって理論的な予測も異なってくる。市場競争とイノベーションの関係を明らかにしてくためには、これら多様な仮説を少しずつ実証的に検証していくより他にない。

> **●キーワード●**
> 市場構造、研究開発インセンティブ、事前、事後、シュンペーター効果、置き換え効果、レント消失効果、円環市街地モデル、２段階ゲーム、後方帰納法、ナッシュ均衡、自由参入均衡、完全特許、小発明、大発明、独占レント、レント・シーキング、独占の社会的費用、独占の持続性、先占、序列競争、効率性効果、制限価格、内生的サンクコスト、内生的成長理

---

32) Abernathy and Utterback（1978）を参照。

論、逆Ｕ字型仮説、競争回避効果、市場をめざす競争、プロダクト・ラ
イフ・サイクル、ドミナント・デザイン

▶理解を深めるためのヒント

5-1 研究開発インセンティブの定義を再確認されたい。そのうえで、市場
構造以外に研究開発インセンティブに影響する要因にどのようなものがあるか
を考えてみよう。具体的な研究開発競争の事例に即して調べてみよう。

5-2 図5-5の部分均衡分析の枠組みを用いて、大発明の場合でも競争市場の
方が独占市場よりも研究開発インセンティブが大きくなることを確認しよう。

5-3 レント消失効果によって独占が持続的になっていると考えられる産業
を具体的に思い浮かべてみよう。どのような条件がそろえば、独占の持続性が
高められるかを考えてみよう。

5-4 Yamamura et al.（2005）では、1950～60年代の日本の自動二輪車のプ
ロダクト・ライフ・サイクルが興味深く描かれている。イノベーションの活発
なIT産業でこのような事例がないか探してみよう。

参考文献

Abernathy, W. J.（1978）*The Productivity Dilemma*, The Johns Hopkins Universi-
ty Press.

Abernathy, W. J. and J. M. Utterback（1978）"Patterns of industrial innovation,"
Technology Review 80：40-47.

Aghion, P., N. Bloom, R. Blundell, R. Griffith, and P. Howitt（2005）"Competition
and Innovation: An Inverted-U Relationship," *Quarterly Journal of Economics*
120：701-728.

Aghion, P., M. Dewatripont, and P. Rey（1999）"Corporate Governance, Competi-
tion Policy and Industrial Policy," *European Economic Review* 41：797-805

Aghion, P. and R. Griffith（2005）*Competition and Growth: Reconciling Theory
and Evidence*, MIT Press.

Aghion, P. and P. Howitt（1992）"A Model of Growth through Creative
Destruction," *Econometrica* 60, 323-351.

Aghion, P. and P. Howitt（1998）*Endogenous Growth Theory*, MIT Press.

Arrow, K.（1962）"Economic Welfare and the Allocation of Resources for
Invention," in R. R. Nelson ed., *The Rate and Direction of Inventive Activity:*

Economic and Social Factors, Princeton University Press, 609-626.

Barzel, Y. (1968) "Optimal Timing of Innovation," *Review of Economics and Statistics* 50, 348-355.

Blundell, R., R. Griffith, and Van Reenen (1999) "Market Share, Market Value and Innovation in a Panel of British Manufacturing Firms," *Review of Economic Studies* 66 : 529-554.

Buchanan, J., R. Tollison, and G. Tullock eds. (1980) *Toward a Theory of the Rent-Seeking Society*, Texas A & M University Press.

Dasgupta, P. and J. E. Stiglitz (1980) "Industrial Structure and the Nature of Innovative Activity," *Economic Journal* 90 : 266-293.

Dixit, A. K. and J. E. Stiglitz (1977) "Monopolistic Competition and Optimum Product Diversity," *American Economic Review* 67 : 297-308.

Ericson, R. and Pakes (1995) "Markov-Perfect Industry Dynamics: A Framework for Empirical Work," *Review of Economic Studies* 62 : 53-82.

Fudenberg, D., R. Gilbert, J. Stiglitz, and J. Tirole (1983) "Preemption, Leapfrogging and Competition in Patent Races," *European Economic Review* 22 : 3-31.

Geroski, P. (1995) *Market Structure, Corporate Performance and Innovative Activity*, Oxford University Press.

Geroski, P. (1999) "The Growth of Firms in Theory and Practice," CEPR Discussion Paper, No.2092.

Gilbert, R. J. and D. M. Newbery (1982) "Preemptive Patenting and the Persistence of Monopoly," *American Economic Review* 72 : 514-526.

Grossman, G. M. and E. Helpman (1991) *Innovation and Growth in the Global Economy*, MIT Press.

Hart, O. (1983) "The Market Mechanism as an Incentive Scheme," *Bell Journal of Economics* 14 : 366-382.

Holmstrom, B. (1999) "Managerial Incentive Problems: A Dynamic Perspective," *Review of Economic Studies* 66 : 169-182.

Hopenhayn, H. (1992) "Entry, Exit, and Firm Dynamics in Long Run Equilibrium," *Econometrica* 60 : 1127-1150.

Inui, T., A. Kawakami, and T. Miyagawa (2012) "Market Competition, Differences in Technology, and Productivity Improvement: An Empirical Analysis Based on Japanese Manufacturing Firm Data," *Japan and the World Economy* 24 : 197-206.

Jones, C. I. (1995) "R&D-Based Models of Economic Growth," *Journal of Political Economy* 103 : 759-784.

Jones, C. I. and D. Vollrath (2013) *Introduction to Economic Growth*, 3rd ed., W. W. Norton.

Jovanovic, B. (1982) "Selection and the Evolution of Industry," *Econometrica* 50 : 649-670.

Jovanovic, B. and G. MacDonald (1994) "The Life Cycle of a Competitive Industry," *Journal of Political Economy* 102 : 322-347.

Klepper, S. (1996) "Entry, Exit, Growth, and Innovation over the Product Life Cycle," *American Economic Review* 86 : 562-583.

Klepper, S. and K. L. Simon (2000) "The Making of an Oligopoly: Firm Survival and Technological Change in the Evolution of the U.S. Tire Industry," *Journal of Political Economy* 108 : 728-760.

Klette, T. J. and Z. Griliches (2000) "Empirical Patterns of Firm Growth and R&D Investment: A Quality Ladder Model Interpretation," *Economic Journal* 110 : 363-387.

Levin, R., W. Cohen, and D. Mowery (1985) "R&D Appropriability, Opportunity, and Market Structure: New Evidence on Some Schumpeterian Hypotheses," *American Economic Review Papers and Proceedings* 75 : 20-24.

Martin, S. (1993) "Endogenous Firm Efficiency in a Cournot Principal-Agent Model," *Journal of Economic Theory* 59 : 445-450.

Meyer, M. A. and J. Vickers (1997) "Performance Comparisons and Dynamic Incentives," *Journal of Political Economy* 105 : 547-581.

Nickel, S. J. (1996) "Competition and Corporate Performance," *Journal of Political Economy* 104 : 724-746.

Okada, Y. (2005) "Competition and Productivity in Japanese Manufacturing Industies," *Journal of the Japanese and International Economies* 19 : 586-616.

Posner, R. (1975) "The Social Costs of Monopoly and Regulation," *Journal of Political Economy* 83 : 807-827.

Romer, P. (1990) "Endogenous Technological Change," *Journal of Political Economy* 98 : 71-102.

Salop, S. (1979) "Monopolistic Competition with Outside Goods," *Bell Journal of Economics* 10 : 141-156.

Scharfstein, D. S. (1988) "Product Market Competition and Managerial Slack," *Rand Journal of Economics* 19 : 147-155.

Scherer, F. M. (1965a) "Corporate Inventive Output, Profits and Growth," *Journal of Political Economy* 73 : 290-297.

Scherer, F. M. (1965b) "Firm Size, Market Structure, Opportunity and Output of Patented Inventions," *American Economic Review* 55 : 1097-1125.

Scherer, F. M. and D. Ross (1990) *Industrial Market Structure and Economic Performance*, 3rd edition, Houghton Mifflin Company.

Sutton, J. (1991) *Sunk Costs and Market Structure: Price Competition, Advertising, and the Evolution of Concentration*, MIT Press.

Tirole, J. (1988) *The Theory of Industrial Organization*, MIT Press.

Utterback, J. M. (1994) *Mastering the Dynamics of Innovation: How Companies Can Seize Opportunities in the Face of Technological Change*, Harvard Business School Press.

Yamamura, E., T. Sonobe and K. Otsuka (2005) "Time Path in Innovation, Imitation, and Growth: The Case of the Motorcycle Industry in Postwar Japan," *Journal of Evolutionary Economics* 15 : 164-186.

第6章

企業規模・資金調達と研究開発

1 企業規模と研究開発・企業成長の因果関係

　イノベーションの担い手として重要な役割を果たしているのは独占的な大企業であろうか。あるいは、もっと規模の小さな中小企業やベンチャーであろうか。また、大企業や中小企業の研究開発によって企業規模分布はどのように変化するだろうか。これらの疑問に応えるためには、企業規模の拡大→研究開発インセンティブの増加→企業成長率の向上という因果関係を実証的に検証する必要がある。しかし、図6-1からもわかるように、企業規模・研究開発・企業成長の関係は循環的・内生的に決まる[1]。したがって、最適な企業規模の決定

図6-1　企業規模・研究開発と企業成長の関係

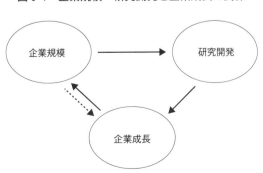

要因を、その動学的な調整プロセスを踏まえて慎重に検討しなければならない。これはなかなか難しい課題である。

　企業規模と研究開発の関係を明らかにできれば、産業・企業に関わるさまざまな政策への示唆を得ることができる。例えば、合併・買収による企業規模の拡大が研究開発の生産性を高めるのであれば、市場支配力により消費者の被る損害とイノベーションが社会に与える便益とのトレードオフを考慮すべきことになる[2]。あるいは、ベンチャーや中小企業こそイノベーションの主要な担い手であり、こういった小規模企業の成長率の方が高いと期待できるならば、大企業を特別に優遇する必要はない[3]。むしろ、小規模企業の研究開発の資金調達を容易にする政策、例えば、研究開発への税額控除や補助金の付与を推進すべきことになる。いずれが正しいかは実証的に検証していくよりない。

　本章では、シュンペーターの２つめの仮説である「企業規模が大きいほど技術変化は効率的に遂行される」かを検討する。この仮説を解くカギは、研究開発における規模の経済性と、企業規模と研究開発の資金調達コストとの関係である。以下、これら２つの点に注目して、企業規模と研究開発・企業成長の関係を検討することとしよう。

$\boxed{2}$ 企業規模と研究開発：仮説の構成

　ジョン・ガルブレイスは、現代のイノベーションは大規模な投資が必要であること、高度の科学的な知識が必要となること、研究開発のリスクが大きいこと、研究開発の設備・施設に規模の経済性が存在することなどを理由に挙げて、研究開発における大企業の優位性を主張した[4]。シュンペーターと同様にガルブレイスも大企業の研究開発の優位性を主張しているので、企業規模の優位性を解く仮説を**シュンペーター・ガルブレイス仮説**と呼ぶこともある[5]。こ

1）図6-1で、企業規模から企業成長への破線は「ジブラ法則」と呼ばれる因果関係を示す。
　　詳しくは本章第7節を参照のこと。
2）これをウィリアムソン・トレードオフという。Williamson（1968）を参照。
3）Audretsch（1995）、Scherer and Ross（2000）を参照。
4）Galbraith（1956）を参照。
5）単にガルブレイス仮説と呼ぶべきという意見もある。Kamien and Schwartz（1982）を
　　参照。

108　第Ⅱ部　イノベーションと競争

の仮説についてはこれまで膨大な実証研究の蓄積がある。そこから得られる定型化された事実を簡潔にまとめると、以下の4つに整理することができる[6]。

【事実1】 企業規模が大きくなるほど研究開発を実施する企業が増える
【事実2】 企業規模の拡大とともに単調に研究開発費は増加する
【事実3】 研究開発費と企業規模はほぼ比例的関係にある
【事実4】 研究開発の成果（特許件数等）の生産性は企業規模の拡大とともに減少する

ただし、これらの事実を読み解く際には、複数の研究開発プロジェクトを同時平行で進める企業が存在することに留意すべきである。すなわち、複数事業部をもつ企業全体の規模と、個々の事業部や研究開発プロジェクトの規模を区別しなければならない。

　これら4つの定型化された事実を整合的に説明する有力な仮説は以下の2つに大別できる[7]。

仮説1：研究開発には規模の経済性や範囲の経済性が働く

　売上高の大きい企業の方が、研究開発に伴う固定費を少額に分散できるので有利となる（**規模の経済性**）。また、研究開発プロジェクトを多角化した企業ほど、複数の研究開発プロジェクトの共通費用を節約できること、プロジェクトのリスクヘッジが可能となること、また、多岐にわたる研究開発成果を幅広く利用する受け皿が企業組織内に存在することによって有利となる（**範囲の経済性**）。

仮説2：企業規模が大きいほどキャッシュフロー制約が緩やかになる

　資本市場の不完全性により、大企業の方が内部留保を手厚く利用できるので**キャッシュフロー制約**が緩くなるため、中小企業より資金調達コストが低くなる。

6） Cohen（2010）を参照。
7） 研究開発マネジメントのあり方も企業規模と密接に相関する。この点は第7章で検討する。

第6章　企業規模・資金調達と研究開発　**109**

仮説1は、事業部ないし研究開発プロジェクトの規模を念頭に置いていると
いってよい[8]。一方、仮説2では、事業部の規模と企業全体の規模のいずれが
資金調達コストと強く関連するかは、事業の置かれた競争環境や企業内の事業
構成、また資本市場のあり方にも依存する。以下、これら2つの仮説を順に検
討していくこととしよう。

【BOX6.1】研究開発費の世界ランキングの変遷

　下の表は、10年間の世界企業の研究開発費ランキングの推移を示したもので
ある。2007年に上位を占めていたのは自動車メーカーや医薬品メーカーだった
が、この10年で研究開発費を大きく伸ばしたのは、アマゾン、アルファベッ
ト、アップルといったビッグデータを活用する IT プラットフォーム企業であ
ることがわかる。

表 B6-1

	2007年		2017年		
1	GM（米）	81.0	アマゾン・ドット・コム（米）	226.2	（28倍）
2	ジョンソン＆ジョンソン（米）	76.8	アルファベット（米）	166.2	（8倍）
3	トヨタ（日）	76.1	サムスン電子（韓）	131.8	（4倍）
4	ファイザー（米）	75.7	インテル（米）	131.4	（2倍）
5	フォード（米）	75.0	フォルクスワーゲン（独）	131.0	（3倍）
6	マイクロソフト（米）	71.2	マイクロソフト（米）	122.9	（73%増）
7	ロシュ（スイス）	69.1	アップル（米）	115.8	（15倍）
8	ノバルティス（スイス）	64.3	ロシュ（スイス）	105.5	（53%増）
9	ノキア（フィンランド）	64.1	ジョンソン＆ジョンソン（米）	13.8	（35%増）
10	グラクソ・スミスクライン（英）	63.3	トヨタ（日）	95.8	（26%増）

注：単位は億ドル。カッコ内は 2007 年比伸び率。QUICK・ファクトセット調べ
出所：日本経済新聞 2018 年 5 月 2 日（電子版）をもとに筆者作成

　この表を見ると、売上高が大きい企業ほど研究開発費も大きいと感じるかも
しれない。定型的事実が明らかにするように、企業規模は研究開発費と比例的
関係にあるとする帰無仮説を棄却することはできない。しかし、Cohen

8）医薬品産業における研究開発の規模の経済性と範囲の経済性に関する興味深い実証研究
　として Henderson and Cockburn（1996）、Cockburn and Henderson（2001）を参照。

（2010）が指摘するように、研究開発費の企業の分散のおよそ半分程度を企業規模が説明するに過ぎない。研究開発費の支出性向は産業特性や技術特性にも強く影響を受けるとみるべきであろう。さらに、研究開発費の水準を見るか成長率を見るかによって、変動要因は異なってくるかもしれない。表を見ると、アマゾンの研究開発費は28倍、アルファベットは8倍、アップルは15倍も増えている。この10年のインターネット・ビジネスの需要構造とその成長を支えた技術的背景に急成長の秘密があると考えるべきだろう。

3 研究開発における規模の経済性： コスト・スプレッディング

【事実1】～【事実3】が示すように企業規模が拡大するとともに研究開発は増大する。しかし、【事実4】が示すように、その研究開発生産性は企業規模の拡大とともに逓減する。これらの事実は、多くの実証研究が見出してきた頑健な事実であり、大企業は研究開発には特別の優位性はないことを示唆するものと解釈されてきた[9]。

しかし、ウェスリー・コーエンとスティーブン・クレッパーは、大企業優位の理由として、事後的に研究開発費は固定費となるので、売上高が大きい企業ほど規模の経済性が働く点に注目する。これによって彼らは定型化された実証事実を整合的に説明できることを示した。ここで、企業規模が大きいほど生産規模も大きくなるので生産1単位当たりの研究開発費が少額に分散される点に注目しよう。彼らは、この意味での規模の経済性を**コスト・スプレッディング**と呼んだ[10]。

コスト・スプレッディングは、企業規模が大きくなることによって直ちに生じるわけではない。それには以下の2つの条件が満たされなければならない。第1の条件は、研究開発の成果をライセンスなどによって売却することが難しい、それゆえ、研究開発を行った企業は自らの生産によって利益を得ようとする、というものである。もし他の企業へ開発した技術をライセンスすることによって十分な利益が得られるならば、工場で自ら生産する能力をもつ必要はな

9）Scherer and Ross（2000）を参照。
10）Cohen and Klepper（1996）を参照。

い[11]。

　第2の条件は、研究開発を通じて企業規模が成長するとは予想しないというものである。すなわち、研究開発の成果を活用した生産規模は研究開発を行う前の生産規模のままであるとみなす。もし、急激な企業成長が期待できるプロジェクトであれば、成長した後の企業規模をベースにしてコスト・スプレッディングを行うことが可能なはずである。また、資本市場が十分に効率的であれば、そのようなシーズをもつ企業に資金提供する投資家が必ず現れるはずである。

　これら2つの条件が満たされる限りにおいて、コスト・スプレッディングによる大規模企業の優位性が発揮されるのである。したがって、技術のライセンスが容易な産業ほど、あるいは研究開発によって急激な成長を見込める産業ほど、事前の企業規模が大きいことによる優位性は働かないといってよい。また、ひとつの事業部で開発された技術がその事業部の生産・販売にのみ貢献するならば、企業規模と研究開発との相関は事業部ごとに観察される現象となる点にも注意されたい。

　以下、コーエンとクレッパーによるコスト・スプレッディングのモデルを簡単に説明しておこう。まず、企業 i の利潤 π_i を、

$$\pi_i = m_i(r_i)gq_i - r_i$$

と表そう。ここで、r_i は企業 i の研究開発費、$m_i(r_i)$ は企業 i の製品1単位当たりのマージン、q_i は研究開発を行う時点の（事前の）生産量である。また、事後の生産量は事前の生産量 q_i と比例的であるものとして、その比例定数を g とおく。したがって、事後の生産量は gq_i となる[12]。ここで、

$$m_i(0) = 0, \ m_i'(r_i) > 0, \ m_i''(r_i) < 0$$

すなわち研究開発投資がマージンに与える限界効果はプラスであるものの、その効果は逓減すると仮定する。例えば、r_i が増えれば生産費用が低下してマージン率は増えるものの、費用削減効果は逓減するとみなす。以下では、単純化

---

11) 例えば、半導体産業におけるクアルコムや NVDIA のような、研究開発専業のファブレス・サプライヤーを思い浮かべればよい。

12) 需要関数が極めて単純な構造に仮定されている点に注意されたい。

112　第Ⅱ部　イノベーションと競争

のために、これらの仮定と整合的となるように、

$$m_i'(r_i) = \frac{f}{r_i} \qquad (r_i > 0)$$

とおこう。ここで f は定数であり技術機会の指標と解釈できる。すなわち、技術機会が多い（f が大きい）ほど研究開発の生産性は高くなる。

　以上の枠組みのもとで、最適な研究開発投資額 r_i は利潤最大化の1階条件より、

$$r_i = fgq_i \tag{6-1}$$

となる。この(6-1)式を用いることによって、企業規模と研究開発に関する定型化された事実を整合的に説明することができる。第1に、研究開発投資 r_i は事前の企業規模 q_i に依存している。また、研究開発投資は事前の企業規模 q_i と比例していることも明らかである。

　第2に、企業規模が拡大するほど研究開発1単位当たりの生産性が低下することも(6-1)式から説明できる。例えば、研究開発の成果が特許件数で測られるものとして、その件数が $m_i'(r_i)$ と相関するものとしよう。このとき、$m_i''(r_i) < 0$ であることから、$m_i'(r_i)/r_i$ は r_i の減少関数となる。したがって、研究開発1単位当たりの特許件数の生産性は研究開発投資が増大するにつれて減少することがわかる。これと研究開発投資は企業規模 q_i と比例関係にあることから、企業規模が拡大するほど研究開発生産性は減少することが確認できる。

　第3に、r_i は q_i と比例的に変動することから、$m_i'(r_i)/q_i$ は q_i が増えるにつれて減少するので、小規模企業ほど特許の生産性が高い、すなわち、平均的に見れば、大企業の研究開発生産性は中小企業よりも小さくなるのである。ただし、これは直ちに大企業が研究開発で不利となることを示すわけではない。大企業はコスト・スプレッディングによって、生産性の低いプロジェクトまで実行できるようになったと考えるべきである。

第6章　企業規模・資金調達と研究開発　**113**

4 研究開発投資におけるキャッシュフロー制約

4-1 投資としての研究開発の特徴

　大企業の研究開発における優位性は、仮説2が述べるようなキャッシュフロー制約によってどれぐらい説明できるだろうか。仮に、専有不可能性に起因する研究開発の過少投資が起きなかったとしても[13]、研究開発を実施する者と資金を提供する者が異なる場合には、資金調達が十分に行えず研究開発の過少投資を招く可能性がある。すなわち、研究開発の私的期待収益率と資金調達コストの間にギャップが生じるのである[14]。この点を厳密に検討するためには、研究開発の投資としての性格、および研究開発の資金調達コストを正確に定義して議論しなければならない[15]。

　投資への期待収益率という観点から見ると、研究開発投資と通常の物的投資の間には多くの違いがある。第1に、研究開発は、その支出の多くが高度な教育を受けた科学者や技術者の人件費で占められる。これらの科学者や技術者に蓄積される暗黙知の領域が大きくなればなるほど、そのような無形資産は**人的資本**としてヒトに体化して蓄積される。したがって、研究開発を行う企業は研究者や技術者を簡単に解雇できず、それゆえ、研究者・技術者の雇用を維持するために研究開発費を大きく変動させることができない。すなわち、研究開発費には**調整コスト**が伴うのである。したがって、投資家の期待する収益率は調整コストを反映する分だけ高くなければならない。さらに注意すべき点は、研究開発費のトレンドは調整コストを反映して緩慢な調整プロセスに従うことである。これは、研究開発の投資収益率を実証的に検討する際に大きな困難を生じさせる[16]。

　第2に注意すべき点は、研究開発投資には**不確実性**が伴うことである。不確

---

13) 社会的収益率が私的期待収益率を上回ることを専有不可能性と呼んだ。第2章を参照。
14) Arrow（1962）を参照。
15) 以下の説明の多くは Auerbach（1984）、Hall and Van Reenen（2000）、Hall and Lerner（2010）に依拠している。
16) 具体的な研究開発投資関数の推計モデルについては本章第5節を参照。

実性は、研究プロジェクトを始めた当初が最も高くなる。そして、時間の経過とともに不確実性が低下すると考えられる[17]。したがって、研究開発投資の期待収益率の分布には大きな歪みがあるのが通常であり、一部の研究開発の成果が企業収益の大部分をもたらすことも珍しくない。

4-2　研究開発投資における資本コスト

投資としてみた研究開発投資には、取扱いが難しい調整コストや不確実性という性格を伴う。そこで、研究開発の資金調達コストを検討する出発点として、標準的な投資理論から議論を始めて、研究開発投資の資本コストへと展開するのが有益である。標準的な投資理論でいう**資本コスト**（cost of capital）とは「資金の出し手を満足させるために最低限必要な投資プロジェクトの税引き前収益率」のことである。別の言い方をすると、資本コストとは、企業が資金調達を行う場合に資金提供者から期待されるリターンのことである。その意味で、資本コストを**要求収益率**（required rate of return）と呼ぶこともある。すなわち、資本コストとは資金提供される企業が決めるのではなく、資金を提供する資本市場が決めるのである。

しかし、上述した研究開発の投資としての特徴を考慮すると、標準的な資本コストの概念を研究開発投資の場合にそのまま適用するのは適切でない。調整コストをカバーするために、あるいは研究開発の不確実性によって、研究開発投資の資本コストは通常の物的投資の資金調達の際の資本コストより高くならざるを得ないからである。

資本コストは、**銀行借入**、**社債発行**、企業の内部資金に当たる**内部留保**（あるいは**利益剰余金**）、**株式発行**などの資金調達のタイプに応じてさまざまに変動する[18]。とりわけ、研究開発では内部資金（内部留保）によって資金調達

---

17) この意味で、研究開発投資の意思決定問題はリアル・オプションと本質的に同じである。

18) 資金調達手段として「内部留保」と呼ぶのは会計上やや誤解を招く表現である。正確には投資なども含めた利益処分を行った後に残る利益剰余金が狭義の内部留保である。したがって内部留保は株主資本を構成し株式資本コストを負担する。これに各種の引当金や減価償却費を加えて広義の内部留保と呼ぶこともある。以下では、内部留保に伴うキャピタルゲインと配当は課税方法が異なる点に注目するので、特に誤解がない限り内部留保と株式発行を区別して用いることとする。

することによって調整コストを節約しようとするのではないかと予想できる。そこで以下では、最初に標準的な資本コストを説明し[19]、次いで、それを研究開発に適用する場合にどのように修正すればよいか[20]、という順番で研究開発投資の資本コストを導出することとしよう。

通常の物的資本における資本コスト*

今、資本の実質限界収益率を ρ とおこう。これは税引き前収益率であり、税引き後の名目資金コスト r を賄うために必要となる収益率である。また、減価償却率を δ、法人税率を τ、インフレ率を π とおこう。このとき、1円の限界的投資がもたらす収益の税引き後の割引現在価値 V は、

$$V = \int_0^\infty (1-\tau)\rho e^{(\pi-\delta)t}e^{-rt}dt = \frac{(1-\tau)\rho}{r+\delta-\pi} \tag{6-2}$$

と導くことができる。一方、この投資プロジェクトに投じられる1円の資金コスト C は、

$$C = 1-A^d-A^c \tag{6-3}$$

となる。ここで、A^d は減価償却引当金の現在価値[21]、A^c は1円当たりの投資税額控除額とする[22]。ここで定率法のもとでの投資 t 年目の減価償却率を d_t とおくと、

$$A^d = \tau d_t + \frac{\tau d_t(1-d_t)}{(1+r)} + \frac{\tau d_t(1-d_t)^2}{(1+r)^2} + \cdots = \frac{\tau d_t(1+r)}{(d_t+r)} \tag{6-4}$$

となる。上記の (6-2) 式と (6-3) 式より $V=C$ とおけば、資本の限界収益率 ρ を求めることができる。すなわち、

$$\rho = \frac{1-A^d-A^c}{1-\tau}(r+\delta-\pi)$$

となる。これが通常の物的資本のユーザーコストに相当するものである。この

---

19) Hall and Jorgenson (1967)、Auerbach (1984) を参照。

20) Hall and Van Reenen (2000)、Hall and Lerner (2010) を参照。

21) 引当金の大きさは、法定耐用年数や定率法か定額法によって異なる。以下では簡単化のために無限期間にわたり定率法に従って償却されるものと仮定している。

22) すなわち、課税額から直接控除できる金額である。

116　第Ⅱ部　イノベーションと競争

図6-2 資本コストの構成と必要な情報

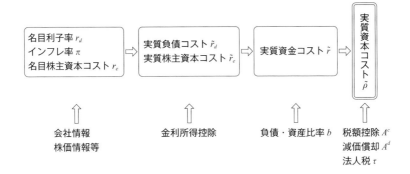

式の右辺のカッコ内からプロジェクト資産価値の減価分 $\Delta p/p$ を差し引いたものを実質資本コスト $\tilde{\rho}$ と定義しよう。すなわち、

$$\tilde{\rho} = \frac{1-A^d-A^c}{1-\tau}(r+\delta-\frac{\Delta p}{p}-\pi) \tag{6-5}$$

である。

銀行借入および株式発行による資金調達*＊

ここで、資金調達手段が外部資金（銀行借入）のみでなく株式発行によっても行われるものとしよう。このとき名目資金コスト r および実質資金コスト $\tilde{r}$ がどのように導かれるかを説明しよう。

今、負債コスト（名目利子率）を r_d、株主資本コストを r_e、負債・資産比率を $b=B/(B+E)$（ただし B は負債総額、E は株式発行額）とおくと、名目資金コストは $r=(1-b)r_e+br_d$ となる。これが(6-5)式の r に相当する。また、実質資金コスト $\tilde{r}$ は、実質負債コスト $\tilde{r}_d$、実質株主資本コスト $\tilde{r}_e$ が得られれば、$\tilde{r}=(1-b)\tilde{r}_e+b\tilde{r}_d$ と計算される。資本コストの計算に必要な要素を図解してまとめると図6-2のとおりである。

以下、この図6-2の流れに添って説明を進めよう。まず、実質負債コスト $\tilde{r}_d$ は、名目利子率、法人税率、インフレ率から計算される。すなわち、

$$\tilde{r}_d = (1-\tau)r_d - \pi \tag{6-6}$$

である。税法上、負債による資金調達では課税所得から支払金利が控除される

点に注意されたい。したがって法人税 τ が上がると負債コストは低下する。また、インフレ率と名目利子率がともに高くなると、実質負債コストは実質金利 $r_d - \pi$ を大幅に下回ることとなる。逆に最近の日本経済のように名目利子率もインフレ率も低い場合には、法人税によって実質負債コストが削減されるメリットは低下する。

　一方、実質株主資本コスト $\tilde{r}_e$ は直接観察できないので、観察可能な株価情報とインフレ率から推測するよりない[23]。そこで、株価を P、1株当たり収益を E_s、名目株主資本コストを r_e、E_s の期待成長率を g とおくと、

$$P = \frac{E_s}{1+r_e} + \frac{E_s(1+g)}{(1+r_e)^2} + \cdots = \frac{E_s}{r_e - g}$$

となる。すなわち、右辺の1株当たり収益 E_s、期待成長率 g、株主資本コスト r_e を所与として株価 P が決定される。ここで、株価 P と1株当たり収益 E_s は観察可能であるが、株主資本コスト r_e は観察できない。しかし、1株当たり収益の成長率 g を知ることができれば、株主資本コスト r_e を計算できる。これからインフレ率 π を控除することによって実質株主資本コスト $\tilde{r}_e$ を求めることができるのである。すなわち、実質株主資本コストは

$$\tilde{r}_e = \frac{E_s}{P} + g - \pi \tag{6-7}$$

と計算される。

　こうして、(6-6)式と(6-7)式より、借入金と株式発行の組み合わせによる資金調達の実質資金コストは $\tilde{r} = (1-b)\tilde{r}_e + b\tilde{r}_d$ として求められる。この実質資金コスト $\tilde{r}$ を(6-5)式の $r - \pi$ と置き換えれば、

$$\tilde{\rho} = \frac{1 - A^d - A^c}{1 - \tau}\left(\tilde{r} + \delta - \frac{\Delta p}{p}\right) \tag{6-8}$$

を得る。この(6-8)式が、研究開発投資の実質資本コストを定義するための出発点となる。

---

23) ここでは、配当課税や個人所得税、キャピタルゲイン税は無視して議論を進める。これらの税制の影響については第4-5項で検討する。

研究開発投資における資本コスト*

ここまでの説明によって研究開発の資本コストを導出する準備が整った。そこで、以下、(6-8)式を研究開発投資の資本コストの式に組み替えるためのポイントを列挙しておこう。

第1に、研究開発費は、会計処理上、その発生時にすべて費用計上される[24]。この点、資本化して減価償却費を引き当てる通常の物的投資とは取扱いが異なる。発生時に費用計上されることから、減価償却率は $d_t = 1$ となるので、(6-4)式より $A^d = \tau$ となる。ここでもし研究開発の税額控除や資産価値の減価分が無視できる（$A^c = 0$、$\dfrac{\Delta p}{p} = 0$）ならば(6-8)式は $\tilde{\rho} = \tilde{r} + \delta$ となる。すなわち、法人税 τ は研究開発投資の限界的な意思決定に影響しないこととなる[25]。

第2に、δ は、物的資産の減価償却率ではなく、知識ストックの陳腐化率とみなすべきである。知識ストックの陳腐化率は、技術変化のスピード、市場構造要因、模倣コストなどに影響を受ける[26]。したがって、研究開発の資本コストと読み替える場合、δ は外生的とはいえず内生変数とみなすべきこととなる。以下では、知識の陳腐化率を $\tilde{\delta}$ と表すこととしよう。

第3に、投資プロジェクトの生み出す資産価値の増減 $\Delta p/p$ は、研究開発の生みだす無形資産の価値の増減 $\Delta p_R/p_R$ に置き換えられるべきである。

第4に、研究開発投資には調整コストが伴うので、限界調整コストの分だけ資本コストがかさ上げされる。そこで無形資産の調整コストを $\phi(g)$ と定義しよう[27]。ここで $\phi'(g) > 0$、$\phi''(g) > 0$、つまり限界調整費用 $\phi'(g)$ は正で逓増すると仮定する。このとき、資本コストは限界調整コスト $\phi'(g)$ の分だけ上乗

---

24) この会計処理原則を発生主義と呼ぶことはすでに述べた。第3章第2節を参照。

25) 実際には、複雑な研究開発税制や研究開発補助金が存在するので $A^c = 0$ とはならない。また、以下で説明するように、負債による資金調達を行っていれば $\tilde{r}$ は法人税の影響を受ける。

26) 技術特性・産業特性要因については第2章、知識の陳腐化率の実証研究上の取扱いについては第4章、市場構造要因が研究開発インセンティブに与える影響については第5章を参照されたい。

27) 1株当たり収益の成長率 g が調整費用に影響すると仮定している。これはペンローズ効果と呼ばれ Uzawa (1969) によって初めて定式化されたものである。この他にも、雇用調整に関わる労働法制など多様な要因に調整コストは影響を受けるだろう。

第6章 企業規模・資金調達と研究開発 **119**

せされることになる。

以上の点を踏まえて(6-8)式を書き直すと、

$$\tilde{\rho}_R = \frac{1-\tau-A^c}{1-\tau}\Big[\tilde{r}+\tilde{\delta}-\frac{\Delta p_R}{p_R}+\phi'(g)\Big] \tag{6-9}$$

となる。この(6-9)式で定義された $\tilde{\rho}_R$ が研究開発投資の実質資本コストである。

4-3 最適資本構成と資本コスト

研究開発の資本コストを考えるうえで、なお残されたポイントは、①実質資金コスト $\tilde{r}$ は、研究開発投資の場合にどのように修正されるか、②外部資金と内部資金からなる資金調達構造のもとで、法人税、個人所得税、キャピタルゲイン税などが資本コストにどのような影響を与えるか[28]、および、③研究開発に関連する税額控除 A^c は資本コストにどのような影響を与えるか、の3点である。このうち、①では、とりわけ**情報の非対称性**の問題が重要となる。情報の非対称性は、通常の物的投資においても問題となるが、研究開発投資ではその非対称性の程度が甚だしい点に注意すべきである。また、②で挙げた税制の影響も、借入のほかに株式や内部留保の活用まで考慮すると、法人税のみならず個人所得課税や配当課税、キャピタルゲイン課税のあり方まで含めて検討する必要がある。以下では、③の研究開発関連税制は複雑なので本章ではとりあげないことにして[29]、①と②についてのみとりあげて検討を進めることとしよう。

4-4 逆選択とモラル・ハザード

まず情報の非対称性が資本コストにどのような影響を与えるかを考えよう。研究開発プロジェクトの成功確率や期待収益率については、研究開発に従事する企業側の方が資金の提供者よりも多くの知識や情報を有している。この情報

---

28) 有名なモジリアーニ・ミラーの定理に従えば、最適投資水準は資本構成とは無差別となる。しかし、投資の不確実性や税制その他の理由によって、資金調達手段によって資本コストは異なってくる。ファイナンス理論をわかりやすく解説した池田（2000）を参照。

29) 日本の研究開発関連税制の効果を調べることはその制度の複雑さもあって容易でない。詳細はイノベーション政策を取り扱う第11章で検討する。

の非対称性によって、**逆選択**（adverse selection）や**モラル・ハザード**（moral hazard）といったエージェンシー問題が発生する。

逆選択による資本コスト・プレミアム

特に研究開発プロジェクトが長期にわたる場合、投資家はそのプロジェクトが良いか悪いかを事前に十分に判断できない。したがって、プレミアムを上乗せした要求収益率をプロジェクトに求めるものと考えられる。これによって悪いプロジェクトに誤って投資するリスクをヘッジするのである[30]。さらに情報の非対称性が甚だしい場合は、良いプロジェクトへの投資がまったく行われなくなり、悪いプロジェクトのみが投資家に提案される状況に陥るかもしれない。研究開発型企業では、銀行借入れによる資金調達に苦労することが多い。例えば、ハイテク・ベンチャーへの投資は、成功確率や期待収益率の情報を得ることが難しいので、投資家は資金提供を躊躇するのである[31]。

投資対象が上場企業であれば、統一された基準で開示される会計情報のなかに研究開発費も含まれるので[32]、研究開発費の支出状況を投資家はある程度正確に把握できる。しかし、研究開発費の情報のみによって情報の非対称性の問題が完全に解消されるわけではない。また、研究開発の関連情報の開示を強化することに企業側が抵抗するかもしれない。なぜならば、研究開発に関わる情報開示によって企業価値が損なわれる危険があるからである。厳しい競争に直面する企業は、研究開発の機微にわたる情報は（特許を取得するような場合を除いて）できるかぎり開示せずに企業機密に留めようとするのである[33]。

モラル・ハザードとレバレッジ効果

情報が非対称的であると、企業経営者は株主利益を最大化する**忠実義務**（fiduciary duty）を十分に果たさず、経営者効用を高めることを優先するかもしれない。あるいは、株主価値を最大化するとは限らない水準に企業価値のベ

---

30) Leland and Pyle（1977）を参照。
31) 株式発行による資金調達を容易にする米国のベンチャー・キャピタル市場の仕組みについては本章第6節で検討する。
32) 第3章の研究開発費の指針（フラスカティ・マニュアル）を参照。
33) Anton and Yao（2002, 2004）を参照。

第6章 企業規模・資金調達と研究開発 **121**

ンチマークを設けて投資調整を行う**満足化行動**（satisfying behavior）に従うかもしれない[34]。

　このようなモラル・ハザード問題に対しては、企業の負債・資産比率（以下、**レバレッジという**）を高めてフリー・キャッシュフローを減らすことによって経営者の規律を高められるかもしれない[35]。レバレッジが高まりフリー・キャッシュフローが低下すれば、株主利益に結びつかない投資（例えば、豪華なオフィス建設や過剰な広告宣伝）を抑止できるからである。しかし、レバレッジが高まれば利子返済のために安定的なキャッシュフローが必要となる。そのため、研究開発投資のため外部からの資金調達をいっそう増やすことが必要となるかもしれない。

　いくつかの実証研究によれば、研究開発投資の活発な企業ほどレバレッジは平均的に見て低い傾向があるという[36]。これは、レバレッジを高めることによって資本コストが高まる傾向があることを示唆する。負債による資金調達では法人税の対象となる課税所得から支払金利が控除されるにもかかわらず、なぜ借入による資金調達の資本コストが高くなるのだろうか。キャッシュフロー制約と研究開発の関係を、研究開発の投資としての特性に照らしてさらに検討する必要がある。この点に立ち入る前に、税制が資本コストに与える影響を整理しておこう。

4-5　税制の影響 *

　税制が資本コストに与える影響については多くの研究があり、その効果は理論的にも実証的にもかなり明確に整理されている[37]。その結論を簡潔に要約すれば、借入、内部留保、新株発行の資金調達コストを比較すると、借入による資金調達が最も低く、次いで内部留保、最もコストが高いのが株式発行となるというものである。今、リスク調整済みの名目資金コストを r、法人税率を τ、配当所得税率を θ、キャピタルゲイン税率を c、また利子所得等の個人所得

34）満足化行動とは、限定合理性に基づく経営者行動をモデル化したものである。Simon（1955）を参照。

35）Jensen and Meckling（1976）を参照。

36）Hall and Lerner（2010）を参照。

37）Auerbach（1984）を参照。

122　第Ⅱ部　イノベーションと競争

に適用される税率を φ とする。

　まず、銀行借入による負債の要求収益率 r_D を考えよう。法人税では企業収益から利子支払い分が控除される。営業利益を π、負債総額を B とおくと、税引き後利益は、$(1-\tau)(\pi-rB) = (1-\tau)\pi - r(1-\tau)B$ となる。これより、負債 B に対する利子率としては実質的に $r(1-\tau)$ が課されていることがわかる。すなわち、借入における投資家の要求収益率は $r_D = r(1-\tau)$ となることがわかる。

　次に、内部資金（内部留保）によって資金調達を行った場合の要求収益率 r_R について考えよう。このとき、株式保有する投資家はキャピタルゲインと配当を得る。また内部留保は法人税が控除されない。このとき、資金調達における裁定条件は、

$$\frac{(1-\theta)(1+r_R)}{1+r(1-\varphi)} - c\left[\frac{(1-\theta)r_R}{1+r(1-\varphi)}\right] = 1-\theta \tag{6-10}$$

となる。(6-10)式の左辺第1項は今期の1円の投資が来期に生む期待収益を表す。課税がなければ来期 $1+r_R$ となるところから配当課税分を減じられ、さらに利子課税を考慮した割引率 $1+r(1-\varphi)$ によって現在価値が計算される点に注意せよ。ここからさらにキャピタルゲイン課税分を差し引いているのが左辺第2項である。これが今期1円の配当と等しくなる条件を(6-10)式は表している。したがって、(6-10)式より

$$(1-c)(1-\theta)r_R = (1-\theta)r(1-\varphi)$$

となるので内部留保の場合の要求収益率は、

$$r_R = r\frac{(1-\varphi)}{(1-c)} \tag{6-11}$$

と計算されることがわかる。

　最後に、新株発行によって資金調達を行った場合の要求収益率 r_E を考えよう。このとき、1円の新株を購入した投資家が得る課税後の配当収入と、同じ1円によって得る課税後の利子所得が等しくなることから、裁定条件は、

$$(1-\theta)r_E = (1-\varphi)r$$

となる。したがって、新株発行の場合の要求収益率 r_E は、

第6章　企業規模・資金調達と研究開発　**123**

表 6-1　資金調達における税制の影響

資金調達	要求収益率	仮定
借入	$r_D = r(1-\tau)$	法人税は非課税
内部留保	$r_R = r\dfrac{(1-\varphi)}{(1-c)}$	キャピタルゲイン課税、利子所得課税
新株発行	$r_E = r\dfrac{(1-\varphi)}{(1-\theta)}$	配当所得課税と利子所得課税の二重課税
新株発行	$r'_E = r\dfrac{1}{(1-c)}$	すべてキャピタルゲイン課税に帰着 （利子所得課税を無視）

$$r_E = r\frac{(1-\varphi)}{(1-\theta)}$$

となる。さらに、もし投資収益がすべて内部留保されて、株主が得る利益はすべて最終的にキャピタルゲインに帰着して課税され、個人所得としては課税されない場合を想定してみよう。このときの要求収益率 r'_E は、(6-11)式より $\varphi = 0$ とおいて、

$$r'_E = r\frac{1}{(1-c)}$$

となることがわかる。以上の結果をまとめたのが表6-1である。

　次にこれらの要求収益率の大きさを比較してみよう。日本では、法人税は地方税分を合わせると40％程度、個人所得税5〜45％、キャピタルゲイン税は20％である。また、配当は法人税と個人所得税とで二重課税されるので、大雑把に見積もって50％と計算しよう。さらに、名目資金コストを10％、個人所得税を30％として要求収益率を計算してみると、r_D は6％、r_R は8.75％、r_E は14％と計算される。また、キャピタルゲインに帰着する投資家を考えても r'_E は12.5％となる。以上のことから、通常の税率構造のもとで投資家の要求収益率の大小関係は $r_D < r_R < r_E$ となることがわかる。

　ここまでの議論でのクリティカルな仮定は、資金調達構造にかかわらず、共通のリスク調整済みの資金コスト r を仮定していることである。しかし、研究開発に係る資金調達では、対応する研究開発プロジェクトのリスク構造や投資家のリスク選好に応じて、要求収益率も異なってくると考えるべきである。

　さらに、第4-4項で議論したとおり、情報の非対称性（逆選択やモラル・ハ

ザード）によって、研究開発に対する負債や新株発行による資金調達コストは物的投資よりさらに高くなるものと考えられる。また、債権者の立場から見ると、研究開発の多くは人件費が占めるので、土地や機械設備のような担保がとりにくい点にも留意しなければならない。このように、外部資金（借入や新株発行）よりも内部資金が資金調達の占める割合が高くなるほど、投資家の要求収益率は低下すると予想できる。しかし、企業のフリー・キャッシュフローが大きいほど研究開発投資が増えるかを実証的に確かめることはそれほど容易なことではない。次節ではキャッシュフロー制約の実証モデルを検討しよう。

5 キャッシュフロー制約の検証

5-1 研究開発投資水準の決定

まず、研究開発投資におけるキャッシュフロー制約を検討するための標準的な投資決定モデルを説明しておこう。各時点で利用可能な潜在的な研究開発の投資機会のスケジュールが与えられているものとする。企業は、この投資機会のもたらす便益と費用を比較して研究開発投資のもたらす期待収益率を合理的に計算するものと仮定しよう。この期待収益率は企業の内部収益率（internal rate of return）に相当する。この限界収益のスケジュールは、図6-3の MRR 曲線のように右下がりに描くことができる。

ここで、MRR は私的限界収益率（private marginal rate of return）、MCC は限界資本コスト（marginal cost of capital）を表す。それぞれの関数を、

$$MRR = f(R, X)$$
$$MCC = g(R, Z)$$

と表そう。ただし、R は研究開発投資、X, Z はその他の変数である。合理的企業は、私的限界収益率と限界資本コストが一致するまで研究開発投資額を増大させる。そのときの均衡投資水準は、$MRR = MCC$ を解くことによって、

$$R^* = h(X, Z) \tag{6-12}$$

と表すことができる。これが均衡となる研究開発投資関数である。ここで、X

第6章　企業規模・資金調達と研究開発　**125**

図 6-3 研究開発投資水準の決定

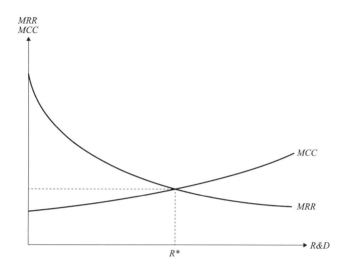

として研究開発に影響する要因としては、市場構造、産業特性（技術機会、需要の成長性、専有可能性）、公的研究開発、スピルオーバーの受容能力などが考えられる。また、Z として研究開発に影響する要因としては、優遇税制・補助金、株式市場や債券市場の効率性、ベンチャー・キャピタルの利用可能性などが考えられる。

5-2 研究開発投資関数：加速度調整モデル*

均衡条件式として導出した(6-12)式は、通常の物的資産の投資関数を推計する場合と基本的に同じ枠組みで考えることができる。ただし、研究開発投資に特有の要因として、不確実性と調整コストの問題への特別の考慮が必要となる。キャッシュフロー制約を検定する実証分析の多くでは、動学的投資調整をアドホックに織り込んだ新古典派的な**加速度調整モデル**が用いられる[38]。以下、この動学的な投資調整モデルを用いて説明しよう。まず第 4 章で導入したコブ・ダグラス生産関数

---

38) 投資調整を動学的最適化問題として導出したオイラー方程式を利用したモデルもよく利用される。

$$Y_{it} = AX_{it}^{\sigma}K_{it}^{\gamma}$$

をとりあげよう。ここで、A は定数、また、σ は通常の生産要素 X の規模効果、γ は知識ストック K の弾力性である。また添字は企業 i と時間 t を表す。ここで費用最小化条件より、知識ストックの限界生産性（研究開発の投資収益率）ρ_K は知識生産の限界費用に等しくなる。生産物価格を P、限界費用を C とおくと、

$$\rho_K = \gamma AX_{it}^{\sigma}K_{ut}^{\gamma-1} = \frac{C_{it}}{P}$$

が成り立つ。これを整理すると、

$$K_{it} = \gamma \frac{PY_{it}}{C_{it}}$$

を得る。ここで $PY_{it} = S_{it}$ と表そう。これは各企業の売上高である。対数化した変数を小文字で表すと、

$$k_{it} = s_{it} + a_i - c_{it} \tag{6-13}$$

を得る。ただし、企業固有の効果を考慮するために固定効果 a_i を加えている。この(6-13)式の知識ストック関数に動学的調整プロセスを織り込むことによって研究開発投資関数を導くことができる。よく用いられるのが、**自己回帰分布ラグ**（ADL：autoregressive distributed lag）モデルである。すなわち、(6-13)式の知識ストック k_{it} と売上高 s_{it} に適当なラグ・オペレーターを掛けることによって動学的調整モデルを（ややアドホックに）導入するのである。例えば、2期のラグを設ける ADL(2,2) モデルでは、

$$k_{it} - \alpha_1 k_{it-1} - \alpha_2 k_{it-2} = \beta_0 s_{it} + \beta_1 s_{it-1} + \beta_2 s_{it-2} + h_{it} \tag{6-14}$$

となる。ただし、固定効果 a_i と時間効果 λ_t をまとめて、$h_{it} = a_i + \lambda_t$ とする。この(6-14)式を、動学的調整メカニズムを把握しやすい**誤差修正モデル**（error correction model）で書き直そう。すなわち、$k_{it} = k_{it-1} + \Delta k_{it}$, $s_{it} = s_{it-1} + \Delta s_{it}$ を代入して整理すると、

$$\Delta k_{it} = (\alpha-1)\Delta k_{it-1} + \beta_0\Delta s_{it} + (\beta_0+\beta_1)\Delta s_{it-1}$$
$$+ (\alpha_1+\alpha_2-1)(k_{it-2}-s_{it-2})$$
$$+ (\beta_0+\beta_1+\beta_2+\alpha_1+\alpha_2-1)s_{it-2}$$
$$+ h_{it}$$

(6-15)

を得る。(6-15)式の右辺1行目は成長率効果、2行目は誤差修正効果、3行目は規模効果を表している。各々の行の係数を t 検定によってテストできるところが誤差修正モデルの便利なところである。ここで(6-15)式の左辺を

$$\Delta k_{it} = \log\left(\frac{K_{it}}{K_{it-1}}\right) = \log\left(1+\frac{\Delta K_{it}}{K_{it-1}}\right) \cong \frac{\Delta K_{it}}{K_{it-1}} \cong \frac{R_{it}}{K_{it-1}} - \delta$$

と近似できるものとしよう。すると、(6-15)式を研究開発投資の方程式とすることができる。なお知識の陳腐化率 δ は(6-15)式の誤差項に吸収されると考えればよい[39]。

5-3 キャッシュフロー制約の検証

(6-15)式の動学的調整モデルにフリー・キャッシュフロー変数を加えることによって、キャッシュフロー制約が研究開発投資に与える効果を検証することが可能となる。図6-4によって説明しよう。今、投資資金の供給曲線が MCC で与えられている。投資規模が R_1 までは内部留保で調達できるが、これ以上の投資を行うためには外部資金が必要となる。図6-4では、R_2 までは借入れ、これを超えると新株発行で資金を調達するものとしている。今、ある企業の投資機会を示す限界収益率曲線が MRR_1 であったものとしよう。ここで、この企業に追加的な現金供給が起きて、内部留保が R_c まで拡大することによって MCC が右方にシフトしたとしよう。このとき、キャッシュフロー制約が緩んだにもかかわらず、均衡となる研究開発投資規模は点 a のままで不変である。

ところが、もし限界収益率曲線が MRR_2 であれば、資金制約の緩和によって均衡は点 b から点 d にシフトするので研究開発投資は増加する。これはキ

---

39) ただし、この研究開発方程式を推定するためには適切な操作変数が必要となる。しかし、この定式化では、各々の変数のラグ付き変数のセットを操作変数として用いるほかに適切な操作変数を見出すことは難しいだろう。研究開発投資関数の実証分析として Brown et al.（2009）を参照。

128　第Ⅱ部　イノベーションと競争

図 6-4 キャッシュフロー制約

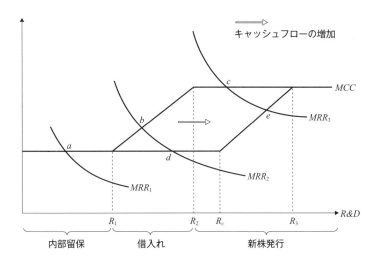

ャッシュフロー制約が効いている状況である。このとき、借入れは解消されすべて内部留保で資金調達する方向へと資本構成が調整される。

さらに企業の限界収益率曲線が MRR_3 と右上方に位置する場合、この企業は内部留保、借入れ、新株発行のすべての資金調達手段を利用しなければならない。ここでキャッシュフローが増加すると均衡は点 c から点 e へと移動する。このとき資本構成は借入れを減らし株式発効を行わない方向へと調整が行われる。

このモデルに依拠した研究開発投資関数の実証研究は数多く行われている。ごく簡単にその研究の概要を要約すると、内部留保や新株発行による資金調達は、特に創業間もない若い企業で非常に重要な資金調達手段となっていること、すでに内部留保が厚い成熟した大企業ではキャッシュフローの増加が研究開発を刺激する効果は弱いこと、また多くの企業で負債は研究開発投資の資金調達手段としては好まれないこと、株式市場や所有構造の透明性が高いほどキャッシュフロー制約の感応度が高まること、といったことが指摘されている[40]。ただし、データの制約や調整費用の大きさから、頑健な事実を見出すことが難しいことも同様に指摘できる。さらに、借入制約の強い中小企業・ベ

---

40) Brown et al. (2009)、Hall and Lerner (2010) を参照。

ンチャー企業に対しては、税額控除等のインセンティブは政策的に好ましいといえるかもしれない。創業まもない若い企業（以下、ベンチャーと呼ぶ）の資金調達について次節でさらに検討しよう。

6 米国ベンチャー・キャピタルによる資金調達の仕組み

　無名のベンチャーが画期的なイノベーションをもたらすことがしばしばある。しかし、通常、無名企業が研究開発の投資資金を調達することは極めて難しい。米国のベンチャー・キャピタル市場は、情報の非対称性が著しく不確実性も大きい研究開発ベンチャーの資金調達の代替的な仕組みとして世界的に注目されてきた。この仕組みを簡潔に紹介しておこう。

　図6-5は米国におけるベンチャー・キャピタル（VC）の資金調達の仕組みを図式化したものである[41]。**ベンチャー・キャピタル**とは、投資対象として成長性の高い分野にフォーカスして、独立に運営される未公開株式の資本、具体的には、株式にリンクして投資を行う有限責任組合である。主な資金提供者は機関投資家や富裕な個人資産家であり、10年以上にわたる長期のパートナーシップ契約に基づく場合が多い。投資家は有限責任に従う**リミッテッド・パートナー**（有限責任社員）であるが、ベンチャー・キャピタルの管理・運営責任を負う社員は無限責任に従う**ゼネラル・パートナー**（無限責任社員）である。どの投資組合も必ずゼネラル・パートナーが存在しなければならない[42]。

　米国ベンチャー・キャピタルでは、**有限責任組合**（limited partnership）という形態をとる。これによって幅広く投資家を募ることが可能となっている。ベンチャーから提供される株式は投資家の利益を優遇するために**優先株**（preferred stock）となるのが通常である。優先株とは、配当などを普通株より優先して受ける一方で、議決権に一定の制約を付された株式のことである。

　米国でベンチャー・キャピタルが急激に成長するきっかけとなったのは、年金基金のような機関投資家によるリスク・キャピタルへの出資制限が1979年に

41）この図は Gompers and Lerner（2004）、Hall and Lerner（2010）の議論を元に作成した。

42）この意味で、米国では VC とプライベート・エクイティ（PE）は区別される。しかし、日本や欧州ではこの区別は曖昧である。

図6-5　米国ベンチャー・キャピタルのエコ・システム

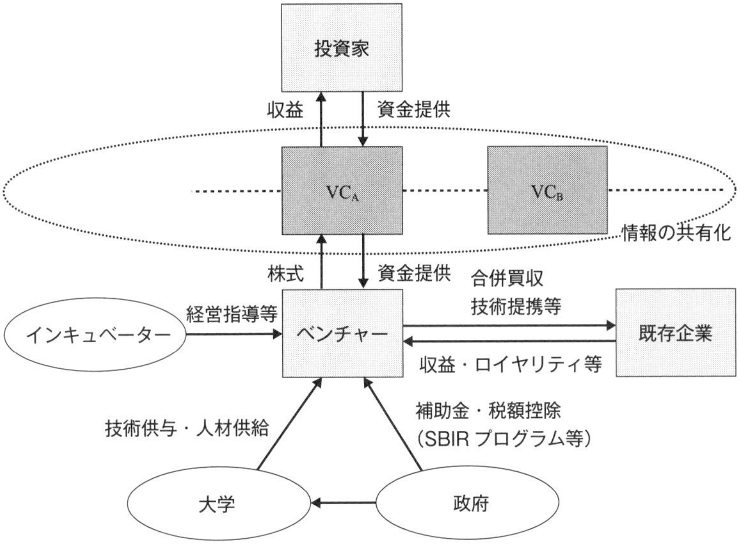

投資家

収益　資金提供

VC$_A$　　VC$_B$

情報の共有化

株式　資金提供　合併買収
技術提携等

インキュベーター　経営指導等　ベンチャー　　既存企業

収益・ロイヤリティ等

技術供与・人材供給　補助金・税額控除
（SBIRプログラム等）

大学　　政府

緩和されたことによって、機関投資家はリスク・アセットに積極的に投資することが可能となったことである[43]。有利な投資先を求めていた機関投資家は、その後も急激にベンチャー・キャピタルへの投資を増やし続け、1998年には200億ドル以上に達した。特に2000年のバブル景気のピークにおけるベンチャー投資の総額は1000億ドル以上に膨張した。しかし、その後の景気後退によって200億ドル前後にまで収縮して現在に至っている。

　なお、日本では2005年に**有限責任事業組合**（LLP: Limited Liability Partnership）の設立が初めて認められたが、このLLPは法人格をもつことができないことから、2006年の新会社法では法人格をもつ**合同会社**（LLC: Limited Liability Company）の設立も認められることとなった。ただし米国のような法人税等の優遇はない[44]。

43）米国労働省管轄のERISA法（Employee Retirement Income Security Act）による出資制限が緩和された。日本でも、2014年10月以降、140兆円以上の運用資金を抱える年金積立金管理運用独立行政法人（GPIF）による株式投資が拡大している。

44）米国では、法人課税と構成員課税の選択制（check-the-box方式と呼ばれる）が認められているが、日本ではこのような選択制は認められずLLCにはすべて法人税が課される。

第6章　企業規模・資金調達と研究開発　**131**

ゼネラル・パートナーは、自らベンチャーの経営に関与するケースも多く、経営指導やさまざまな経営資源の提供が行われることも多い。ゼネラル・パートナーの報酬は**マネジメント・フィー**（ファンド総額の２％前後）と**キャリード・インタレスト**と呼ばれる成功報酬からなる。この成功報酬は出口戦略によって得たキャピタルゲインの報酬の20％程度が相場となっている。

　ハイテク・ベンチャーへの投資では、投資家とベンチャー企業家の情報の非対称性が大きくエージェンシー問題が深刻である。米国では、以下のような仕組みによってベンチャーへの投資を拡大させてきたといわれている。

　第１に、投資家による企業家の積極的モニタリングや役員派遣などを通じた継続的な助言をハンズオンで行うことである。第２に、有望な事業者を選定する目利きの存在である。ハイテク・ベンチャーへの出資では技術的なリテラシーが必要となる。創業間もない事業者にはインキュベーターや政府・地方自治体による創業支援に依存するケースも多い[45]。第３に、段階的な資金投入である。経営上のゴールとなるマイルストーンを資金提供のラウンドと連動して段階的に設定するのである。各段階の資金提供期間はビジネス・リスクを判断しつつ柔軟に設定される。第４に、複数の専門化したゼネラル・パートナーのシンジケートによる情報の共有化が図られる。機微にわたる技術情報は公開できないので、ゼネラル・パートナーの目利きの判断が共有されるというべきだろう。この評判効果に依拠して投資対象の格付けが行われるのであるが、情報共有される範囲はごく少数のインナーに限定されるのが通常である。第５に、株式上場や企業買収などの出口戦略を充実させることである。ベンチャー・キャピタルが利益を得る方法は、ベンチャー株式の上場か有力企業への資産売却が一般的である。近年では、大企業との提携や M&A 等による売却が出口戦略として重視されている。第６に、優先株や残余財産分配に関する**優先権**（liquidation preferences）など、さまざまな契約上の優先条項を設けることによって投資家への優遇策を図っている[46]。これらの仕組みによって、極めてリスクの大きいハイテク分野の研究開発投資が促されてきたといえよう。

---

45) 著名なインキュベーターに1998年創業の Y Combinator（LLC）がある。スタートアップの学校とも呼ばれ、1000以上の件数の創業支援を行い、unicorns とも呼ばれる１億ドル以上の価値をもつベンチャーが８社（Airbnb や Dropbox など）も生まれている。ベンチャーへの代表的な政府支援策に SBIR/STIR がある。詳しくは第11章を参照。

7 企業規模分布と企業成長率：ジブラ法則を巡って[*]

7-1 ジブラ法則とは何か

　企業規模と企業成長に関する理論モデルは数多く存在するが、「企業の期待成長率は企業規模とは独立である」、「企業成長率はランダム・ウォークに従う」という経験則に基づく仮説が1980年代頃に至るまでよく指摘されていた。この仮説は**ジブラ法則**（Gibrat's Law）という[47]。ジブラ法則によれば企業規模分布は図6-6のような対数正規分布に従うことになる[48]。

　ジブラ法則とは、企業規模を $Size_{it}$ と表すと、

$$\Delta \log Size_{it} \equiv \log Size_{it} - \log Size_{it-1} = \varepsilon_{it} \tag{6-16}$$

と表すことができる。ここで $Size_{it}$ は企業 i の t 時点における企業規模を表す。また ε_{it} は i.i.d. に従う誤差項であり平均ゼロ、分散 σ^2 とする。これより、

$$\log Size_{it} = Size_0 + \sum \varepsilon_{is} \tag{6-17}$$

を得る。(6-17) 式は企業成長が**経路依存性**をもつことを意味する[49]。多くのジブラ法則に関する実証研究では、(6-16) 式のバリエーションとして、

$$\Delta \log Size_{it} = \alpha + \beta \log Size_{it} + \varepsilon_{it} \tag{6-18}$$

を推計モデルとして利用する。ここで推定値が $\beta < 0$ であれば、**平均への回帰**（mean reversion）が生じることを意味する。すなわち、大規模企業は小規模企業より成長率が小さくなることを意味する。さらに、もし α が正であり、すべての企業において α が等しいならば企業規模は長期的に定常均衡

46）例えば、投資家を保護してパートナー間の利害調整を円滑に行うため、さまざまな財務制限条項（covenants）を課すなど、投資家優遇措置が施される。

47）ジブラ法則を巡る議論については、Geroski（1995, 1999, 2001）、Caves（1998）、Sutton（1997, 1998）を参照せよ。

48）変数 x の対数をとったものが正規分布に従うとき、x は対数正規分布に従うという。

49）経路依存性については第7章第1節も参照。

第6章　企業規模・資金調達と研究開発　**133**

図 6-6　対数正規分布の例

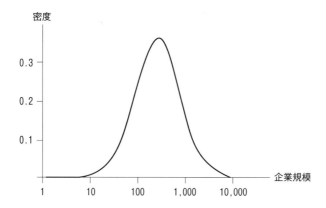

$(-\alpha/\beta)$ に収束する。

7-2　ジブラ法則の含意

多くの実証研究では、企業規模がある特定の水準に収束する傾向は見出せない。企業規模の動きは予測が不可能であり、長期予測になるほど不確実性も大きくなる。また、任意に2企業を選んでもその成長率に相関を見出せないことも含意する。すなわち、企業成長率は個々の企業に特異（idiosyncratic）な現象である。

ジブラ法則のさらなる含意は、企業規模については、ラグ付従属変数で表現されるような動学的プロセスは生じないということである。すなわち、

$$\Delta \log Size_{it} = \alpha + \theta(L)\Delta \log Size_{it-1} + \varepsilon_{it} \tag{6-19}$$

ただし、$\theta(L)$ は多項ラグ・オペレーターである。ここでジブラ法則は、$\theta(L) \cong 0$ となることを意味する。もし $\theta(L) \cong 0$ とはならずに何らかの動学プロセスが存在する場合は、ペンローズ流の調整費用（adjustment costs）によるものと解釈される。逆に、もし動学プロセスが見出せないならば、企業成長率がスムーズに変化することはないということをも含意する。すなわち、企業は事前に経済的ショックを予測して何らかの対応をすることはなく、調整費用を最小化するために部分的な調整を行うこともない、すなわち、調整費用は固定的であって可変的ではないという含意も導かれる。企業の生産量、投資、雇

用などは部分的な調整に従うのではなく、ある臨界値まで調整を留保し続けたのちに、臨界点に達したときに一気に調整を行うパターンを辿ることになる。

7-3 ジブラ法則の実証研究

1980年代までの実証研究は、データ上の制約から上場企業を対象とした分析が多かった。このようなセレクション・バイアスのあるデータのもとで、ジブラ法則が支持されてきたのである。しかし、小規模企業を含むより包括的な企業データを用いた実証研究は、企業規模が大きいほど企業成長率は低下する傾向を示していた[50]。また、小規模企業の方が高い成長率を示すとする研究も増えた[51]。すなわち、企業規模分布は時間とともに変化し、そのプロセスは対数正規分布とは異なる様相を見せることがわかってきたのである。その大きな要因として、時間の経過とともに小規模企業の参入・退出が起こることが挙げられる。企業の異質性が存在するもとでの参入・退出のメカニズムに関する**構造推定**（structural estimation）の手法を用いた研究が注目されていくなかで[52]、ジブラ法則は次第に忘れられた存在となったのである。

しかし、企業規模分布の変化に何らかの法則性を見出そうとする研究は完全になくなったわけではなかった。例えば、ルイス・カブラルとホセ・マタは、ポルトガルの中小企業も含めた包括的な企業データを用いて、企業規模分布はコーホート別に見ると右に裾野の広い分布をもち、図6-7のように時間とともに対数正規分布に近づく傾向があることを見出した[53]。この企業規模分布の変化はサンプル・セレクションのみでは十分に説明できなかった。カブラルとマタは大企業と中小企業の間のキャッシュフロー制約の違いによってこのような動きをかなり説明できると示唆している。

包括的な企業データが利用できなかった1980年頃までは、ジブラ法則の示唆するような企業成長が単なるランダム・ウォークに従うという仮説は、経済学

---

50) Evans（1987）、Hall（1987）を参照。

51) Lotti et al.（2003）を参照。

52) 比較的初期の研究として Bresnahan and Reiss（1991a,b）、Berry（1992）、Olley and Pakes（1996）、また構造推定手法のサーベイとして Ackerberg et al.（2007）、Berry and Reiss（2007）、Reiss and Wolak（2007）を参照。

53) Cabral and Mata（2003）を参照。

図 6-7 ジブラ法則の修正

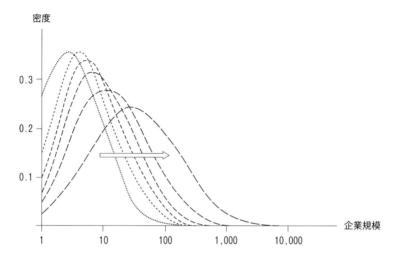

者にとってフラストレーションのたまる原因であった。経済学者や政策担当者の多くは、市場競争や戦略的要因、公共政策などが企業成長に影響を与えると信じたいのである。その点で、カブラルとマタの見出したキャッシュフロー制約による企業成長率への動態的な影響はきわめて重要な指摘であるといえる。実証的にも理論的にも研究開発のキャッシュフロー制約について一層の研究が求められる。

●キーワード●
シュンペーター・ガルブレイス仮説、規模の経済性、範囲の経済性、キャッシュフロー制約、コスト・スプレッディング、人的資本、調整コスト、不確実性、資本コスト、要求収益率、銀行借入、社債発行、内部留保、利益剰余金、株式発行、情報の非対称性、逆選択、モラル・ハザード、忠実義務、満足化行動、レバレッジ、加速度調整モデル、自己回帰分布ラグモデル、誤差修正モデル、ベンチャー・キャピタル、リミッテッド・パートナー、ゼネラル・パートナー、有限責任組合、優先株、有限責任事業組合、合同会社、マネジメント・フィー、キャリード・インタレスト、優先権、ジブラ法則、経路依存性、平均への回帰、構造推定

▶理解を深めるためのヒント

6-1　日本の製造業のなかで研究開発を活発に行っている産業は何だろうか。その産業における企業規模は国際的にみてどの程度の大きさであるかを調べてみよう。

6-2　投資としてみた研究開発の特徴である調整コストや不確実性が存在する点に注意しつつ、研究開発の成果が生まれるまでに長い時間がかかる産業の研究開発投資にどのような特徴があるかを調べてみよう。

6-3　財務省の『法人企業統計』に基づき、非金融法人企業の財務構造を調べてみよう。特に、内部留保、新株発行、借入金の相対比率がどのような推移を辿ってきたかを調べてみよう。また、日本の代表的企業をいくつかピックアップしてその資本構成を調べてみよう。そして、日本企業の財務構造（バランスシート）が諸外国と比較してどのような特徴をもつかを調べてみよう。

6-4　リスク・マネーの要求収益率（資本コスト）を規定する税制の影響を、日本の具体的な税制に即して調べてみよう。

6-5　米国ベンチャー・キャピタル市場におけるエージェンシー問題を緩和させるさまざまな制度的仕組みが、日本の資本市場ではうまく機能していない理由について考えてみよう。

参考文献

池田昌幸（2000）『金融経済学の基礎』、朝倉書店。

Ackerberg, D., C. L. Benkard, S. Berry, and A. Pakes（2007）"Econometric Tools for Analyzing Market Outcomes," J. Heckman and E. E. Leamer eds., *Handbook of Econometrics*, vol.6A, North-Holland, 4171-4276.

Anton, J. J. and D. A. Yao（2002）"The Sale of Ideas: Strategic Disclosure, Property Rights and Contracting," *Review of Economic Studies* 69：513-531.

Anton, J. J. and D. A. Yao（2004）"Little Patents and Big Secrets: Managing Intellectual Property," *Rand Journal of Economics* 35：1-22.

Arrow, K.（1962）"Economic Welfare and the Allocation of Resources for Innovation," in R. R. Nelson ed., *The Rate and Direction of Inventive Activity: Economic and Social Factors*, Princeton University Press, 609-626.

Audretsch, D. B.（1995）*Innovation and Industry Evolution*, MIT Press.

Auerbach, A. J.（1984）"Taxes, Frim Financial Policy, and the Cost of Capital: An Empirical Analysis," *Journal of Public Economics* 23：27-57.

Berry, S.（1992）"Estimation of a Model of Entry in the Airline Industry,"

Econometrica 60：889-917.

Berry, S. and P. Reiss（2007）"Empirical Models of Entry and Market Structure," in M. Armstrong and R. Porter eds., *Handbook of Industrial Organization*, vol.3, North Holland, 1845-1886.

Bresnahan, T. F. and P. Reiss（1991a）"Empirical Models of Discrete Games," *Journal of Econometrics* 48：57-81.

Bresnahan, T. F. and P. Reiss（1991b）"Entry and Competition in Concentrated Markets," *Journal of Political Economy* 99：977-1009.

Brown, J. R., S. M. Fazzari, and B. C. Petersen（2009）"Financing Innovation and Growth: Cash Flow, External Equity and the 1990s R&D Boom," *Journal of Finance* 64：151-185.

Cabral, L. M. B. and J. Mata（2003）"On the Evolution of the Firm Size Distribution: Facts and Theory," *American Economic Review* 93：1075-1090.

Caves, R.（1998）"Industrial Organization and New Findingson the Mobility and Turnover of Firms," *Journal of Economic Literature* 36：1947-1982.

Cockburn, I. and R. Henderson（2001）"Scale and Scope in Drug Development: Unpacking the Advantages of Size in Pharmaceutical Research," *Journal of Health Economics* 20：1033-1057.

Cohen, W. M.（2010）"Fifty Years of Empirical Studies of Innovative Activity and Performance," in B. H. Hall and N. Rosenberg eds., *Handbook of the Economics of Innovation*, vol.1, North Holland, 129-213.

Cohen, W. M. and S. Klepper（1996）"A Reprise of Size and R&D," *Economic Journal* 106, 925-951.

Evans, D.（1987）"Tests of Alternative Theories of Firm Growth", *Journal of Political Economy* 95：657-674.

Galbraith, J. K.（1956）*American Capitalism*, Houghton Mifflin Company.（新川健三郎訳『アメリカの資本主義』白水社、2016年）

Geroski, P.（1995）"What Do We Know about Entry?" *International Journal of Industrial Organization* 13：421-440.

Geroski, P.（1999）"The Growth of Firms in Theory and Practice," *CEPR Discussion Paper*, NO.2092.

Geroski, P.（2001）"Corporate Growth Convergence in Europe," *CEPR Discussion Paper*, No.2838.

Gompers, P. and J. Lerner（2004）*The Venture Capital Cycle*, MIT Press.

Hall, B.（1987）"The Relationship Between Firm Size and Firm Growth in the US Manufacturing Sector," *Journal of Industrial Economics* 35：583-606.

Hall, B. H. and J. Lerner（2010）"The Financing of R&D and Innovation," in B. H. Hall and N. Rosenberg eds., *Handbook of the Economics of Innovation*, vol.1, Elsevier, 609-639.

Hall, B. H. and J. Van Reenen (2000) "How Effective are Fiscal Incentives for R&D? A Review of the Evidence," *Research Policy* 29 : 449-469.

Hall, R. E. and D. W. Jorgenson (1967) "Tax Policy and Investment Behavior," *American Economic Review* 57 : 391-414.

Henderson, R. and I. Cockburn (1996) "Scale, Scope and Spillovers: The Determinants of Research Productivity in Drug Discovery," *Rand Journal of Economics* 27 : 32-59.

Jensen, M. C. and W. Meckling (1976) "Theory of the Firm: Managerial Behavior, Agency Costs, and Ownership Structure," *Journal of Financial Economics* 3 : 305-360.

Kamien, M. I. and N. L. Schwartz (1982) *Market Structure and Innovation*, Cambridge University Press.

Leland, H. and D. H. Pyle (1977) "Informational Asymmetries, Financial Structure, and Financial Intermediation," *Journal of Finance* 32 : 371-387.

Lotti, F., E. Santarelli and M. Vivarelli (2003) "Does Gibrat's Law Hold among Young, Small Firms?" *Journal of Evolutionary Economics* 13 : 213-235.

Olley, G. S. and A. Pakes (1996) "The Dynamics of Productivity in the Telecommunications Equipment Industry," *Econometrica* 64 : 1263-1298.

Reiss, P. C. and F. A. Wolak (2007) "Structural Econometric Modeling: Rationales and Example from Industrial Organization," in J. Heckman and E. E. Leamer eds., *Handbook of Econometrics*, vol.6A, North-Holland, 4277-4415.

Scherer, F. M. and D. Ross (2000) *Industrial Market Structure and Economic Performance*, Houghton Mifflin Company.

Simon, H. A. (1955) "A Behavioral Model of Rational Choice," *Quarterly Journal of Economics* 69 : 99-118.

Sutton, J. (1997) "Gibrat's Legacy," *Journal of Economic Literature* 35: 40-59.

Sutton, J. (1998) *Technology and Market Structure*, MIT Press.

Uzawa, H. (1969) "Time Preference and Penrose Effect in a Two Class Model of Economic Growth," *Journal of Political Economy* 77 : 628-652.

Williamson, O. E. (1968) "Economies as an Antitrust Defense: The Welfare Tradeoffs," *American Economic Review* 58 : 18-36.

第Ⅲ部

イノベーションと組織

第7章

組織能力、コーポレート・ガバナンスと研究開発

1 組織能力とビジネス・アーキテクチャー

　本章は、企業組織の内部構造および組織の境界を越えた連携という2つの視点から、研究開発を遂行する組織能力、および、組織能力を規定するビジネス・アーキテクチャーについて説明する。また、近年発展の著しい情報技術（IT：information technology）を活用した業務構造の革新の流れを概観し、さらに、組織の外に開かれた開放系のビジネス・アーキテクチャーとして近年注目を集めるオープン・イノベーションについても簡単に紹介する。

　続いて、以上の検討をベースとして、コーポレート・ガバナンスが研究開発インセンティブにどのような影響を与えるかを検討する。ビジネス・アーキテクチャーのあり方はコーポレート・ガバナンスと密接に関連するからである。特に、研究開発部門とその成果を利用する下流部門が同一の組織に属する場合と、それぞれが独立の組織である場合を区別して、組織構造の違いがイノベーションに与える影響を検討する。

1-1　組織能力

　企業とは**経営資源**の集合体と捉えられる[1]。ここで経営資源とは、工場や生

1）Penrose（1959）を参照。

産設備等の有形資産に留まらず、効率的な組織運営に必要となる経営企画、技術、販売、組織に関するノウハウや専門的能力などの無形資産も含む。アルフレッド・チャンドラーは、企業が価値創造のために経営資源を活用する能力を**組織能力**と呼んだ[2]。すなわち、個人の能力とパラレルに、有形無形の資源を獲得し維持し活用するための組織固有の能力が存在すると考えるのである。

組織能力は、組織化された**ルーチン**（routine）から構成され[3]、それは個々の従業員の熟練（スキル）によって維持され、経験や学習を通じて絶えず再構成されていく。例えば、優れたスキルをもつ個人が、異なる企業へ転職をした場合を考えてみよう。この個人がどれだけ優れたスキルをもっていたとしても、異なる組織のもとで前職と同じ職種の作業にスムーズに取り組めるとは限らない。新しい職場におけるルーチン全体の構成や、隣接するルーチンとの関連性をよく理解しない限り、組織の目的と整合的に個人の能力を発揮することは難しいからである。

さらに、組織能力は個々の発展してきた歴史的経緯によって進化の経路が異なっており、さまざまな試行錯誤を経ながら組織内部で時間をかけて徐々に適合化されていく。したがって、企業組織が進化・発展するプロセスでは、組織の外部環境、特にその初期条件の違いが組織の発展経路を強く規定すると考えられている。これを**経路依存性**（path-dependence）という。この経路依存性によって、国や産業ごとに多様な構造・機能をもつ企業組織が存在するのである[4]。

組織能力論と類似の研究はこれまで数多く行われてきた。競合他社を圧倒する能力、あるいは競合他社が容易に模倣できない能力を意味する**コア・コンピテンス**（core competence）[5]、急激に変化する環境に対応していくために内部と外部の資源を統合し構築し再構成して長期的な競争優位を構築する能力を意味する**動的能力**（dynamic capability）といった概念も[6]、ほぼ組織能力と同

2）Chandler（1990）を参照。
3）ルーチンは、制度とともに進化論的経済学で中心的な役割を果たす概念である。定型化されたルーチンは組織的な学習を通じて進化すると考える。Nelson and Winter（1982）を参照。
4）Dosi et al.（2000）を参照。
5）Prahalad and Hamel（1990）を参照。
6）Teece et al.（2007）を参照。

144 第Ⅲ部 イノベーションと組織

じ文脈の理論と位置付けることができる。これらの概念の間には微妙なニュアンスの差はあるものの、企業ごとに特異（idiosyncratic）な組織能力を獲得・蓄積することによって競争優位が獲得されるとみる点では共通性があるといえよう。

組織能力の理論では、価格や数量を通じた競争よりも、組織能力（あるいはコア・コンピテンス）の構築競争が重視される[7]。そして、研究開発競争は、組織能力の構築プロセスと密接に関連すると考えられる。ただし、組織能力を構築する手段は研究開発に限られない点にも注意すべきである。経営管理技術、製品開発戦略、経験を通じて得たルーチン、業務構造を革新するIT投資などによって、多様な形態をもつ資源が組織能力として蓄積されていくのである。

1-2　線形モデルと連鎖モデル

研究開発と関連づけながら組織能力をさらに立ち入って検討してみよう。その際に役立つのが、スティーブン・クラインとネイサン・ローゼンバーグによって提案された**連鎖モデル**（chain-linked model）である[8]。彼らは、基礎研究→応用研究→開発研究と段階を踏んで技術変化が起こるという従来の見方を**線形モデル**（linear model）と呼んで批判し、イノベーションの段階ごとに複線的な情報のフィードバック・ループを織り込んだモデルを提案した。以下では、この連鎖モデルに依拠して研究開発における組織能力を検討しよう。

図7-1は連鎖モデルを図式化したものである。下段の長方形は企業組織の境界を表す。この中に組織能力として構築される機能が列挙される。図のいちばん左側に潜在的市場を発見する能力があり、次いで分析的設計によって新しい商品の概念を創造する能力、次に細部の設計とテスト、設計の改良と生産を経て、最後に流通とマーケティングを実施する能力へと繋がっていく。ここで、中心的連鎖は記号Cで表されている。ただし、従来の線形モデルとは異なり、イノベーションの源泉は川上だけとは限らない。このモデルでは、途中の段階からでも技術変化の累積的プロセスが始まることはあると考える。

7）Clark and Fujimoto（1991）、Dosi et al.（2000）、Bresnahan et al.（2002）、藤本（2003）を参照。

8）Kline and Rosenberg（1986）を参照。

図 7-1　連鎖モデル

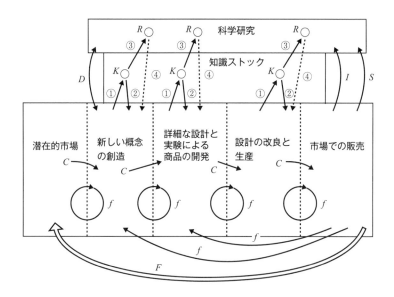

　これらの組織能力の水平的連携は情報のフィードバックによって調整される。記号 f は、小さな情報のフィードバックを意味する。これは、新工程革新のように改良的・漸進的なイノベーションが起こる場合の情報の流れを示す。一方、記号 F は大きな情報フィードバックであり、市場ニーズを先見的に把握して画期的イノベーションが行われる場合の情報の流れを表している。

　次に連鎖モデルにおける組織の境界の外側との連携を見てみよう。記号 K は知識ストックを表す。この知識ストックは組織の内部にも外部にも蓄積されている。技術変化のプロセスが何らかの問題に直面したとき、企業は既存の知識を利用して問題解決を図ろうとする。この場合の情報の流れは①→②の経路によって示される。この段階で技術的な問題が解決されない場合には、新たな科学研究 R が必要となる。この経路を示しているのが③である。また④は科学研究からの回帰が起こる場合の経路を示しているが、稀にしか起こらないので破線となっている。記号 D は、基礎的な科学研究と研究開発プロセスとの間での情報の連鎖を表している。これは基礎研究→応用研究というような単線的関係を表すものでなく、実際の技術開発の現場において生じた問題が科学研究を刺激する可能性を示している。記号 I は、設備・機械・器具等の実験

手段を用いて科学研究をサポートする回路を示している。また記号 S は、直接的にあるいはモニタリングによって取得された市場の情報が研究をサポートすることを意味する。この際に得られた情報は連鎖のあらゆる部分に波及する。

1-3　日本型研究開発組織の特徴

　1980年代までの日本企業の研究開発組織の特徴は、連鎖モデルを用いて3点に簡潔にまとめることができる[9]。第1に、イノベーションの中心的連鎖においては、新たな発明よりも既存製品の再設計のような下流の局面において活発であったが、徐々に上流の分析的設計が重視されるようになった。第2に、日本企業は短回路のフィードバックを効果的に利用していた。例えば、市場から生産へ、生産から再設計へ、製品設計から分析的設計へ、といった回路が活発であった。これを支えるのが、職場間でのヨコの情報交換と人事交流である。ただし、日本企業は、長い回路を利用して画期的な新製品の可能性を見出すことは得意ではなかった。これは、日本の経営者の企業家精神（entrepreneurship）のあり方によるところが大きい。日本の企業経営者は、市場の潜在的可能性に合わせて研究開発を新たに組織化していくよりも、長期雇用を重視した社内の人的資源の有効利用に関心が向いていたのである。第3に、日本では、技術者と科学者の相互作用において、最も関心がもたれていたのは開発段階であった。

　さらに付け加えるならば、日本では、製造プロセスにおける実際的な問題解決は、関連する知識の存在するヒエラルキーの出来るだけ下位のレベル（設計や製造）に委ねられてきた。また、職場間の水平的コーディネーションが重視され、個々の作業のヒエラルキー的統制はそれほど厳格でなかったとも評価される。すなわち、研究開発の方向づけや組織化の方法と、製造現場での作業方法や調整方法の間に驚くほどの類似性があったということである。他方、日本では研究者や技術者の離職や転職が抑制されてきたため、企業内での知識ストックが関連する事業・技術分野に限定されがちとなり、他分野から知識を得よ

9）以下の説明は Aoki（1988）に依拠している。ただし、あくまでも日本企業の特徴を抽出し様式化するためにかなり単純化されている。この類型に当てはまらない企業が当時から数多く存在していたことを否定するわけではないことに注意されたい。

第7章　組織能力、コーポレート・ガバナンスと研究開発　**147**

うとするときの受容能力を制約したとも考えられる。

　これらの指摘は、1980年代の日本の典型的な大企業の研究開発組織を的確に特徴づけたものではあるが、現代の日本企業に対しても依然として有益な批判を含んでいる。最先端のイノベーションでは複数の科学・技術分野にまたがるアプローチが重要であることを考慮すると、短回路のフィードバックを重視する従来型の組織はイノベーションの制約条件となりかねないからである。短期利益を過度に重視した経営を行うことを**ショート・タームズム**（short termism）と呼ぶ。もし短期志向の経営が強まれば、投資を回収するまでに長い時間を要する研究開発は敬遠されることとなろう。研究開発において長回路のフィードバック・ループを活用することは、回収期間が長く不確実な研究開発を行うことを意味するため、短期利益の観点からはマイナスとなるからである。

2 ビジネス・アーキテクチャーとオープン・イノベーション

2-1　ビジネス・アーキテクチャーと組織の境界

　情報技術をはじめとするさまざまな技術変化を組織能力として取り入れていくためには、**ビジネス・アーキテクチャー**を適切に設計することが求められる[10]。ビジネス・アーキテクチャーとは、一定の費用条件のもとで望ましいパフォーマンスをもたらすビジネス・モデルの構造と、そのための設計方法・設計思想のことである。このビジネス・モデルをデザインし構築するためには、高度に洗練された経営企画の能力を必要とする。また、この仕事は非常にコストがかかるかもしれない。なぜならば、望ましいプロトタイプを見出すまでに**試行錯誤を通じた学習**（learning by trying）が必要となるからである。

　特にイノベーションでは、**組織の境界**を越えたビジネス・アーキテクチャーの設計が組織能力を決めるうえで重要な意味をもつ。その手がかりとして、知識の獲得・蓄積・利用の3段階ごとに組織の内部・外部のいずれの資源を活用するかという点に着目してイノベーションの組織を類型化してみよう[11]。

---

10)　Clark and Fujimoto（1990）、Ulrich（1995）、Baldwin and Clark（2000）を参照。
11)　以下の図7-2はLichtenthaler and Ernst（2006）に依拠している。

148　第Ⅲ部　イノベーションと組織

図 7-2 イノベーションにおける組織の境界

	知識の獲得	知識の蓄積	知識の利用
組織の内部	make or	integrate or	keep or
組織の外部	buy	relate	sell

図7-2の上段は組織の内部、下段は組織の外部を意味する。もしすべての研究開発プロセスを組織内部で実行しようとすると、効率的な知識生産を達成することは難しい。この自前主義的な研究開発志向を **NIH 症候群**（Not-Invented-Here Syndrome）と呼ぶことがある[12]。一方、すべてを組織の外部に外注することも、自らの受容能力を形成するという観点からは好ましくない。このようなメリットとデメリットを勘案しつつ、イノベーション組織の最適な境界を定めなければならない。しかしそのためには試行錯誤を通じた難しい調整作業が必要となる。なぜならば、組織能力は個々の企業に特異であり、経験や学習を通じてベスト・プラクティスを発見することが不可欠と考えられるからである。

2-2 情報技術による組織能力の革新

近年の著しい情報技術（IT）の発展によって、企業の内部・外部を通じた業務の最適化を迅速に進めることが競争優位の源泉としてますます重視されつつある[13]。IT を活用することによって、企業組織を横断した**情報の共有化**と**意思決定の迅速化**を図ることが容易となり、それが企業価値の向上に繋がることが明確となってきたからである[14]。

最近の半世紀ほどの情報化の動きを振り返ると、IT を利用した組織能力の構築が着実に進められ、競争優位を左右してきたことがわかる。まず、1960年代に導入された**全社的品質管理**（TQC: total quality control）では、方針管理・目標管理・統計的品質管理と呼ばれるさまざまな品質管理の手法が導入された。1970年代には、**コンピュータ統合生産**（CIM: computer integrated manu-

---

12) Katz and Allen（1982）を参照。
13) IT 利用の深化に伴う市場や企業戦略の変化については第 8 章で取り扱う。
14) 以下の議論の一部は岡田・林編著（2014）に依拠している。

facturing）と呼ばれる生産効率化の手法によって、製造工程と販売との統合が進められた[15]。これによって、在庫を徹底的に縮減するジャスト・イン・タイム方式を拡大することが可能となった。

1980年代からは生産管理のIT化を全社的な業務管理へと拡大していく動きが始まった。まず、ビジネス・プロセス・リエンジニアリング（BPR：business process re-engineering）と呼ばれる手法によってTQCを全社的に拡大した顧客志向の企業内サプライチェーンが導入された。1990年代に入ると、**全社的業務管理**が本格的に導入されるようになった。全社的業務管理とは、経理・生産管理・販売管理・人事管理などをコンピュータ・システムによって統合するものである。これをサポートするソフトウェア群であるERP（enterprise resource planning）のさまざまなパッケージも続々と登場した[16]。

さらに2000年代からは、産業・企業の枠組みを超えるオープン・システムを構築する動きが強まる。例えば、**サプライ・チェーン・マネジメント**（SCM：supply chain management）とは、原材料、部品メーカー、組み立てメーカー、卸・ディーラー・量販店、小売店、顧客のバリュー・チェーンのなかで、組織の境界を超えた情報の共有化を進めることによって意思決定の迅速化を図る経営手法である[17]。ERPの導入が進んだ企業ではSCMの導入も容易となり、ERPとSCMの融合も進んだ。2000年代後半に入ると、インターネットを利用したネットワーク・システムである**クラウド・コンピューティング**の重要性が飛躍的に高まる。クラウド化は、飛躍的に能力を高めた人工知能（AI）などを活用して、既存のビジネス・モデルに破壊的インパクトをもたらしつつある。

しかし、これまで日本企業の情報化投資は必ずしも十分とはいえず、先端的な欧米企業と比べて生産性の向上に繋がっていないとの懸念が広がっている[18]。縦割りの意思決定が支配的となった多くの日本企業では事業部を横断

15）具体例として、FA（factory automation）やFMS（flexible manufacturing system）がある。

16）SAPやオラクル、R/3などはこのようなソフトウェアによって急成長した企業である。

17）SCM関連のソフトウェアでは、スケジューリング支援、生産計画支援、需要管理支援等のソフトウェアの組み合わせからなるモジュール構成が特徴的である。

18）Jorgenson and Motohashi（2005）、Jorgenson and Nomura（2007）、深尾・宮川編（2008）、Fukao et al.（2016）を参照。

する情報共有は阻害されがちとなる。IT 投資の利用が生産性向上につながるためには、IT 資本を十分に活用できる組織の明確な意思とそれを実現するための制度的環境を整えることが必要となる[19]。

2-3　オープン・イノベーション

　競争環境の激化、イノベーションの不確実性の高まり、研究開発費の高騰などを背景として、組織の境界を越えた連携を強化したイノベーションの重要性が高まっている。そのようなビジネス・アーキテクチャーを**オープン・イノベーション**（open innovation）と呼ぶ[20]。オープン・イノベーションとは、企業・大学・政府など多様な主体を繋ぐオープンなプラットフォームを介して知識の共有化を図り、それによってイノベーションを促進する考え方である。オープンなプラットフォームを活用することによって、イノベーションのスピードや質を上げることができるかもしれない。また、プラットフォームの構成要素として大学・政府との連携も強調される。

　しかし、オープン・イノベーションが機能するためには、①個々の研究者・技術者のインセンティブと整合性を保ちながらオープンなプラットフォームに知識が蓄積される仕組みを工夫すること、②蓄積された知識ストックが、組織の境界を越えてスムーズに転々流通する技術市場の仕組みが整備されること、の2点が必要となる[21]。さらに付け加えるならば、組織のカベを越えて形成されるインフォーマルなリサーチ・ネットワークの構築に十分な注意が払われなければならない。組織を越えた知識の移転（スピルオーバー）は、特許ライセンスのような技術市場以外に、教育活動、学術論文、学会や研究会等における報告、コンサルティング、研究者・技術者の移動など、多様なルートで行われることに十分留意すべきである[22]。

　例えば、バイオ医薬品のような最新技術を利用した産業では、個々の企業が研究開発に必要な知識・能力をすべて自前で備えることは不可能である。したがって、統合型あるいはコングロマリット型のクローズドな研究開発組織より

19）デジタル化による企業組織や市場競争の変化については第8章で議論する。
20）Chesbrough（2006）を参照。
21）技術市場については第9章で詳しく検討する。
22）知識のスピルオーバーについては第4章第4節を参照。

第7章　組織能力、コーポレート・ガバナンスと研究開発　**151**

も、組織間の柔軟な連携を可能とするオープン・イノベーションが志向されるべき根拠は十分にあるといえよう。このように、オープン・イノベーションが適切に機能するためには、科学者・技術者の行動規範の整合性、インフォーマルなリサーチ・ネットワークを含む健全な技術市場の整備、また、技術市場を支える頑健な知的財産制度も必要となる[23]。

$\boxed{3}$ コーポレート・ガバナンスと研究開発

3-1　コーポレート・ガバナンスとは？

　イノベーションを促すために組織能力の構築が必要であることはわかった。しかし、経営者がそのような投資を行うインセンティブをもつためには、どのような規律が必要だろうか。この問題を**コーポレート・ガバナンス**という視点から検討しよう。最初にコーポレート・ガバナンスの定義を与えておこう。コーポレート・ガバナンスとは、「事業へ資金提供した株主の利益をいかに確保して回収するか」という問題のことである[24]。日本語で**企業統治**と呼ぶこともある。株式会社では、**所有と経営の分離**によって株主の負託を受けた経営者が、その忠実義務に反して株主の利益以外の価値を追求するという**エージェンシー問題**が生じる危険がある。このような経営者の**モラル・ハザード**を回避する仕組みを工夫することがコーポレート・ガバナンスの最も重要な課題である。なお、この経営者に負託された義務のことを**善管注意義務**（fiduciary duty）ともいう。

　これは経済学では主流の見方であるが、これに対して、従業員・地域社会・サプライヤー・顧客などの利害関係者の利益も含めてコーポレート・ガバナンスの目的を広く定義することもある。これは、企業も社会を構成するメンバーの一人としての責任を負うべきであるという**企業の社会的責任**（CSR: corporate social responsibility）を重視する考え方である[25]。例えば、投資家の立場から、企業が持続的に成長するうえで重視すべき3つの側面として、環境

23）イノベーション政策の観点から産学官連携のあり方を検討する第11章も参照。
24）Shleifer and Vishny（1997）を参照。
25）Porter（1992）、Baron（2007）、花崎（2014）を参照。

152　第Ⅲ部　イノベーションと組織

(environment)、社会（society）、企業統治（governance）の頭文字を採った**ESG投資**が推奨されることがある。これは、国連環境計画・金融イニシアティブが2006年に提唱した**責任投資原則**（PRI: Principle for Responsible Investment）によるものである。社会的価値を株主価値の基準に織り込むことによって、自然環境、労働条件、取引の公正といった幅広い社会的価値が毀損されないように規律付けする手段としてこの原則を位置付けるのである。

しかし、このような広義のコーポレート・ガバナンスの定義に対しては以下のような批判がある[26]。第1に、投資家以外に利益のコントロール権を与えることは、そもそも事業への資金提供を行うインセンティブを抑止すること、第2に、株主と他の利害関係者の利益相反が起こりやすくなるので、企業価値が最大化されずに経営が非効率となる危険があること、第3に、経営者の説明責任の対象が株主利益以外の多様な価値にまで広がるため、曖昧で検証不可能な多様な要素への説明責任まで生じさせることとなり、経営者がその任務を果たすことが難しくなることである。

このように、主流派の立場からみれば、株主価値を毀損してまで社会的責任を果たすことを企業統治の理念や原則とすることは必ずしも望ましいとはいえない。株主価値として達成できない社会的価値の実現のためには、企業統治以外に、法令などによる強制力のある政策手段、例えば環境規制や環境税、環境技術への補助金などによっても実現が図られるべきだからである。

別の見解として、同様の多元的価値を内部統制のシステムとして実現するべきという意見もある。この考え方によれば、多元的利益を代表する株主や従業員などの交渉ゲームによる組織均衡として、エージェンシー問題を解決する契約の連鎖・束をコーポレート・ガバナンスと考える[27]。これを**契約のネクサス論**と呼ぶ[28]。すなわち、組織均衡を得るには経済主体間の複雑な契約問題を解くことが必要である。これは日本企業をはじめとする国際的にも多様なガバナンスの仕組みを説明する有力な考え方である。

ただし、日本企業を取り巻く市場環境や技術条件が急激に変化するなかで、組織均衡の調整原理のあり方が、これからますます重要な課題となるだろう。

26）Tirole（2006）を参照。
27）Aoki（1984）を参照。
28）Aoki（1989）を参照。

例えば、株主を含めたすべてのステークホルダーは、企業行動によって外部効果が及ぶ利害関係者とみることもできる。広義のコーポレート・ガバナンス論はこれら外部効果を内部化する仕組みと位置付けることもできる[29]。この意味で、もしESG投資が株主自身の価値を持続的に高めることに繋がるのであれば、このような投資原則を内部規律として設けることにも一定の意義があるといえよう。

3-2 研究開発組織のインセンティブ・メカニズム

経営者のモラル・ハザードに対処する手段は主に2通りに分けられる。ひとつは、経営者に株主利益に連動した報酬を与えることである。長期的成果に対応した**ストック・オプション**のような報酬制度を設けることによって、研究開発に対応したリスク負担を経営者に促すことが考えられる。ストック・オプションとは、自社株を一定の行使価格で購入できる権利のことである。日本では1997年の商法改正によって初めて認められた。近年では、米国のハイテク企業に倣って、優秀な研究開発人材を確保するための高額報酬を提供する手段として信託型のストック・オプションを導入する新興企業が増えている[30]。

あるいは、**従業員持株制度**によって、従業員に株主価値を高めるインセンティブを与える方法もある[31]。日本では信託や中間法人の形態で持株会を設けて運営する方法が中心である。上場企業の9割以上が導入しており、非上場企業でも事業継承・相続税対策等の理由から導入が増えているという[32]。ただし、従業員の私有財産による拠出を認めるなど、米国の運営ルールとは異なる点も多いので注意が必要である。期待される機能としては、従業員に業績向上のインセンティブを与えること、経営者の視点からは安定株主の形成といった点が挙げられる。

経営者のモラル・ハザードに対処する2つめの手段は、**外部統制**の強化である。例えば、独立した社外取締役の人数を増やすこと、監査機関を定期的に変

---

29) Friedman（1970）、Tirole（2001, 2006）、Hart and Zingales（2017）を参照。
30) 日本経済新聞（2018年7月7日）「『冷凍型』ストックオプション広がる、成長後入社組も報酬大きく」を参照。
31) 米国ではESOP（Employee Stock Ownership Plan）という。
32) 大森・後藤（2017）を参照。

更すること、**機関投資家**による株式保有を促すこと[33]、財務報告の質や量を改善することなどが例として挙げられる。この他の外部統制の仕組みとして、アクティビスト・ファンドによる企業買収や市場競争圧力も、経営者へのモニタリングを強めることに役立つかもしれない。

さらに、2006年6月に成立した金融商品取引法では、財務報告に関する**内部統制**の仕組みが導入された。例えば、経営者による評価・内部統制報告書の作成および監査人の監査証明の義務が資本金5億円以上または負債総額200億円以上の大企業に義務付けられた[34]。このような手段によって経営者に長期的なインセンティブを与えることができるならば研究開発投資にプラスの効果をもつと予想できる。ただし、その効果については意見が分かれる[35]。それは、研究開発を遂行する組織構造の違いが研究開発インセンティブに影響するためである。この点を次に検討しよう。

3-3　研究開発マネジメントと所有権の配分 *

研究開発マネジメントの組織構造を考える場合の主体は、資金提供者、研究開発実施者、研究開発の成果の所有者、その利用者、顧客等に分けられる。これらの主体が互いにどの組織に帰属し、どのような契約を結んでいるかによって、さまざまな研究開発組織を考えることができる。特に、あらかじめ完備契約を結ぶことができず再交渉が不可避となる**不完備契約**の状況では、所有権の配分や組織構造の役割が研究開発インセンティブにも大きな影響を与える可能性がある[36]。以下では、ごく簡単なモデルを用いて、研究開発の組織構造と所有権の配分の関係を検討しよう[37]。

最小の契約単位として、研究開発部門（R）とその成果を利用する製造部門

---

33) 日本でも、年金積立金管理運用独立行政法人（GPIF）による株式保有の構成比を高める政策が進められ、国内株式25%、外国株式25%を基本ポートフォリオとして、国内株式40兆6995億円、外国株式38兆6629億円の運用資産額（2017年度末現在）をもつ。

34) 米国でエンロン事件やワールドコム事件を契機に導入されたSOX法（サーベンス・オクスリー法、Public Company Accounting Reform and Investor Protection Act of 2002）に倣って導入されたので、日本版SOX法と呼ぶこともある。

35) Hall and Lerner（2010）を参照。

36) Grossman and Hart（1986）、Hart and Moore（1988）、Tirole（1999）を参照。

37) 以下のモデルは Aghion and Tirole（1994）に基づく。

第7章　組織能力、コーポレート・ガバナンスと研究開発　**155**

図7-3 研究開発マネジメントの組織構造

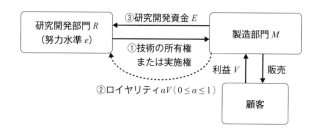

(M）がひとつずつ存在するケースを考える。この2つの事業部門の間で結ばれる3つの契約関係、すなわち、①知的財産権の配分、②確定利益の分配（ライセンス契約）、③製造部門から研究開発部門への研究開発資金Eの提供、という3点について契約を結び、それ以外の契約条項は存在しないとする。このとき、この3つの契約条項が研究開発インセンティブにどのような影響を与えるかを考えよう。

図7-3は、上述の研究開発組織を図示したものである。ここで、研究開発部門Rと製造部門Mは同一の企業に属する場合もあれば、それぞれが独立した企業の場合もあるとしよう。同一企業であれば、Rは社内の研究部門あるいはその企業の従業員とみなせる。このとき、製造部門は技術の所有権を得て自由にその技術を利用できる[38]。一方、双方が独立した企業の場合は、技術の所有権はRが得ることとなり、技術の実施権（ライセンス）の対価をMから得るものとしよう。ただし、Vは製造部門が得る利益でありロイヤリティはαV（$0 \leq \alpha \leq 1$）とする。また、①～③の契約条項以外の細かい条件を契約に含めることは不可能とする[39]。すなわち、両者の契約で定めることができるのは、所有権の帰属、利益分配α、提供される資金Eの3点のみである。さらに、研究開発の成功確率を$0 < p(e, E) < 1$とおく。ここで、部門Rの努力水準eあるいは製造部門から提供される資金Eの規模が大きいほど研究開発の成功確率は上がり、その増加分は逓減すると考える。

この枠組みのもとで、研究開発部門と製造部門のどちらが技術の所有権をも

---

38) 従業員による職務発明に係る特許の取扱いについては第9章を参照。ここでは単純に、同一企業内であれば製造部門は自由に知的財産権を取得し利用できるものと考える。
39) したがって、知的財産権の残余請求権はその所有者がもつ。

つことが社会的に望ましいだろうか。この組織全体の利益を最大にする $e^*(V)$ と $E^*(V)$ は、

$$p(e, E)V - e - E$$

を最大化する条件より、

$$\frac{\partial p(e^*(V), E)}{\partial e} = \frac{\partial p(e, E^*(V))}{\partial E} = 1$$

となる。ただし、契約の不完備性から、研究開発の成功確率 p に対応した努力水準を契約であらかじめ結ぶことはできない。したがって、もし R が M の傘下にある完全子会社であり、技術の所有権が M に帰属する場合は、R は何の報酬も得られないので努力水準は $e = 0$ となる。一方、両者が独立した企業の場合、技術の所有権は R に帰属するので、事後的に R と M はライセンスのロイヤリティを巡って交渉を行うことになる。ここでは、単純に交渉によって利益は2分割（$V/2$）されるものとしよう。さらに、R は資金制約に直面しており、製造部門 M からの資金提供がない限り研究開発を行うことができないものとする。また、M からの資金提供に株式等の持分は含まないものと仮定する。

　これで最適な所有権の配分を検討する準備が整った。もし技術の所有権が M にある場合、R と M の得る利益をそれぞれ π_R、π_M と書けば、

$$\begin{cases} \pi_R = 0 \\ \pi_M = p(0, E^*(V)) - E^*(V) \end{cases}$$

となる。また、技術の所有権が R にある場合は、

$$\begin{cases} \hat{\pi}_R = p\left(e^*\left(\frac{V}{2}\right), E^*\left(\frac{V}{2}\right)\right)\frac{V}{2} - e^*\left(\frac{V}{2}\right) \\ \hat{\pi}_M = p\left(e^*\left(\frac{V}{2}\right), E^*\left(\frac{V}{2}\right)\right)\frac{V}{2} - E^*\left(\frac{V}{2}\right) \end{cases}$$

となることがわかる。明らかに $\hat{\pi}_R > \pi_R$ であるから、R は所有権をもつことを望むはずである[40]。したがって、もし $\hat{\pi}_M > \pi_M$ であれば、契約交渉で所有権

40）ただし、内点解以外の均衡は存在しないものと仮定している。

が R に配分されることに両者は合意できる。しかし、もし $\tilde{\pi}_M < \pi_M$ であれば、事前の両者の交渉力によって技術の所有権の帰属先が決まる。

　ここで、社会的に望ましい事前の交渉力の配分がどのようになるかを考えてみよう。R に所有権を配分することが社会的にみて効率的となるのは、

$$\tilde{\pi}_R + \tilde{\pi}_M \geq \pi_R + \pi_M \tag{7-1}$$

が成り立つときである。もし R の方が事前の交渉力が強ければ、(7-1)式が満たされる場合は自らに所有権を配分するはずである。また、もし M が所有権をもつことが社会的に望ましいのであれば、すなわち（7-1）式の不等号が逆向きであれば、R は所有権を M に譲り、その対価としてロイヤリティを得ることを望むはずである。

　一方、もし M の方が事前の交渉力が強ければ、M は常に自ら所有権をもつことを選択しようとするはずである。なぜならば、R は資金制約下にあるので、その対価を M が R から得ることはできないからである。このとき、(7-1) 式が成り立つにもかかわらず、$\pi_M > \tilde{\pi}_M$ が成り立つ場合には M が所有権を得ることとなり社会的に非効率的な所有権の配分が均衡として実現することになる。以上の検討をまとめると、所有権の配分は以下のとおりとなる。

（１）もし研究開発部門 R の努力水準 e の限界効率が製造部門 M の努力（資金 E）の限界効率を上回るならば、技術の所有権は研究開発部門 R に配分されることとなる。

（２）研究開発部門 R の事前の交渉力が強ければ、所有権の配分は常に効率的となる。また、製造部門 M の事前の交渉力が強ければ、所有権は製造部門がもつ。このとき、もし研究開発部門に資金制約が存在すると、製造部門 M が所有権をもつことは社会的に非効率となる。

　不完備契約のもとでは、自発的交渉のもとで所有権の配分が効率的となることを常に保証はできない。特に研究開発部門に資金制約が存在する場合、相対的な努力の限界効率の影響を比較しつつ、事前交渉力の最適な配分を実現する制度設計が求められる。以上の分析は多くの仮定に依拠するものであり、直ちに一般化できるわけではない。しかし、契約理論の枠組みは研究開発組織の構造を分析するうえできわめて有益であることを強く示唆している。

3-4　日本企業のコーポレート・ガバナンスの変遷

　ここで、日本のコーポレート・ガバナンスの変遷をごく簡単に振り返っておこう[41]。1980年代の日本企業は、主力銀行との安定的な融資関係（メインバンク・システム）をベースとした株式持ち合いによる安定株主の存在によって長期的視野に立った投資が可能となると言われていた。しかし、1990年代以降、金融自由化に伴う直接金融の拡大とともに、上場企業を中心に主力銀行への融資系列の依存度は低下し、メインバンクによるガバナンス機能も低下した[42]。また、2000年代以降は株式持ち合い比率も徐々に低下してきた。このような日本のコーポレート・ガバナンスの変遷が、研究開発投資にどのような影響を与えてきたかは必ずしも明らかにされていない。

　2000年代に入ると、株式持ち合いや情報開示に関して、西武鉄道事件、日興コーディアル証券事件、ライブドア事件など、世間を騒がせる事件が立て続けに起きた[43]。これらの事件は、日本でコーポレート・ガバナンスの強化について真剣に検討されるきっかけとなった。その意味で、2005年以降の会社法等改正は日本のコーポレート・ガバナンスの法制の画期をなすといえよう。

　しかし、これらの事件当時の日本政府は、コーポレート・ガバナンスの強化よりも、米国のアクティビスト・ファンドによる日本企業の買収への警戒感の方が強かったように思われる。そのため、2000年代に入ってもすぐにコーポレート・ガバナンスの本格的改革が実現するには至らなかった。特に、短期志向の投資家による転売利益を目的とした企業買収への警戒感が根強く存在したこともあり、**ライツプラン**（rights plan）などの敵対的買収への防衛策の導入が先行することとなった。ライツプランとは、敵対的買収者が被買収企業の議決権を一定割合を越えて取得した場合に、時価より安い価格で新株を購入できる権利（新株予約権）を既存の株主にあらかじめ配分することである。別名、毒薬を意味する**ポイズンピル**と呼ばれることもある。このような動きに応えるよ

---

41) 日本のコーポレート・ガバナンスの包括的な研究書として宮島編著（2011, 2017）を参照。

42) 星・カシャップ（2006）を参照。

43) 例えば、ライブドア事件では、株式交換による売買益にかかる有価証券報告書への虚偽記載が問題とされた。

第7章　組織能力、コーポレート・ガバナンスと研究開発　**159**

うに、経済産業省と法務省は「企業価値・株主共同の利益の確保又は向上のための買収防衛策に関する指針」を2005年5月に策定している。

しかし、その後、外国人投資家の存在感の高まりや国際的な合併・買収（M&A）の増加を背景として、日本企業による買収防衛策や株式持ち合いへの批判が国際的に広がることとなり、東京証券取引所と金融庁は、2014年8月、**コーポレート・ガバナンス・コード**と呼ばれる企業統治指針を公表し、2015年6月1日から上場企業への適用を開始した。この原則では、コーポレート・ガバナンスを「会社が、株主をはじめ顧客・従業員・地域社会等の立場を踏まえた上で、透明・公正かつ迅速・果断な意思決定を行うための仕組み」と定義している。広義のステークホルダーの利益に言及している点に特徴があるといえよう。また、具体的内容として、①株主の権利・平等性の確保、②株主以外のステークホルダーとの適切な協働、③適切な情報開示と透明性の確保、④取締役会議の責務、⑤株主との対話、という5つの基本原則を構成して各基本原則と補充原則を合わせると全部で73もの原則が列挙されている[44]。

これに先立つ2014年2月には、企業の株式を保有する機関投資家向けに定められた**スチュワードシップ・コード**が金融庁から公表された。これは責任ある機関投資家の諸原則を定めたものである。すなわち、資産運用の委託者の利益を実現すると同時に、投資先企業の長期的な成長を経済全体の発展へとつなげるために、機関投資家は積極的に役割を果たすべきという考え方に基づいている。そのためには、企業と投資家による高質の対話（エンゲージメント）が必要と指摘している。

【*BOX7.1*】 企業と投資家の望ましい関係とは？ 伊藤レポート

2014年8月に経済産業省から公表された伊藤レポートは以下のように述べる※。

「欧米諸国に比べ、日本の経営者は、短期的な資本市場の変動に惑わされず長期的視野で経営を行っているとの主張がしばしばなされてきた。その証左とし

---

44) コーポレート・ガバナンス・コードは2018年6月、スチュワードシップ・コードは2017年5月にそれぞれ改訂されている。コーポレート・ガバナンス・コードのわかりやすい解説として武井編著（2018）を参照。

160 第Ⅲ部 イノベーションと組織

て、継続的な R&D や設備投資の大きさ、長期的な雇用慣行や人材育成等が挙げられる。しかし、資本効率という経営規律や長期的な企業価値向上という指針がなく、経営者が比較的短期サイクルで交替する企業において、持続的な成長につながる長期的視点に立った革新的な経営判断が行われてきたといえるかは検証の必要があろう。持続的な低収益性は、実は欧米企業とは異なる日本型の短期主義経営によってもたらされているとの仮説も成り立つ。

経営が短期化すれば、長期的なイノベーションに向けた投資は行われにくくなる。今後、長期的視点に立って日本企業が競争力の源泉ともいえるイノベーションを生み出すためには、そうした投資を支える長期的な資金が日本の市場に流入する必要がある」

伊藤レポートは、中長期の視野をもつ研究開発、および資本効率の向上を通じた企業価値の向上の重要性を的確に指摘している。この趣旨に立ったコーポレート・ガバナンスの行動規範を採用する動きは、国際会計基準に準拠した情報開示を行う企業の増加とも相俟って、長期的な資金をグローバルに調達することを容易にして、日本企業の資本効率を高めることに貢献するものと期待される。

※正式には「持続的成長への競争力とインセンティブ──企業と投資家の望ましい関係構築──」プロジェクト最終報告書（経済産業省2014年8月）である。

3-5 コーポレート・ガバナンスと研究開発：実証研究の紹介

企業の組織構造とイノベーションの関係については、生産性と研究開発の関係に関する実証研究と比べると質・量とも十分とはいえない。しかし、いくつか興味深い理論研究や実証研究が行われている。例えば、研究開発における統合型組織と分散型組織のインセンティブ構造の比較や、合併・買収が研究開発や生産性に与える影響、委託研究開発や特許プール等のライセンス契約に関する研究などである[45]。

Holmstrom and Kaplan（2003）は、コングロマリット型企業における資本効率の悪化に伴って、米国では、1980年代に**敵対的買収**や **LBO**（leveraged buy-out）によって強引にコーポレート・ガバナンスを修正する動きが始まり、

---

45) Azoulay and Lerner（2013）の文献サーベイを参照のこと。

第7章 組織能力、コーポレート・ガバナンスと研究開発　**161**

1990年代までには株主価値にウエイトを置くコーポレート・ガバナンスが定着したと述べて、株主価値を重視したガバナンスが企業価値を顕著に高めたと結論づけている。また、Bresnahan et al.（2002）は、情報技術およびそれと補完的となる職場の組織再編成や新製品や新サービスの導入が結合した結果、スキルバイアス、すなわち熟練労働の需要が顕著に高まる方向で技術変化が起きたと述べている。

Carlin and Mayer（2003）は、欧米企業のコーポレート・ガバナンスと企業パフォーマンスについて興味深い国際比較を行っている。彼らは、銀行・証券部門の規模、企業の所有構造、会計基準の違いといった国別の要因、および、従業員の熟練度や外部資金の利用度といった産業特性が、産業成長率や付加価値のシェア、研究開発投資にいかなる影響を与えたかを分析した。そして、直接金融が活発でスキル集約的な産業の成長率は、株主価値を重視するコーポレート・ガバナンスの普及と正の相関があること、また、研究開発投資はこれらシステムの普及と密接な相関があると指摘している。

Azoulay（2004）は、米国製薬産業の臨床試験において、データ集約的な臨床研究は外部連携を活用し、知識集約的な臨床研究は内部の研究チームをより多く活用していたと述べている。また、Bloom and Van Reenen（2010）は、企業や国ごとに生産性の格差が持続する理由として、経営管理が大きく異なっている点を挙げている。例えば、経営成果のモニタリング、経営管理の目標の設定、成果型給付のあり方などが大きく異なっており、それが生産性格差の持続をよく説明するという。

Davis et al.（2014）は、1980年から2005年までのプライベート・エクイティによる LBO のターゲットとなった3200企業とその企業に帰属する15万の事業所データを用いて買収前後の企業パフォーマンスを調べた。買収後５年間で評価すると既存の事業所の雇用は６％減少したが、買収後に新しく増加した事業所の雇用増によってその効果はほぼ相殺されていた。また、被買収企業の全要素生産性も向上しており、敵対的買収による非効率的企業から効率的企業への雇用調整がすすんだことを示唆している。

これらはいずれも興味深い研究であるが、国や産業ごとの違いについては未だ定型化された実証的事実が十分に見出されているとは言い難い。例えば、安定株主が研究開発にプラスの影響を与えるという見方がある一方で、物言わぬ

安定株主の存在によって経営規律が緩み、研究開発が抑制されるリスクもある[46]。あるいは、外部取締役の導入が経営者の長期的視野に繋がる研究開発投資を促すことに繋がるのか、あるいはそもそも企業に特異な研究開発プロジェクトを外部取締役が的確に評価できるのかといった点も今後の研究課題である。

●キーワード●

経営資源、組織能力、ルーチン、経路依存性、コア・コンピテンス、動的能力、連鎖モデル、線形モデル、ショート・ターミズム、ビジネス・アーキテクチャー、試行錯誤を通じた学習、組織の境界、NIH症候群、オープン・イノベーション、情報の共有化、意思決定の迅速化、全社的品質管理、コンピュータ統合生産、全社的業務管理、サプライ・チェーン・マネジメント、クラウド・コンピューティング、コーポレート・ガバナンス、企業統治、所有と経営の分離、エージェンシー問題、モラル・ハザード、善管注意義務、企業の社会的責任、ESG投資、責任投資原則、契約のネクサス論、ストック・オプション、従業員持株制度、外部統制、機関投資家、内部統制、不完備契約、ライツプラン、ポイズンピル、コーポレート・ガバナンス・コード、スチュワードシップ・コード、敵対的買収、LBO

▶理解を深めるためのヒント

7-1　藤本（2003）を読み、トヨタ自動車の組織能力とは何であるか、有形資産、無形資産の両面から具体的に考えてみよう。

7-2　高度な技能をもった研究開発に従事する従業員と経営者との望ましい契約関係について考えてみよう。例えば、報酬や異動・昇進、知的財産権の帰属ルールについてどうなっているだろうか。また、日本国内に外資系の研究機関はどれぐらいあるだろうか。

7-3　図7-3のモデルで、もしMがRの株式を保有すると、両者の関係にど

---

46) Bond et al.（2005）を参照。

のような変化が生じるかを考えてみよう。また、Rの資金調達先が複数存在するときはどうなるだろうか。

7-4　コーポレート・ガバナンス・コードは各国で公表されている。その違いについて調べてみよう。例えば、英国財務報告評議会が2017年12月に公表した英国コーポレート・ガバナンス・コードの改定案を読み、そこで強調されている「企業文化」とコーポレート・ガバナンスの関係について考えてみよう。

参考文献

大森正嘉・後藤陽子（2017）『（改訂版）従業員持株会導入の手引』、三菱 UFJ リサーチ＆コンサルティング。

岡田羊祐・林秀弥編著（2014）『クラウド産業論：流動化するプラットフォーム・ビジネスにおける競争と規制』、勁草書房。

武井一浩編著（2018）『コーポレートガバナンス・コードの実践（改訂版)』、日経 BP 社。

花崎正晴（2014）『コーポレート・ガバナンス』、岩波書店。

深尾京司・宮川努編（2008）『生産性と日本の経済成長：JIP データベースによる産業・企業レベルの実証分析』、東京大学出版会。

藤本隆宏（2003）『能力構築競争：日本の自動車産業はなぜ強いのか』、中央公論新社。

星岳雄、アニル・カシャップ（2006）『日本金融システム進化論』鯉渕賢訳、日本経済新聞社。

宮島英昭編著（2011）『日本の企業統治：その再設計と競争力の回復に向けて』、東洋経済新報社。

宮島英昭編著（2017）『企業統治と成長戦略』、東洋経済新報社。

Aoki, M.（1984）*The Co-operative Game Theory of the Firm*, Oxford University Press.（『現代の企業：ゲームの理論から見た法と経済』、岩波書店、2001年）

Aoki, M.（1988）*Information, Incentives, and Bargaining in the Japanese Economy*：*A Microtheory of the Japanese Economy*, Cambridge University Press.（永易浩一訳『日本経済の制度分析：情報・インセンティブ・交渉ゲーム』筑摩書房、1992年）

Aoki, M.（1989）"The Nature of the Japanese Firm as a Nexus of Employment and Financial Contracts: An Overview," *Journal of the Japanese and International Economies* 3：345-366.

Aghion, P. and J. Tirole（1994）"The Management of Innovation," *Quarterly Journal of Economics* 109：1185-1209

Azoulay, P.（2004）"Capturing Knowledge within and across Firm Boundaries: Evidence from Clinical Development," *American Economic Review* 94：

1591-1612.

Azoulay, P. and J. Lerner（2013）"Technological Innovation and Organizations," in R. Gibbons and J. Roberts eds., *The Handbook of Organizational Economics*, Princeton University Press, Chapter 14, 575-603.

Baldwin, C. and K. Clark（2000）*Design Rules, vol. 1: The Power of Modularity*, MIT Press.

Baron, D.（2007）"Corporate Social Responsibility and Social Entrepreneurship," *Journal of Economics & Management Strategy* 16: 683-717.

Bloom, N. and J. Van Reenen（2010）"Why Do Management Practices Differ across Firms and Countries?" *Journal of Economic Perspectives* 24：203-224.

Bond, S., D. Harhoff, and J. Van Reenen（2005）"Investment, R&D and Financial Constraints in Britain and Germany," *Annales d'Économie et de Statistique* 79-80：433-460.

Bresnahan, T. F., E. Brynjolfsson, and L. M. Hitt（2002）"Information Technology, Workplace Organization, and the Demand for Skilled Labor: Firm-Level Evidence," *Quarterly Journal of Economics* 117：339-376.

Carlin, W. and C. Mayer（2003）"Finance, Investment, and Growth," *Journal of Financial Economics* 69：191-226.

Chandler, A.（1990）*Scale and Scope: The Dynamics of Industrial Capitalism*, Harvard University Press.（安部悦生・川辺信雄・工藤章・西牟田祐二・日高千景・山口一臣訳『スケール・アンド・スコープ：経営力発展の国際比較』有斐閣、1993年）

Chesbrough, H.（2006）*Open Business Models: How to Thrive in the New Innovation Landscape*, Harvard University Press.（栗原潔訳『オープンビジネスモデル：知財競争時代のイノベーション』、翔泳社、2007年）

Clark, K. and T. Fujimoto（1990）"The Power of Product Integrity," *Harvard Business Review* 68：107-118.

Clark, K. and T. Fujimoto（1991）*Product Development Performance: Strategy, Organization, and Management in the World Auto Industry*, Harvard Business School Press.

Davis, S. J., J. Haltiwanger, K. Handley, R. Jarmin, J. Lerner, and J. Miranda（2014）"Private Equity, Jobs, and Productivity," *American Economic Review* 104：3956-3990.

Dosi, G., R. R. Nelson and S. G. Winter eds.（2000）*The Nature and Dynamics of Organizational Capabilities*, Oxford University Press.

Friedman, M.（1970 ）"The Social Responsibility of Business is to Increase its Profits," *The New York Times Magazine*, September 13.

Fukao, K., K. Ikeuchi, Y. Kim, H. Kwon, T. Makino, and M. Takizawa（2016）"The Structural Causes of Japan's Lost Decades," in D. W. Jorgenson, K. Fukao and

M. P. Timmer eds., *The World Economy, Growth or Stagnation?* Cambridge University Press, 70-110.

Grossman, S. and O. Hart（1986）"The Costs and Benefits of Ownership: A Theory of Vertical and Lateral Integration," *Journal of Political Economy* 94：691-719.

Hall, B. H. and J. Lerner（2010）"The Financing of R&D and Innovation," in B. H. Hall and N. Rosenberg eds., *Handbook of the Economics of Innovation*, vol.1, Elsevier, 609-639.

Hart, O. and J. Moore（1988）"Incomplete Contracts and Renegotiation," *Econometrica* 56：755-785.

Hart, O and L. Zingales（2017）"Companies Should Maximize Shareholder Welfare Not Market Value,"*Journal of Law, Finance, and Accounting* 2: 247-274.

Holmstrom, B. and S. N. Kaplan（2003）"The State of U.S. Corporate Governance: What's Right and What's Wrong?" *Journal of Applied Corporate Finance* 15：8-20.

Jorgenson, D. W. and K. Motohashi（2005）"Information Technology and The Japanese Economy,"*Journal of the Japanese and International Economies* 19：460-481.

Jorgenson, D. W. and K. Nomura（2007）"The Industry Origins of the U.S.-Japan Productivity Gap," *Economic Systems Research* 19：315-341.

Katz, R. and T. J. Allen（1982）"Investigating the Not Invented Here（NIH）Syndrome: A Look at the Performance, Tenure, and Communication Patterns of 50 R&D Project Groups," *R&D Management* 12：7-19.

Kline, S. J. and N. Rosenberg（1986）"An Overview of Innovation," in R. Landau and N. Rosenberg eds., *The Positive Sum Strategy: Harnessing Technology for Economic Growth*, National Academy Press, 275-305.

Lichtenthaler, U. and H. Ernst（2006）"Attitude to Externally Organising Knowledge Management Tasks: A Review, Reconsideration and Extension of the NIH Syndrome," *R&D Management* 36：367-386.

Nelson, R. R. and S. Winter（1982）*An Evolutionary Theory of Economic Change*, Harvard University Press.（後藤晃・角南篤・田中辰雄訳『経済変動の進化理論』、慶応義塾大学出版会、2007年）

Penrose, E. T.（1959）*The Theory of the Growth of the Firm*, Basil Blackwell.（末松玄六訳『会社成長の理論』、ダイヤモンド社、1980年）

Porter, M.（1992）"Capital Disadvantage: America's Failing Capital Investment System," *Harvard Business Review* 70：65-82.

Prahalad, C. K. and G. Hamel（1990）"The Core Competence of the Corporation," *Harvard Business Review* 68：79-91.

Shleifer, A. and R. Vishny（1997）"A Survey of Corporate Governance," *Journal of Finance* 52：737-783.

Teece, D. J.（2007）"Explicating Dynamic Capabilities: The Nature and Micro-foundations of（sustainable）Enterprise Performance," *Strategic Management Journal* 28：1319-1350.

Tirole, J.（1999）"Incomplete Contracts: Where Do We Stand?" *Econometrica* 67：741-781.

Tirole, J.（2001）"Corporate Governance," *Econometrica* 69：1-35.

Tirole, J.（2006）*The Theory of Corporate Finance*, Princeton University Press.

Ulrich, K.（1995）"The Role of Product Architecture in the Manufacturing Firm," *Research Policy* 24：419-440.

第8章

技術の複合的連関とシステム市場

1 | デジタル経済の生態系：プラットフォームとシステム市場

インターネットを軸とするデジタル経済の発展により、急速な技術の変化に応じて、市場がダイナミックに連関していく複雑な生態系（エコ・システム）が出現している。この生態系では、補完的技術を組み合わせた巨大な**プラットフォーム**が登場し、インターネット上でデータを集積しながら、企業や市場の境界を越えたビジネス・モデルを展開している。

ここでプラットフォームとは、本来はソフトウェアが動作する基盤を意味するが、近年では、売手と買手を媒介するビジネス基盤という意味で用いられることが多い。本章でも、互換可能なコンポーネントや補完的コンポーネントを、複合的に多数の売手・買手が共有することによって成立するビジネス・プラットフォームという意味で用いる[1]。

デジタル経済におけるプラットフォームをハブとして連結されるサプライヤーやユーザーは、新しい製品やサービスを市場に提供し利用しようとする場合、補完的技術や製品・サービスを組み合わせることが必須となる。本章では、補完的な技術、および補完的な財・サービスが組織的に連結された市場を**システム市場**（systems market）と呼ぶ[2]。技術や市場の**補完性**は、システム

1）Hagiu（2012）を参照。

169

市場を考えるためのキーワードといってもよい。

　デジタル経済では、グーグルやフェイスブック、アップル、アマゾンなどの支配的プラットフォームが、データの集積と利用を通じて、顕著な独占力を行使できる地位を確立しつつあるように見える。その一方で、急速に進行するイノベーションのもとでは、これらのプラットフォームの市場支配力は脆弱で過渡的であるようにも見える。本章では、デジタル経済に見られる技術特性や産業特性を説明するとともに、システム市場における競争が生じさせるさまざまな政策的課題にも言及することとしたい[3]。

2 ┃ システム市場の技術特性

　はじめに、デジタル経済の根幹をなすシステム市場の技術特性を簡潔にまとめておこう。その特徴は、①要素技術の急速な進歩、②分割された技術リーダーシップ、③プラットフォームへのデータの集中、の3点にまとめることができる。

2-1　要素技術の急速な進歩

　インターネットが初めて商業的に利用されたのは1991年である。これ以後、ごく最近に至るまで、インターネットビジネスを主導する企業が次々と創業している[4]。ごく短期間に、かつ猛烈なスピードで、ビジネスから身近な生活にまでインターネットが広く深く浸透しつつあることには驚きを禁じ得ない。こうしたインターネットの発展を支えたのは、さまざまな要素技術の向上である。

　例えば、「18カ月ごとに半導体の集積度が2倍になる」という**ムーアの法則**は、集積度の向上に限界が見えつつあると言われているものの、現在に至るまでほぼ成立している[5]。また、有線・無線の通信速度が劇的に向上し、一部の

---

2) Katz and Shapiro（1994）、Besen and Farrell（1994）を参照。
3) 以下の議論の多くは岡田（2018）に依拠している。
4) アマゾンがサービスを開始したのは1995年、グーグルによる検索エンジンが登場したのは1998年である。フェイスブックは2004年、ツイッターは2006年に創業された。アップルによるiPhoneの販売開始は2007年である。

170　第Ⅲ部　イノベーションと組織

過疎地域を除けば、ブロードバンド・サービスを手軽に安価に利用できるようになった。ソフトウェアの進歩も著しく、例えば、仮想化技術の発展によって、かつては独占力の源泉とみなされたオペレーション・システム（OS）に依存しないシステム構築が可能となりつつある。さらに2010年頃からは、機械学習を発展させた深層学習（ディープ・ラーニング）を利用することによって、人工知能（AI）が高度なパターン認識、画像認識能力を獲得するに至っている。これら要素技術の発展は、システムLSIやGPUなどの半導体の高機能化によっても支えられている。

こうした急速な技術進歩によって、インターネット上に分散化したデータ・センターにデータを保存し、アクセス（ダウンロード）や保存（アップロード）を高速に行うことによって、多様なサービスやコンテンツをインターネット上で快適に利用する環境が整えられたのである。

2-2　分割された技術リーダーシップ

しかし、ここで注意すべきは、次々に登場するこれら要素技術におけるリーダーシップが、必ずしも市場のリーダーシップには結びついていないことである。優れた要素技術を数多くもつ日本企業が、インターネットの世界で主導的な地位を獲得できずにいることからもこのことは明らかであろう。このような状況を、ティム・ブレスナハンとシェーン・グリーンシュタインは**分割された技術リーダーシップ**（divided technical leadership）と呼んだ[6]。これは、多くの補完的なキー・コンポーネントが多数の企業によって開発され、かつ分散して所有されている状況を指す[7]。例えば、技術レベルでは標準化を巡って激しく競合する企業同士がプラットフォーム上のサービスでは補完関係にある状況、あるいは逆に、同一の技術標準のもとで互いに代替的なサービスを提供する状況のいずれもが生じ得るのである。

5）インテル創業者の一人であるゴードン・ムーアが1965年に唱えた経験則である。

6）Bresnahan and Greenstein（1999）を参照。

7）分散化した補完技術を相互にライセンス供与する場合の競争政策上の論点については、第9章および岡田（2017）を参照。

2-3　プラットフォームへのデータの集中

　分割された補完的コンポーネントを連結する基盤となるのがプラットフォームである。デジタル経済では、後述する理由によって、**プラットフォームへのデータ集中**が起こりやすくなる[8]。このデータ集中を梃子として、複合的な補完的技術が連結された独占的なプラットフォームが生まれやすくなるのである。

　特に注目すべきは、当初は既存事業者と異なるセグメントの市場の顧客を対象としていた新規参入者が、試行錯誤を許容する実験的な市場環境を与えられることによって、既存のプラットフォームへの破壊的挑戦者に変貌するかもしれない点である。こうした補完的なキー・コンポーネントを経由したプラットフォームへの参入を**間接的参入**と呼ぶことがある[9]。デジタル経済では、補完的コンポーネントを擁する事業者の間接的参入の容易さと、データ集中によるプラットフォームの参入の困難さが同居しつつ、ダイナミックに市場構造が変化してきたといえよう[10]。

$\boxed{3}$ 技術の複合的連関と市場構造の変化

3-1　モジュール化

　デジタル経済では、補完的技術を組み合わせた財・サービスが次々に登場する。ダイナミックな競争を勝ち抜くカギは、技術の複合的連関を巧みにシステム化して、新しく魅力的なサービスをいち早く市場に提供することにある[11]。しかし、デジタル経済では、補完的技術を組み合わせる方法がきわめて複雑になっている点に特徴がある。そのため、ユーザーに価値あるサービスを迅速に

8）第4節のネットワーク効果と内生的サンクコスト、および第5-1項の両面市場を参照。

9）Bresnahan and Greenstein（1999）、岡田（1997）を参照。

10）破壊的参入によるダイナミックな市場構造の変化を興味深く描いたものとして、Christensen（1997）、Bresnahan and Greenstein（1999）、Gans（2016）を参照。

11）プラットフォームが完成したデザインを獲得するまでの時間、またユーザーがそのメリットを理解するまでに要する時間（time to build）がカギとなるといってもよい。

提供するには、個々の技術から構成されるシステムのインタフェースを標準化することによって補完的な技術を柔軟に連結する必要がある。これを**モジュール化**と呼ぶ[12]。

すべての人工物の構造を決定するのは人間の認知能力の限界である。これをハーバート・サイモンは**限定合理性**と呼んだ[13]。人間は、外界を認識し組織を構築するにあたって、全体を認識可能な単位に分割して階層構造化しようとする。機械による情報処理能力は飛躍的に増大して人間の認知能力の限界を遥かに超えているが、デジタル化されたネットワークは、さまざまな階層ごとに情報処理能力を集中化することによって、エンドユーザーの認知能力の限界を超えた情報処理能力を最大限に活用する仕組みといえよう。例えば、コンテンツ、プラットフォーム、データ・センター、ネットワーク、端末機器などの層（レイヤ）を、それぞれ異なる事業者が担いながら、互いのインタフェースをオープンに連結させているのである。また、モジュール化のもとで、モジュールを連結するインタフェースが社会的に公開され、広く共有されたものを**オープン・アーキテクチャー**と呼ぶ。

3-2 水平分離型 vs. 垂直囲い込み型

ここで、モジュール化された個別の構成要素のもつ機能に応じて、プラットフォームが分離されたビジネス・モデルを**水平分離型**と呼ぶことにしよう。水平分離型とは、商品のサプライチェーンにおいて自社が関わる分野を絞る一方で、自社が特にコミットする機能・分野で、より多くの市場・地域で高いシェアを取ろうとするビジネス・モデルのことである。このビジネス・モデルを、垂直統合との対比から**水平統合型**と呼ぶこともある[14]。

図8-1は、システム市場におけるビジネス・モデルを描いたものである。まず、**垂直囲い込み型**では、機能1から機能5までをすべて垂直統合したビジネス・モデルを志向する。例えば、かつて電話会社（旧電電公社）が提供していた電話サービスは、端末・伝送・交換をすべて包括したエンド・ツー・エンド

---

12) モジュール化が市場と組織にもたらした意義を検討した初期の文献として、國領（1999）、Baldwin and Clark（2000）、青木・安藤（2002）を参照。

13) Simon（1987）を参照。

14) 國領（1999）を参照。

第8章 技術の複合的連関とシステム市場 **173**

図8-1 システム市場の構造：垂直囲い込み型と水平分離型

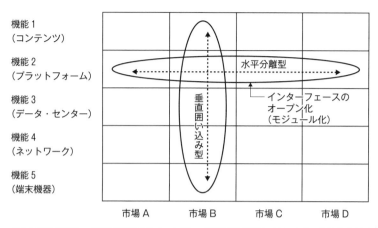

出所：國領（1999）p.100を基に筆者作成。ただし、機能の例は筆者による。なお、國領は「水平分離型」ではなく「水平展開型」と呼んでいる。

のサービスだった。一方、マイクロソフトのウインドウズやグーグルのアンドロイドは、プラットフォームに特化したサービスであり、この機能を起点として水平的に事業を展開する。図8-1では、プラットフォームをハブとして複数の異なる市場を射程とするビジネス・モデルを水平分離型としている。

3-3　クラウド化の進行：分散から集中へ、所有から利用へ

　コンピュータや通信の分野では、大型機から小型機への移行、ハードウェア主体からソフトウェア主体への移行、集中処理から分散処理への移行などの動きを通じて、おおむね垂直囲い込み型から水平分離型へとビジネス・モデルが変化してきた。この背景にモジュール化があることも指摘した通りである。しかし、インターネットの発展をもう少し詳細に振り返ると、ビジネス・モデルが垂直囲い込み型から水平分離型へ（すなわち、集中から分散へ）移行する時期と、クラウド技術を活用することによって、再び水平分離型から垂直囲い込み型へ（分散から集中へ）向かう時期に二分することができる[15]。

　「集中から分散へ」と向かう2000年代初め頃には、階層化・集中化したネッ

---

15) 岡田・林編著（2014）、岡田（2018）を参照。

トワークは徐々に陳腐化し、代わってインターネットによる分散化したネットワークの優位性が高まった。電子交換機に代わってルーターがネットワークを連結する主役となり、ネットワークの縁（エッジ）に置かれたコンピュータに搭載されたソフトウェアがシステムの中心となった。ウインドウズのようなパッケージ・ソフトウェアに代表されるモノの流通やそれを支えるヒトによるサービスの提供が付加価値の源泉となったのである。

しかし、2000年代中頃に入ると、ネットワークのエッジに大量に導入されたパソコン等の維持管理コストが急増したため、ソフトウェアやデータベースをネットワークの上位サーバに移して集中管理するようになった。この背景には半導体や通信技術の急速な発展がある。さらに、ネットワークの広域化・分散化に伴って、自ら所有するシステムの維持・管理コストも急増していく。すなわち、自己設備を「所有」するよりも、外部設備を「利用」するオープンなシステムの優位性が高まったのである。

こうした**分散から集中へ**、および**所有から利用へ**という 2 つの双対化した動きを合わせて**クラウド化**と呼ぶことができる。クラウド・ビジネスの先頭を走るアマゾンがクラウド・サービス（AWS）の提供を開始したのは2006年 7 月であるが、今では、パッケージ・ソフトウェアの巨人といえるオラクルやマイクロソフトまでもがクラウド化へ大きく舵を切っている。

クラウド化の背景には、2000年代以降、情報システムに求められる課題が複雑化したことがある。例えば、セキュリティ対策の高度化、ウェブ管理を重視する傾向、財務・法務リスクの複雑化に伴うソフトウェアの高機能化、端末のマルチデバイス化への対応などである。また、東日本大震災による公的機関のデータ消失も、データベースのクラウド化の意義を再認識させることとなった。

4 ネットワーク効果と内生的サンクコスト

4-1 ネットワーク効果

プラットフォームで展開される市場競争のメカニズムをどのように理解すればよいだろうか。そのカギとなるのは、需要構造上の特徴である**ネットワーク**

効果、および、規模の経済性を生じさせる供給側の要因である**内生的サンクコスト**である。まず、ネットワーク効果のメカニズムから説明しよう。

ネットワーク効果とは、ネットワークに連結される利用者の規模が大きくなるほど、個々のユーザーの受けるメリットが拡大する現象をいう[16]。ネットワーク効果は主に2つの経路によって生じる。第1の経路は**直接的ネットワーク効果**と呼ばれるもので、ネットワークが連結されるシステムの規模が大きくなるほど、個々のユーザーの受けるメリットが拡大する現象をいう。電話やファクシミリのネットワークが典型例として挙げられる。ユーザーの数が増えるほど、新たな加入者にとってのネットワークの価値が増大していくのである。

第2の経路は、**間接的ネットワーク効果**と呼ばれるもので、主に供給サイドに起因して生じる。補完的な要素技術において、一方の品質が向上したり、生産規模が拡大したり、あるいはネットワーク規模が拡大したりすることによって、他の要素技術やネットワークへの需要や品質も向上する現象である。

ネットワーク効果が働く市場では、個々のユーザーがサプライヤーを変更しようとすると、さまざまな登録情報の再設定や新しいプラットフォームに習熟する時間などのコストが生じる。これを**スイッチング・コスト**という。例えば、他のプラットフォームに変更することは、それまで利用していたプラットフォームに連結されたサービスを数多く利用するユーザーほど、変更の際の負担が大きくなるだろう。このスイッチング・コストをサプライヤーの視点から見れば、いったんユーザーの囲い込み、すなわち**ロック・イン**に成功すれば、そのユーザーグループに対して独占的地位を維持することが容易になるともいえる[17]。

したがって、ネットワーク効果が強く働く市場では、ライバルに先んじてユーザーの規模を拡大させることがきわめて重要な競争戦略となる。例えば、新しいサービスの導入当初は極めて低い価格（場合によってはゼロ）に留めて、ボリューム・ディスカウントや優待プログラムを提供する行為が広く観察される。

---

16) Katz and Shapiro（1985, 1994）を参照。

17) Farrell and Klemperer（2007）を参照。

4-2 ネットワーク効果が存在するもとでの需要構造*

ネットワーク効果が存在する場合の需要構造は、通常とはかなり異なる性質をもつ。この性質はデジタル経済を理解するカギともなる。以下、ネットワーク効果が存在する場合の需要構造を理論的に説明しておこう。

今、消費者は、タイプ t で特徴付けられており、$[0, T]$ の範囲で一様分布に従って連続的な実数で定義されるとしよう。ただし上限 T は十分に大きな値をとるものとする。そして、t がゼロに近い消費者ほど、財を購入する場合の**留保価格**（reservation price）が大きくなるとしよう。ここで、ネットワーク効果によって、ネットワークの規模 X が大きくなるほど留保価格は増加するものとする。すなわち、留保価格を $r(t, X)$ と表すと、

$$\frac{\partial r}{\partial t} < 0, \ \frac{\partial r}{\partial X} > 0$$

である。以下、簡単化のために、

$$\frac{\partial^2 r}{\partial t^2} = 0, \ \frac{\partial^2 r}{\partial X^2} < 0, \ \frac{\partial^2 r}{\partial t \partial X} = 0$$

と仮定する。すなわち、留保価格は線形の減少関数であり、またネットワーク規模 X が留保価格 r にもたらす限界効果は低減する。また、留保価格関数は、消費者のタイプ t およびネットワーク規模 X に関して分離可能と仮定しよう。このとき、ネットワークの規模 X を所与とすると、図8-2のように線形で右下がりの留保価格曲線が描かれる。

ここでネットワークの規模 X が拡大すると留保価格曲線も右側にシフトすることに注意しよう。ネットワークの規模が拡大することによって個別消費者の留保価格は上昇するからである。これを**需要側の規模の経済性**（demand side scale economies）と呼ぶこともある。

次に、市場全体の需要曲線がどのような形状となるかを確認しよう。市場価格 p、ネットワークの規模 X のもとで、ネットワークに参加する限界的消費者のタイプを $\tau(p, X)$ と表そう。すると、この消費者の留保価格は $r(\tau(p, X), X)$ となる。このとき、$t \in [0, \tau]$ である消費者はすべてこの財を1単位購入し、$t \in (\tau, T]$ である消費者はこの財を購入しない。消費者はタイプ t がゼロに近い消費者から順に市場に参加するので、ネットワーク規模はちょ

図 8-2 ネットワーク効果と需要曲線

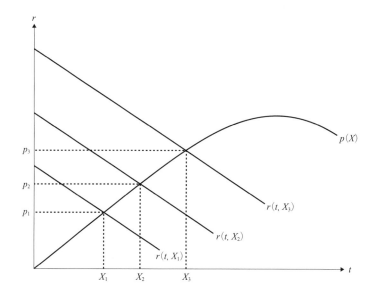

うど τ となる。よって均衡では、$r(\tau(p, X), X) = p$ が成立していなければならない。このような均衡点をすべてのネットワーク規模 X について求めれば、市場全体の需要関数の形状を知ることができる。

このとき、ネットワーク効果が存在する場合の典型的な需要曲線の形状は図8-2の $p(X)$ のように逆U字型となる。その理由は以下のとおりである。まず、ネットワーク規模 X が拡大すると、留保価格 r は増大するが、その増加分は徐々に低減する。一方、限界的消費者の留保価格 τ はネットワーク規模 X が拡大すると線形関数に従って低下する。したがって、ネットワーク規模の拡大につれて後者の減少分が前者の増加分を上回るようになるため、均衡における留保価格は減少に転じることとなる。こうして需要曲線は逆U字型となるのである。図8-2では、均衡におけるネットワークの規模 τ が、X_1、X_2、X_3 の3つのケースについて描かれている。このように、ネットワーク効果が存在するシステム市場では、市場価格が増加するにもかかわらず需要量が増大するという、一見すると需要法則に反するような形状が現れるのである。

4-3　過剰慣性とクリティカル・マス*

　ネットワーク効果の働く需要構造のもとで、複数の消費者が同時にネットワークへの参加を決めるゲームを考えよう。この場合の均衡条件は、事後的に実現するネットワークの規模が、事前的に消費者の予想するネットワークの規模と一致することである。このように、事前に予想する規模が事後に実現する規模と一致する均衡を**合理的期待均衡**あるいは**自己実現均衡**（self-fulfilling equilibrium）と呼ぶ。ここで、合理的期待均衡とはすべての人の価格 p の予想が裏切られない状態を表している。

　このような均衡条件のもとで、もしすべての消費者が、ネットワークの規模がゼロであると予想すると、ネットワークの参加にコストが伴う限り、合理的選択は、ネットワークに参加しない状態に留まり続けることである。したがって、ネットワークの規模はゼロとなり、消費者の予想がそのまま自己実現均衡となる。このとき、すべての人がネットワークに参加することが社会的に望ましいにもかかわらず、社会全体として見ると本来望ましくない現状維持の状態に留まり続けることになる。その意味で、このような均衡では**過剰慣性**（excess inertia）が働いているという[18]。

　実は、このような過剰慣性の状態は起こり得る複数均衡のひとつにすぎない。消費者の期待のあり方に応じて異なる均衡が生じるのであり、どの均衡が実現するかを知るためには消費者の期待形成メカニズムを特定化しなければならないのである。以下では、複数均衡の状況を説明するために、ネットワークの提供するサービスの限界費用は一定として、事業者間でクールノー競争が行われるものとしよう。

　まず、図8-3の逆 U 字型の需要曲線 $p(X_i)$ のもとでは、限界収入曲線 MR_i も同じく逆 U 字型となることを確認されたい。また、需要曲線の頂点までは $MR_i > p$ となり、それより右側では $MR_i < p$ となることも容易に確認できる[19]。このとき、クールノー競争のもとでの自己実現均衡は、過剰慣性の働く A 点、および限界収入と限界費用の一致する B 点と D 点である。このうち

18）過剰慣性の事例として、運指効率の劣った QWERTY という現在の支配的なキーボード配列が、当時のタイプライター機の構造上の特性によって持続した経緯を興味深く論じた David（1985）を参照されたい。

第 8 章　技術の複合的連関とシステム市場　**179**

図 8-3　クールノー競争下の均衡：過剰慣性とクリティカル・マス

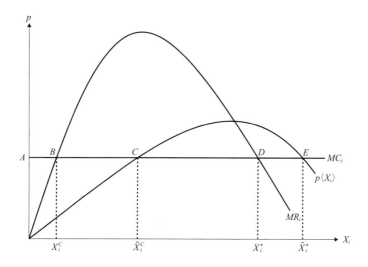

　A 点は、すべての企業が均衡下のネットワーク規模をゼロと予想しているという意味で、過剰慣性が働いた安定的な均衡点である。一方、B 点は、限界収入と限界費用は一致しているものの、均衡の安定条件を満たしていない。なぜならば、B 点の右側では限界収入が限界費用を上回り、また左側では限界費用が限界収入を上回っているので、B 点のネットワーク規模から少しでも離れれば限界利益が増えるからである。同様に考えて、内点解として唯一安定的な均衡は D 点のみであることがわかる。

　ここで、図8-3の B 点に対応するネットワーク規模 X_i^c は、少なくともこれ以上ネットワーク規模が拡大しない限り、過剰慣性の働く A 点から、社会的により望ましい安定均衡である D 点に移行することができないという閾値を表している。このネットワークが成長軌道に乗るための閾値となる水準を**クリティカル・マス**（critical mass）と呼ぶ。

　ここで新規参入が活発化して、寡占的市場構造から競争的市場構造に移行すれば、市場需要曲線 $p(X_i)$ と限界費用曲線 MC_i が交わる点のネットワーク規

---

19) クールノー競争のもとで、限界収入は $MR_i = p(1-s_i/\eta)$ となる。ここで s_i は企業 i の市場シェア、η は需要の価格弾力性である。ネットワーク規模に応じて η の符号がどのように変化するかを確認せよ。

模 $\widetilde{X}_i^c$ がクリティカル・マスの水準となる。このとき安定的均衡は E 点まで拡大することになる。すなわち、競争的な市場構造であるほどクリティカル・マスや均衡下のネットワークサイズは大きくなる。

このようなネットワークの普及プロセスを考慮すると、ネットワークの規模をいかにしてクリティカル・マス以上に拡大させるかが重要な企業戦略の課題であることがわかる。実際、ネットワーク効果が強く働く市場では、顧客を誘引するためのさまざまな戦略がとられている。例えば、価格を極めて低く留めてライバル企業に先んじて顧客基盤を確立する[20]、あるいは、初期の購入者にボリューム・ディスカウントやポイント・システムのような優待プログラムを提供するといった行為が広く観察される。その意味では、過剰慣性によって新しい技術が選択されず古い技術に止まり続ける可能性は、理論的にはともかく、現実のシステム市場ではそれほど懸念すべきことではないのかもしれない。

4-4 内生的サンクコスト

ネットワークの利用者の数が増えると、それに要する固定資本の規模も大きくなるので、サービスを提供する単位コストは低下するかもしれない。しかし、このような規模の経済性を実際に計測するためには、モジュール化されたコンポーネントが柔軟に連結される固定資本の調整コストを考慮しなければならないため、システム市場の供給側の規模の経済性を見極めることは容易でない。

プラットフォーム同士、あるいはそれを利用する事業者同士のダイナミックな競争における規模の経済性の意義を理解するポイントは**内生的サンクコスト**による独占の持続性のメカニズムを理解することである[21]。例えば、研究開発費や広告宣伝費は、事前にはサンクされないが、事後にはすべてサンクされ固定費となる。研究開発や広告宣伝にかかる投資は、追加的支出を増やしていくことによって、プラットフォームの全体あるいはその一部のユーザーの便益を高めることができるという性質をもつ。したがって、もし、プラットフォー

---

20) このような価格を浸透価格 (penetration price) と呼ぶ。
21) Sutton (1991)、Bresnahan and Greenstein (1999) を参照。

第8章 技術の複合的連関とシステム市場 **181**

ムの価値を、内生的サンクコストを拡大することによって持続的に高めることができるならば、競合するプラットフォームの参入は困難であり続けるだろう。ここで、内生的サンクコストの影響をみるためには、研究開発や広告宣伝等による消費者の便益の増加が無限定的（unlimited）であるか否かが重要なポイントとなる。もし研究開発投資を継続することによってユーザーを惹きつけることができるならば、たとえ急速に成長する市場であっても、プラットフォームが独占的地位を維持・強化することは可能となるのである。ただし、プラットフォームの投資規模とネットワーク効果の及ぶ範囲、技術の耐久性（あるいは陳腐化の速度）、需要の不確実性などの要因によって独占の持続性の程度が変わる点に注意すべきである。

5 両面市場とプラットフォームへのデータ集中

5-1 両面市場のメカニズム

ネットワーク効果が存在する市場では、直接的な契約関係にない者同士がプラットフォームを介して連結される市場構造が生じる。このような市場を**両面市場**（two-sided markets）と呼ぶ[22]。別の言い方をすると、両面市場とは、ネットワーク効果という外部効果を、プラットフォームを介したユーザーとの契約を通じて内部化する仕組みとみることもできる。

図8-4のように、インターネット・ユーザーとコンテンツ／アプリケーショ

図 8-4　両面市場の構造

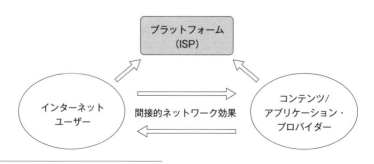

---

22) Rochet and Tirole (2006)、Rysman (2009) を参照。

図8-5 シングル・ホーミングとマルチ・ホーミング

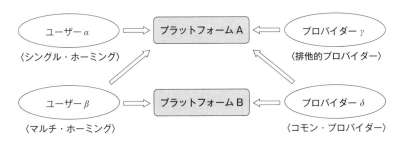

ン・プロバイダーが、プラットフォームであるインターネット・サービス・プロバイダー（ISP）を介して連結された市場が両面市場の一例である。ユーザーの規模が大きくなるほど、その市場に向けたコンテンツやアプリケーションを提供する利益が高まり、またコンテンツやアプリケーションの規模が大きくなるほど、ユーザーにとってプロバイダーの魅力が高まることになる。このように、ユーザーとプロバイダーの間に直接の契約関係がなくても、プラットフォームを介して連結されることによって、ユーザーの効用やプロバイダーの利益の双方にプラスの影響が及ぶのである。

ただし、図8-4のように、ユーザーの利用するプラットフォームが単独となる**シングル・ホーミング**（single-homing）の場合もあれば、図8-5のように、ユーザーが複数のプラットフォームを利用できる**マルチ・ホーミング**（multi-homing）の場合もある。図8-5では、4種類のプレイヤーを図式化している。ユーザー α はシングル・ホーミングのユーザーであるが、ユーザー β はマルチ・ホーミングのユーザーとなっている。また、コンテンツのプロバイダー γ はプラットフォームAに排他的にサービスを提供しているのに対して、プロバイダー δ はプラットフォームAとプラットフォームBに共通のサービスを提供している。もちろん、この他にもさまざまなバリエーションが考えられる。

マルチ・ホーミングとなる場合にはプラットフォームによる制限行為（例えば、抱き合わせなど）がもつ競争への影響はさまざまに異なってくるだろう[23]。したがって、プラットフォームの市場支配力を検討する際には、対象

---

23) Choi（2010）を参照。

とするシステム市場がマルチ・ホーミングかシングル・ホーミングかを区別して論じる必要があるといえよう。

さらに注意すべき点は、ネットワーク効果が存在する両面市場のもとでは、ユーザーに提供されるサービス価格がコストに見合った水準となるとは限らないことである。両面市場ではネットワーク効果の源泉となるユーザー向けのサービス価格がゼロ（あるいはマイナス）となることも珍しくない。この場合の経済厚生を見極めることは容易でない[24]。

最後に、両面市場の特徴をまとめておこう。それは以下の5点にまとめられる。すなわち、①分散化したデータの集積を容易にする、②集積されたデータを構造化してその評価系をユーザーに提供する、③市場参加者の情報交換を促進する、④需要と供給の効率的なマッチングの機会を提供する、⑤市場参加者の信用情報や認証機能を提供する、の5点である[25]。このうち、①～③はデータの集積によってユーザーの便益を向上させるメリットであり、④と⑤は市場取引のマッチング機能を向上させるメリットである。このように、両面市場は市場メカニズムを質的に向上させるポテンシャルが極めて高いといってよい。

5-2　プラットフォームへのデータ集中の評価

このように、プラットフォームへのデータ集中はサービスの質を高める可能性が高い。例えば、検索エンジンの速度・精度の向上、オンラインショッピングにおける推奨機能の高度化、フリー・マーケット等のオークションにおけるマッチングの効率化といったメリットが直ちに思い浮かぶ。ただし、このようなメリットの経済的証拠は必ずしも頑健なものではない[26]。

一方で、データ集中によるサービスの向上は、スイッチング・コストの上昇による競争者排除と密接不可分に進行する点に注意しなければならない。すなわち、プラットフォームに連結されない競争相手を関連市場から排除してユーザーの選択肢を制限する危険がある[27]。

---

24) Armstrong（2006）、Belleflamme and Peitz（2018）を参照。
25) OECD（2010）を参照。
26) Chiou and Tucker（2017）、Schaefer et al.（2018）を参照。
27) Ezrachi and Stucke（2016）を参照。

さらに、データの所有や利用の権利を明確に規定することは難しいため、デー
タの利用契約ではさまざまな制限条項が必要となる点にも注意が必要であ
る。実際、データの利用契約のあり方は多様である。単純な利用許諾もあれ
ば、他のサービスとの抱き合わせなどの制限条項、あるいは、個人データの非
制限的利用を求めるプライバシーポリシーなどもある。こういった契約条項に
よって、プラットフォームがデータ収集を不当な手段で行ったり、競争者同士
の協調行為を促したり、あるいは、競争相手のデータへのアクセス制限を行う
といったことが、競争政策の観点から問題となるかもしれない[28]。

　データ集中に関連して注目されるのは、個人情報の個人管理や**モノのインタ
ーネット**（IoT: Internet of Things）の利活用に関連して、**データ・ポータビ
リティ**を促進しようとする動きである。データ・ポータビリティとは、個人情
報等を自己管理して自由にもち運ぶことができるようにすることである。例え
ば、ブローカーを通じたデータ流通や情報の個人管理の強化は、データの分散
的な管理や利用を促すことに繋がるかもしれない[29]。

　それを可能とする要素技術も次々に登場しつつある。例えば、ビットコイン
などの仮想通貨の基礎技術である**ブロックチェーン**のアイディアが初めて発表
されたのは2008年であり、まだ10年ほどしか経過していない[30]。こうした新
しい分散型のデータ管理や利用方法の技術が、近い将来、プラットフォームの
データ集中による市場支配力を牽制する役割を担うことになるかもしれない。

5-3　プライバシーとサービス品質のトレードオフ

　個人情報保護に関わる**プライバシー**の権利や**セキュリティ**もサービスの質を
規定する重要な要素である。ただし、これらの品質はデータ集中によって高ま
るという必然性はない。むしろ、データ集中によるサービスの品質向上は、プ
ライバシー侵害のリスクとトレードオフの関係にあると見るべきだろう。膨大

28）データ集中が独占禁止法上問題となり得る状況について論点整理したものとして、
　　OECD（2016）、公正取引委員会・競争政策研究センター（2017）を参照。
29）これは、次項で述べるようなプライバシーに関わる論点でもある。
30）ビットコインのアイデアは、おそらく偽名の Satoshi Nakamoto の論文によって2008年
　　に初めて公表された。Satoshi Nakamoto（2008）"Bitcoin: A Peer-to-Peer Electronic Cash
　　System." https://bitcoin.org/bitcoin.pdf（最終閲覧日：2018年9月21日）

なデータを利用したアルゴリズムによる推奨や検索などの機能向上によって消費者は大きな便益を享受できる一方で、データ集中はプラットフォームの市場支配力を強める方向にも働く。プラットフォームへのデータの集中と市場独占が進めば、消費者の選択肢はおのずと狭まることとなり、プライバシーやセキュリティに関わる品質をめぐる競争までもが抑止される危険がある。

欧州では、2015年5月に**EUデジタル単一市場戦略**（A Digital Single Market Strategy for Europe）が公表され、域内の公平・公正な競争条件の確保、著作権法の整備、情報通信の規制改革、21世紀に向けたメディア規制の枠組みの構築、オンライン・プラットフォーム規制、個人データ保護、EU消費者指令改正、データ駆動経済の進展、相互運用性と標準化の推進、インクルーシブなデジタル社会の実現といった多元的なビジョンを提案し、このアジェンダに沿って着実に制度設計を進めている。特に、2018年5月に施行された**一般データ保護規則**（**GDPR**：General Data Protection Regulation）では、①忘れられる権利及び削除権、②第三国へのデータの域外移転、③2000万ユーロ又は全世界売上高の4％のいずれか大きい方を上限とする制裁金といった厳格な規定をもつプライバシー保護法を導入した。

欧州のGDPRは、プライバシーを基本的人権と位置付けたことに大きな意義がある。個人情報の忘れられる権利や自己の情報を自由にもち運ぶデータ・ポータビリティ権を包括的に認めている。こうした情報の個人管理やブローカーを通じたデータ流通は、データの分散的な利用を促し、プラットフォーマーの広義の支配力を制限することにつながるだろう。

日本でも2017年に個人情報保護法を改正しルールが厳格化されつつあるが、GDPRのような包括的な保護ルールはまだ導入されていない。今後、日本でも、個人情報保護政策と競争政策の両面からプラットフォームの規制のあり方が検討されるべきである。また、市場支配力を有する一部の事業者に限定して厳しい義務を課すべきか、欧州のGDPRのように海外を含むすべての事業者に厳しい義務を課すべきかといった点も課題となるだろう。

【BOX8.1】両面市場の例：クレジットカードのネットワーク

　クレジットカードのネットワークは、数千以上の金融機関、数百万の加盟販売店、そして数億人以上のカード利用者の取引をコーディネートする典型的な両面市場である。この複雑なネットワークを運営するためにはシステム上のプロトコルに共通のルールが必要となり、また決済・清算にかかる手数料を含めたグループ間の相互調整が必要となる。図B8-1は典型的なクレジットカード・ネットワークを示したものである。図では取引のフローの順番が①〜⑦まで記されている。図の中央のブランドホルダー（VisaやMasterCardなど）は、ネットワーク全体の管理運営を行う。VisaやMasterCardのようなブランドホルダーは、長年、ネットワーク加盟銀行による共同運営の未上場会社であったが、2006年にはMasterCard、2008年にはVisaが株式上場している。

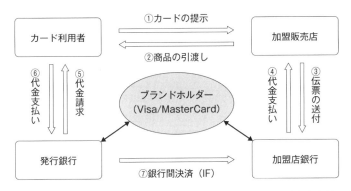

図B8-1　クレジットカード・ネットワークの仕組み

　クレジットカードの決済システムは以下の通りである。加盟小売店は、例えば100円の買い物に対して手数料を差し引かれた代金（例えば98円）しか支払ってもらえない。一方、カード利用者は、100円の買い物への代金支払いは代金通りの100円（リボ払いなどの場合を除く）でよい。発行銀行はイシュアー（issuer）、加盟店銀行はアクワイアラー（acquirer）とも呼ばれる。発行銀行から加盟店銀行へは、決済される代金から決められた金額（IF：interchange fee）を差し引いた金額（例えば98.5円）が送金される。この場合、差額の1.5円が発行銀行の得る手数料である。

なお、日本や米国の発行銀行はカード利用者にサーチャージ（surcharge）を課していないが、欧州の銀行は IF にカード利用者へのチャージが加わることがある。これを IF ＋と呼ぼう。その場合、IF ＋が発行銀行の手にする手数料となる。加盟店銀行は加盟販売店への支払い分の98円と発行銀行から送金された98.5円の差額の0.5円を手数料として得る。発行銀行が加盟店銀行よりも多くの手数料を得るのは、カード利用者の不払いリスクを負っているためである。

　このクレジットカード・ネットワークは、典型的な両面市場である。カード利用者が増えるほど、小売店がこのネットワークに加盟するメリットが大きくなる。また、加盟販売店が多いほど、カード利用者の利便性も高くなるのである。カード利用者が間接的ネットワーク効果の主な受益者である一方で、加盟販売店がネットワークの運営コストの主な負担者となっている。このこと自体は両面市場の特性から見れば合理的な面もある。発行会社から見れば優遇すべきは囲い込みの対象となるカード利用者である。できるだけ多くのカード利用者を増やすことによって、加盟販売店にとってその発行銀行のクレジットカードの魅力が増すからである。一方、加盟販売店から見ても、商機を増やしてくれるクレジットカードの普及のメリットは大きいので、IF 分を商品の代金から差し引かれてもクレジットカードのネットワークへの加盟を求めることになる。

　しかし、欧米では加盟店側が IF を負担することへの不満が大きくなり、クレジットカード・ネットワークに対して独禁法違反を訴える訴訟事件がしばしば起きてきた。例えば、2007年12月に、EU 委員会は MasterCard の課していた IF 料金は EU 域内の加盟店向けサービス市場の競争を制限すると判断しその IF を撤廃するように命じている[1]。また、2015年 7 月には、EU 委員会は MasterCard の EU 域内の国境を越えた加盟店向けサービスを制限する IF が加盟国ごとに異なることは競争制限的であるとして、IF の水準を引き下げるように命じている。米国では、American Express が加盟店に**アンチ・ステアリング条項**（anti-steering provision）と呼ばれる条件（加盟店がアメックス以外のより安い手数料のカードを利用者が支払いの際に用いるように誘導することを禁じる条項）を課したことが、反トラスト法（シャーマン法 1 条）違反とされた事例がある。ただし、米国最高裁は、アンチ・ステアリング条項は反トラスト法違反とならないと判断した[2]。この他、ウォルマートな

188　第Ⅲ部　イノベーションと組織

どの大手加盟店による民事訴訟も米国で多数提起されている。なお、日本で同様の独禁法違反事件は提起されていない。

※1　Commission Decision, Dec.2007 COMP/34579-MasterCard.
※2　*OHIO et al. v. American Express Co. et al.*. 585 U.S.___（2018）

6　デジタル経済と競争政策

6-1　システム市場における競争

　デジタルエコノミーの顕著な特徴はその猛烈なイノベーションのスピードにある。製品開発と研究開発は並行して進む。新機能や新サービスの継続的な開発がデジタルエコノミーにおける成功のカギとなる。これを**市場における競争**（competition in the market）から**市場をめざす競争**（competition for the market）への動きと理解することができる。さらに、ネット上では個人情報の集積を進めるための**注目を集める競争**（competition for attention）が展開されているといってもよい。

　デジタルエコノミーでは、ネットワーク効果の存在や両面市場の働きが、ユーザーの便益やプロバイダーの利益を大いに高めてくれる。また、デジタルエコノミーにおけるデータの集中・利用は、新しい技術やサービスの登場を促し、より効率的な生産・流通システムをもたらし、さらに業界再編や業種を超えた競争を促進することにつながる。政府による過剰な規制によって、デジタルエコノミーのダイナミズムが抑止されないように十分な注意が必要である。

　一方で、これまで検討してきたシステム市場の諸特徴は、プラットフォームの支配的地位を強める方向にも作用する。この相反する効果を見極めて、適切な政策の指針を得ることは容易でない。

6-2　オンラインとオフラインの競争：代替と補完

　インターネットを利用したビジネスが急拡大を続けるなかで、インターネットを介さないオフライン型店舗と、ウェブを介してサービスを提供するオンラ

イン型店舗の市場の境界がますます曖昧となっている。とりわけ、書籍、新聞、雑誌、音楽、映画等をオンラインで利用する消費者はますます増えつつある[31]。

オンラインとオフラインの代替・補完関係は、今後のデジタル経済の展開を見極めるうえできわめて重要なポイントとなる。オンラインとオフラインの需要構造に関する研究はいくつか行われつつある[32]。これらの実証研究で使用されたデータは、消費者レベルのミクロデータによるものから、集計されたマクロデータを利用したものまで多様であり、また、分析手法についても構造推定やグレンジャー因果性の検定など、さまざまな手法が用いられている。しかし、オンラインとオフラインの需要構造を調べるためには、24時間というすべての人に等しく存在する時間制約のもとで、個人属性の違いを考慮しつつ、生活時間の利用・配分を包括的にモデル化して分析することが必要となる。例えば、オンラインでのコンテンツ利用が増加する場合、その一部はフリーで利用でき、またブラウザの利用によって探索コストが大幅に削減されるなど、消費者の効用を大いに高める。その一方で、オンライン利用によって犠牲になったオフラインでの活動の価値も消費者選択のメカニズムを考える際には無視できない[33]。通常、このような消費構造の詳細なデータを利用することは難しいため実証研究には多くの課題があるといえよう。

さらに付け加えるならば、オンラインにおける需要構造をさらに踏み込んで分析するためには、オンライン・コンテンツに到達するまでのアクセス・ルートを解明する必要がある。例えば、特定のコンテンツに到達するルートとして、サーチ・エンジン（Google、Yahoo!など）、価格比較サイト（価格.com、Book Finder など）、小売プラットフォーム（Amazon、iTunes など）や SNS（Facebook、WhatsApp など）のようなルートがある。このルートの違いによって、オンラインとオフラインの代替性にも違いが生じる可能性がある[34]。

31）岡田他（2015）を参照。
32）Cavallo（2017）を参照。
33）Wallsten（2015）を参照。
34）Baye et al.（2015）を参照。

6-3　競争政策の課題

　ハワード・シェランスキーは、デジタルエコノミーにおける競争政策を考える際のポイントとして、イノベーションが抑止される可能性と、データの集中化が競争に与える影響の2点を挙げている[35]。さらに、データの集中化がイノベーションに与える影響にも留意する必要がある。ただし、競争政策の視点から見て厄介な点は、スイッチング・コストの増大等による競争者排除とイノベーションが、しばしば密接不可分に進行することである。

　また、イノベーションに関連してこれまで十分にとりあげられてこなかった視点として、研究開発の資金調達やアルゴリズムを構築する技術者のモビリティの問題がある[36]。近年、米国の巨大なプラットフォーム企業に人材も研究開発資金も集中する傾向があるといわれている[37]。優秀な技術者の囲い込みとリスクマネーの調達が競争を左右するのである。これらの要因は内生的サンクコストの水準にも影響するだろう。

　デジタルエコノミーにおける競争政策の役割を簡潔に述べれば、新しいイノベーションの芽を潰さないように適宜・適切に規制緩和を進めて、さまざまな実験的試みが可能となる市場環境を維持していくことにある。そのためにも、イノベーションを通じた新規参入が常に可能となるように、巨大プラットフォームを厳しく監視していくことが求められている。

●キーワード●

プラットフォーム、システム市場、補完性、ムーアの法則、分割された技術リーダーシップ、プラットフォームへのデータ集中、間接的参入、モジュール化、限定合理性、オープン・アーキテクチャー、水平分離型、水平統合型、垂直囲い込み型、分散から集中へ、所有から利用へ、クラウド化、ネットワーク効果、内生的サンクコスト、直接的ネットワーク効果、

---

35) Shelanski（2013）を参照。デジタル経済における競争政策の論点を20年前に鋭く明快に論じた Shapiro and Varian（1998）も依然として有益である。

36) 研究開発の資金調達に関しては本書第6章を参照されたい。

37) 第6章の【Box6.1】を参照。

間接的ネットワーク効果、スイッチング・コスト、ロック・イン、留保価格、需要側の規模の経済性、合理的期待均衡、自己実現均衡、過剰慣性、クリティカル・マス、両面市場、シングル・ホーミング、マルチ・ホーミング、モノのインターネット（IoT）、データ・ポータビリティ、ブロックチェーン、プライバシー、セキュリティ、EU デジタル単一市場戦略、一般データ保護規則（GDPR）、アンチ・ステアリング条項、市場における競争、市場をめざす競争、注目を集める競争

▶理解を深めるためのヒント

8-1　パソコンやスマートフォンなどのデジタル機器を連結するモジュールの例を挙げてみよう。

8-2　アップルの iOS とグーグルのアンドロイドは、専有化された OS、オープン化された OS のいずれであるかを調べてみよう。この違いを反映したアップルとグーグルのビジネス・モデルの違いについても考えてみよう。

8-3　StatCounter（http://gs.statcounter.com/（最終閲覧日：2018年 9 月21日））のデータを使って、OS やブラウザのシェアを調べてみよう。

8-4　図8-3で需要曲線が逆 U 字型の場合の価格と限界収入の関係が図に描かれたようになる理由を考えてみよう（ヒント：注19を参照）。

8-5　あなたがスマートフォンで利用しているサービスのなかで、マルチ・ホーミングとシングル・ホーミングのものをそれぞれ挙げてみよう。

8-6　【Box 8.1】を読んで、日本でクレジットカードの利用がなかなか普及しない理由を考えてみよう。

参考文献

青木昌彦・安藤晴彦（2002）『モジュール化：新しい産業アーキテクチャの本質』、経済産業研究所・経済政策レビュー 4 、東洋経済新報社。

岡田羊祐（1997）「システム間競争と技術革新」、『ビジネスレビュー』、No.45、84-101。

岡田羊祐（2017）「技術市場における競争政策の課題」『経済セミナー』、698号、34-38。

岡田羊祐（2018）「デジタルエコノミーと競争政策」『公正取引』、812号、2-11。

公正取引委員会・競争政策研究センター（2017）『データと競争政策に関する検討会

報告書』（平成29年 6 月 6 日）。

岡田羊祐・大橋弘・浅井澄子・黒田敏史・工藤恭嗣（2015）『オンラインとオフライ
ンのサービス需要の代替性』、公正取引委員会・競争政策研究センター共同研究報
告書、CR03-15。

岡田羊祐・林秀弥編著（2014）『クラウド産業論：流動化するプラットフォーム・ビ
ジネスにおける競争と規制』、勁草書房。

國領二郎（1999）『オープン・アーキテクチャ戦略：ネットワーク時代の協働モデ
ル』、ダイヤモンド社。

Armstrong, M.（2006）"Competition in Two-Sided Markets," *Rand Journal of Economics* 37：668-691.

Baldwin, C. and K. Clark（2000）*Design Rules, vol. 1: The Power of Modularity*, MIT Press

Baye, M. R., B. De los Santos, and M. R. Wildenbeest（2015）"Searching for Physical and Digital Media: The Evolution of Platforms for Finding Books," in A. Goldfarb, S. M. Greenstein, and C. E. Tucker eds., *Economic Analysis of the Digital Economy*, University of Chicago Press, 137-167.

Belleflamme, P. and M. Peitz（2018）"Platform Competition: Who Benefits from Multihoming?" *International Journal of Industrial Organization*, forthcoming.

Besen, S. M. and J. Farrell（1994）"Choosing How to Compete: Strategies and Tactics in Standardization," *Journal of Economic Perspectives* 8：117-131.

Bresnahan, T. F. and S. Greenstein（1999）"Technological Competition and the Structure of the Computing Industry," *Journal of Industrial Economics* 47：1-40.

Cavallo, A. F.（2017）"Are Online and Offline Prices Similar? Evidence from Large Multi-Channel Retailers," *American Economic Review* 107：283-303.

Chiou, L. and C. Tucker（2017）"Search Engines and Data Retention: Implications for Privacy and Antitrust," *NBER Working Paper*, No.23815.

Choi, J. P.（2010）"Tying in Two-Sided Markets with Multi-Homing," *Journal of Industrial Economics* 58：607-626.

Christensen, C.（1997）*The Innovator's Dilemma*, Harvard Business School Press. （玉田俊平太監訳・伊豆原弓訳『イノベーションのジレンマ』増補改訂版、翔泳
社、2011年）

David, P. A.（1985）"Clio and the Economics of QWERTY," *American Economic Review* 75：332-337.

Ezrachi, A. and M. E. Stucke（2016）*Virtual Competition: The Promise and Perils of the Algorithm-Driven Economy*, Harvard University Press.

Farrell, J. and P. Klemperer（2007）"Coordination and Lock-In: Competition with Switching Costs and Network Effects," in M. Armstrong and R. H. Porter eds., *Handbook of Industrial Organization*, vol.3, North-Holland.

Gans, J.（2016）*The Disruption Dilemma*, MIT Press.

Hagiu, A.（2012）"Software Platforms," in M. Peitz and J. Waldforgel eds., *The Oxford Handbook of the Digital Economy*, Oxford University Press, 59-82.

Katz, M. and C. Shapiro（1985）"Network Externalities, Competition, and Compatibility," *American Economic Review* 75：424-440.

Katz, M. and C. Shapiro（1994）"Systems Competition and Network Effects," *Journal of Economic Perspectives* 8：93-115.

OECD（2010）*The Economic and Social Role of Internet Intermediaries*.

OECD（2016）*Big Data: Bringing Competition Policy to the Digital Era*.

Rochet, J. C. and J. Tirole（2006）"Two-Sided Markets: A Progress Report," *Rand Journal of Economics* 37：645-667.

Rysman, M.（2009）"The Economics of Two-Sided Markets," *Journal of Economic Perspectives* 23：125-143.

Schaefer, M., G. Sapi and S. Lorincz（2018）"The Effect of Big Data on Recommendation Quality: The Example of Internet Search," *Düsseldorf Institute for Competition Economics, Discussion Paper* No.284.

Shapiro, C. and H. Varian（1998）*Information Rules: A Strategic Guide to the Network Economy,* Harvard Business School Press.（千本倖生監訳・宮本喜一訳『ネットワーク経済の法則：アトム型産業からビット型産業へ…変革期を生き抜く72の指針』、IDG コミュニケーションズ、1999年）

Shelanski, H. A.（2013）"Information, Innovation, and Competition Policy for the Internet," *University of Pennsylvania Law Review* 161：1663-1705.

Simon, H. A.（1987）"Bounded Rationality," in J. Eatewell et al. eds., *The New Palgrave: Utility and Probability*, Norton & Co.

Sutton, J.（1991）*Sunk Costs and Market Structure: Price Competition, Adrertising, and the Evolution of Concentration*, MIT Press.

Wallsten, S.（2015）"What Are We Not Doing When Are Online?" in A. Goldfarb et al. eds., *Economic Analysis of the Digital Economy*, University of Chicago Press, 55-82.

第Ⅳ部

イノベーションと政策

第9章

技術市場と累積的イノベーション

1 技術市場とは何か

　特許・ノウハウ等の技術が取引される**技術市場**は、通常の財やサービスの市場と大きく異なる特徴をもつ。ひとつには、取引される技術の所有権を明確に規定することが難しいことが挙げられる。また、技術の価値について情報の非対称性や不確実性が存在する。さらに、研究開発は累積的に進行するので、製品化・商用化の段階で多くの補完的な技術が関与しやすい。

　このような特徴をもつ技術市場では、きわめて多様な契約形態がみられる。例えば、単なる特許ライセンスもあれば、特許とノウハウ、技術指導などを含めた混合契約となる場合もある。あるいは、企業の合併・買収や技術者の引き抜きを通じて、特許や人材を直接獲得する場合もある[1]。さらに契約のタイミングに注目すると、研究開発の成果が出た後ではなく、研究開発がスタートする前にあらかじめ契約を結ぶことも多い。例えば、新しい技術を体化した機械・設備の納入を請け負う場合や、将来の研究開発の成果を互いにライセンスし合う約束をする場合もある。

　技術市場の機能や、技術取引がイノベーションに与える影響を理解するため

---

1) このように広義に技術市場を捉えれば、その契約の不完備性にもかかわらず、技術市場は比較的有効に機能しているといえるかもしれない。同様の趣旨として Arora et al.（2001）、Arora and Gambardella（2010）を参照。

には、以下の3点に注意すべきである。第1に、取引対象となる技術が**知的財産権**として保護される程度は、契約時の技術の売手と買手の交渉力や契約の実効性にさまざまな違いを生む。技術情報の保護法制は、特許・著作権、営業秘密などに応じて異なり、また対象となる技術の態様やその技術を利用する産業特性に応じて**権利行使（エンフォースメント）**の実効性にも違いが生じるのである。

第2に、技術取引では、買手と売手の技術市場における地位のみでなく、製品市場における地位にも注目する必要がある。例えば、垂直的関係にある売手と買手は、その技術を用いて製造された製品市場では競争関係にあるかもしれない。したがって、知的財産権の権利行使は、知的財産法と競争法の境界領域として検討すべき課題となる。

第3に、**技術の累積的性質**によって、技術の間にさまざまな代替・補完関係が生じる。この技術の代替・補完関係に応じて、技術市場や製品市場の競争にさまざまな戦略的効果が発生する。そのような効果を考慮して、例えば、特許契約の場合、そのライセンサーとライセンシーの間にさまざまな付帯条件を伴う契約が結ばれることがある。また、将来の研究開発の成果に及ぶライセンス契約が結ばれることもある。

本章では、これら多岐にわたる技術市場の基本的特徴を簡潔にまとめたうえで、技術取引における戦略的行動、また、イノベーションの累積的性質が技術取引に及ぼす影響について検討する。さらに、技術市場を取り巻く法的・制度的な課題も検討する。

2 技術市場の特徴

2-1 財産権の画定の難しさ：大きな取引費用

技術市場の第1の特徴は、取引対象となる技術の財産権を画定することが難しいことである。通常の財産権は有体物（モノ）の権利であり、その権利の画定に紛れが生じることは少ない。通常の市場では、民法などの法的ルールによって所有権が明確に規定されることが、財・サービスの望ましい資源配分を実現する前提条件となる。同様の趣旨から、技術市場においても、明確な権利の

画定が行われることによって取引費用が節約され、資源配分上望ましい技術取引が実現すると主張される。例えば、GATT・WTO における **TRIPS 協定**（Agreements of Trade Related Aspects of Intellectual Property Rights）を巡る交渉では、米国を中心とする先進国がこのような主張を展開した[2]。

しかし、技術情報に所有権の境界を人為的に設けようとすれば、複雑な概念を言語的に構成しつつ概念相互の階層性や包含関係に明確な解釈を与えることが必要となる。残念ながら、特許紛争の多さからも推測されるように、通常の所有権と同様の明確さで知的財産権の境界を画定することはほぼ不可能といってよい[3]。それゆえ、技術市場の取引費用は通常の財・サービス市場よりもはるかに大きいとみるべきである。

ケネス・アローは、製品に体化されていない知識を市場で取引しようとすると、以下のようなパラドックスに陥ると指摘している[4]。すなわち、いったん獲得された知識の利用にかかる限界費用はゼロとみなせるので、事後的な価格はゼロであることが社会的にみて望ましい。しかし、価格がゼロに決められてしまうと、事前の研究開発インセンティブは完全に失われてしまう、というものである。このアローのパラドックスは、イノベーションにおける静学的効率性と動学的効率性のトレードオフを指摘したものである。しかし、すでに述べたように、知的財産権の取引費用は、その権利の画定が容易でないこと、知識を獲得する側の受容能力にも依存することから、決してゼロとはならないことに注意しなければならない。知的財産権の保護と技術取引の規制は、この複雑に絡み合ったトレードオフをいかにバランスさせるかという問題であるといってもよい[5]。

これらのトレードオフに着目すると、技術市場と知的財産権を巡る政策的課題は、他者からの模倣を排除する排他権と、知的財産権の獲得や譲渡に伴う権

2）TRIPS 協定とは、GATT ウルグアイ・ラウンドにおいて知的財産権の権利行使（エンフォースメント）を強化するための交渉を経て1994年に成立、1995年 1 月 1 日より発効した条約であり、WTO 設立協定（マラケシュ協定）の一部として設けられたものである。

3）特許制度については第10章で検討する。

4）Arrow（1962）を参照。

5）知的財産権の強化が技術市場に与えるインパクトは実証的に十分に解明されてきたとはいえない。また、TRIPS 合意等の知的財産権の強化によってイノベーションが促進されたという証拠も決して十分とはいえない。Abram（2009）、Lerner（2002, 2009）を参照。

利・義務をいかにバランス良く規制するかにあるといってよい。実際、技術の模倣を長期にわたって排除することは法的にも技術的にも難しい。一方、補完的技術が異なる企業で分散して所有されている場合、互いに排他権を強く主張すると、かえってイノベーションを阻害してしまうかもしれない。このように、知的財産権の保護と技術取引の規制では、立法論、解釈論、政策論が混然一体となったバランスのとれた検討が求められるのである。

2-2　情報の非対称性と不確実性：ホールドアップ

技術市場の第2の特徴は、買手と売手の情報の非対称性と不確実性に関するものである。買手は、取引対象の技術を事前に明確に知ることはできない。しかし、もし事前に知ることができるならば、そもそも取引の必要がない。したがって、技術市場とは本来的に情報の非対称性が甚だしい市場なのである[6]。さらに、改良技術の利用可能性、代替的な迂回技術の存在、需要の成長性、最終製品における技術の寄与度などについても深刻な不確実性が存在する。

技術の価値に関する情報の非対称性や不確実性が甚だしい場合、契約が不完備となるため、本来であれば望ましい契約が履行できなくなる[7]。この状況をホールドアップと呼ぶ。ここで、ホールドアップとは、一方の契約当事者がサンク・コストを伴うコミットメントを行った後に再交渉を行う場合に、コミットメントを行った側に不利な契約が押し付けられることをいう。もしホールドアップの可能性があれば、社会的に望ましい契約もあらかじめ回避されてしまうだろう。

ただし、技術取引の実務では、技術の中身を事前に知るためのさまざまな工夫が試みられる。例えば、契約交渉の段階で秘密保持契約（NDA: non-disclosure agreement）を結ぶことによって、技術の制限付き開示が行われたり、これにリバース・エンジニアリングの禁止といった条項を組み合わせることもある。この他にも、研究に従事する者の引き抜き禁止（non-solicitation clause）、ライセンス相手のもつ特許の無効を主張しないことを約束する不争義務（non-compete clause）、企業内の部署間の情報交換の禁止を求めるチャ

6）Arrow（1962）を参照。
7）所有権を明確に規定できれば、契約の不完備性の問題が緩和できるともいえる。Hart（1995）を参照。

イニーズ・ウォール（Chinese wall）の設置などの条件が課されることがある[8]。ただし、これらの実務上の工夫によって技術取引の困難さがどこまで緩和されているかは評価が難しいところである[9]。

2-3　イノベーションの累積性：ロイヤリティ・スタッキング

　イノベーションは技術の獲得・蓄積・利用のプロセスとみることができる。技術市場の第3の特徴は、このプロセスが先行発明に依拠しながら累積的に進行することである。イノベーションでは、製品化・商用化に必須となる特許が、異なる企業に分散して所有される状況がしばしば生じる。この場合、個々の特許ごとに独立にロイヤリティが設定されると、最終製品の価格が共同利潤を最大化する価格（独占価格）を上回ってしまう。例えば、単純なクールノー・モデルを仮定すると、N個の必須特許が独立の企業に所有される場合、産業全体のマークアップは独占的マークアップをN倍したものに等しくなってしまう。これを**ロイヤリティ・スタッキング**、あるいは、**特許の藪**（patent thicket）と呼ぶこともある[10]。例えば、ある製品の製造に必須となる20個の特許があり、それぞれの特許権者が5％のロイヤリティを要求すると、売上高のすべてがロイヤリティに消えることになる。これでは誰もその製品を生産できなくなってしまう。それゆえ、ロイヤリティ・スタッキングが生じる状況では、補完的特許をまとめたパテント・プールを形成することによってロイヤリティを調整し、参加企業が関連特許を利用できるようにすることが社会的に望ましいこととなる[11]。

8）技術取引契約の実務については、特許庁・発明協会（2011）が参考になる。また、知的財産実務の法的課題をわかりやすく解説した田村（2012）も参照。

9）このうち不争義務については第5節で検討する。

10）Shapiro（2001）を参照。これは二重限界性（double marginalization）あるいは継起的独占（successive monopoly）と呼ばれるものと本質的に同じ現象である。Rey and Vergé（2008）を参照。

11）Lerner and Tirole（2004）を参照。

第9章　技術市場と累積的イノベーション　**201**

3 技術取引の戦略的側面

3-1　製品市場の競争と技術取引：収入効果とレント消失効果

　技術取引が市場競争に与える影響を検討するためには、技術市場と製品市場の両方の市場を同時に視野に入れつつ検討する必要がある。技術の売手と買手が水平的関係にあるのか、それとも垂直的関係にあるかによって、技術取引が製品市場の競争に与える影響は異なってくる[12]。

　例えば、競争関係にある事業者同士の水平的な技術取引は、産業内の技術普及を促すこととなるので競争促進的である。このとき、事業者同士の価格競争は激化するので産業全体の利益は減少し消費者の利益は増大することとなる。しかし、取引対象となる技術は、既存の技術を完全に代替するものではないかもしれない。技術の代替性の程度は製品市場の競争の程度にも影響する。したがって、競争事業者はその効果を予想しつつ技術契約の是非を判断するはずである。すなわち、技術を所有する売手（ライセンサー）は、技術取引契約によって獲得できるロイヤリティ収入と、それによって買手（ライセンシー）が製品市場で競争相手となるために失われる利益のトレードオフを同時に考慮するのである[13]。ロイヤリティ収入が増加する効果を**収入効果**、技術供与によって下流の製品市場の競争圧力が増すため利潤が減少する効果を**レント消失効果**と呼ぶ[14]。

　収入効果とレント消失効果のトレードオフを決める重要な要因のひとつは、製品市場における競争である。もし製品市場が競争的であれば、技術取引は活発になると予想できる。なぜならば、製品市場の競争が高まるほど、その市場の売上は増加して市場規模は拡大する、あるいは新規参入によってライセンシーとなり得る企業数が増えるものと予想できる。また、そもそも製品市場の競争によって技術がもたらすレントも小さくなっている。したがって、収入効果

12）技術市場と製品市場のポートフォリオと特許ライセンスの関係を検討した Chan et al.
　　（2007）、Nishimura and Okada（2014）を参照。

13）Arora and Fosfuri（2003）、Arora and Gambardella（2010）を参照。

14）レント消失効果は、独占の社会的費用を構成する。第 5 章第 4 節を参照。

202　第IV部　イノベーションと政策

による利益の増加分がレント消失効果による利益の減少分を上回ると考えられる[15]。市場競争が活発になるほど競争企業同士の技術取引を促すという因果関係を、収入効果とレント消失効果によって整合的に説明できるのである。

さらに、ライセンスの対象となる製品が差別化されている、あるいは、ライセンサーとライセンシーの市場が互いに遠く離れていて輸送費がかかる、ライセンシーの流通網がライセンサーの市場をカバーしていないといった状況では、それだけ製品市場の競争圧力は低下するのでレント消失効果が収入効果を上回り、技術取引は停滞することになると予想できる。

また、ライセンサーの企業規模が小さい、ライセンサーが研究開発専業企業であるといった場合には、ライセンスに伴うレント消失効果は小さくなる（研究開発専業企業の場合のレント消失効果はゼロになる）ので、収入効果がレント消失効果を上回ることとなり、技術取引は活発化すると予想できる。

3-2 事後的ライセンスと事前的ライセンス

研究開発が行われて費用がすでにサンクされた後に技術取引が行われる契約を**事後的ライセンシング**（*ex post* licensing）と呼ぶ。これに対して、研究開発がスタートする前の技術取引契約を**事前的ライセンシング**（*ex ante* licensing）と呼ぶ。例えば、ライセンシーが将来に開発するだろう改良技術を、あらかじめライセンサーに譲渡したり実施許諾する義務を課す場合や、将来の研究開発の成果を相互にクロス・ライセンスする契約、あるいはパテント・プールとして共有する契約など、事前的ライセンスの事例は数多くある。

すでに述べた収入効果とレント消失効果とともに、事後的ライセンスと事前的ライセンスを区別することも、技術市場と製品市場の関係を理解するうえで重要なポイントとなる。事前的な技術市場の状況が、研究開発インセンティブや製品市場の競争にも影響するのである。

ここで、議論を整理するために、ライセンサーとライセンシーの製品市場における競争関係およびライセンスのタイミングという2つの軸によって、技術市場を4つのカテゴリーに分けておこう[16]。表9-1では、売手と買手が同一の

---

15) Arora and Fosfuri（2003）を参照。
16) Arora and Gambardella（2010）を参照。

第9章 技術市場と累積的イノベーション **203**

表 9-1　技術取引市場の分類

	事後的ライセンス	事前的ライセンス
水平的取引	I	II
垂直的取引	III	IV

市場で競争関係にある場合の技術取引を**水平的取引**、また、川上と川下がお互いに競争関係にはない技術取引を**垂直的取引**としている。これから技術市場は4つのタイプに分類できる。

3-3　技術の垂直的・水平的取引関係

　水平的取引と垂直的取引の違いを理解するためには、技術市場と製品市場の競争関係を考慮する必要がある。図9-1は、技術市場に属する企業を U_1 と U_2、製品市場に属する企業を D_1 と D_2 として、技術市場と製品市場の市場構造を描いたものである。矢印は売手から買手への取引関係を表している。

　技術の水平的取引は、技術市場における U_1 と U_2 の間で起こる。一方、技術の垂直的取引は、U_1、U_2 がライセンサー、D_1、D_2 がライセンシーとなる契約に相当する[17]。この場合の取引関係は全部で4通りである。

　ここで、垂直的取引関係のもとで2つの極端なケースを考えよう。まず、製品市場は U_1 が D_1 を、U_2 が D_2 を前方統合した2企業で構成される複占市場としよう[18]。そして、この2企業（$U_1 - D_1$ のペアと $U_2 - D_2$ のペア）の間で研究開発競争が起きるとしよう。もし研究開発競争に敗れて2番手となった場合の利潤をゼロとすると、どちらの企業も最初に研究開発に成功しようと研究開発投資を増加させるだろう。したがって、研究開発費は社会的にみて過大となり、しかも相手企業へライセンスするインセンティブも生じない。なぜなら、レント消失効果が収入効果よりも大きくなるからである。このケースでは、事後的にも事前的にもライセンスが起こる可能性はなく、2番手企業への

17）垂直取引による競争制限効果は川上ないし川下の市場閉鎖によって生じる。詳しくは産業組織論の垂直制限に関する解説に委ねる。例えば、Rey and Vergé（2008）を参照。

18）前方統合（forward integration）とは、例えば製造企業が流通部門など下流部門の事業を統合することを指す。後方統合（backward integration）はこれとは逆方向の統合を指す。

204　第Ⅳ部　イノベーションと政策

図 9-1 技術の垂直的・水平的取引関係

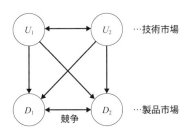

技術の普及も生じない。しかも、1番手企業の独占レントは研究開発費と相殺されてゼロとなる。これは研究開発の過剰投資が起こるシナリオである。

もうひとつの極端なケースとして、同じく複占のもとで、技術の模倣コストがゼロとなる場合を考えよう。このとき、誰もが常に同じ技術を利用できるため製品市場は競争的となるので、先のケースとは逆に収入効果がレント消失効果を上回ることになる。しかし、ライセンスのインセンティブは極大化されるが研究開発のインセンティブはまったく失われることとなる。したがって、研究開発費は過小となり、結果的に技術の普及もまったく起こらない[19]。これは研究開発の過小投資が起こるシナリオである。

これら2つの極端なシナリオのもとでは、いずれのケースでも技術の普及はまったく生じないこととなる。しかし、現実には、技術取引は活発に行われているので、これらの極端なシナリオとは異なった状況が生じているはずである。すなわち、研究開発競争で後手に回ってもライセンスを受けることによって利益を得る余地があり、あるいは、模倣コストがゼロとなることはなく、何らかの先行者の優位性が生じている可能性が高いのである。そこで以下では、技術の累積的性質という技術市場の第3の特徴に注目する。

---

19) Katz and Shapiro（1985）を参照。

4 累積的イノベーションにおける技術取引

4-1 累積的イノベーションにおけるライセンス戦略 *

　累積的イノベーションのもとでのライセンス戦略を説明しよう[20]。いま、第1世代と第2世代の2種類の技術から作られる製品があるとしよう。第1世代の技術の生み出す市場価値は毎期 x であるとする。第1世代の技術を開発する企業は、研究開発コスト c_1 によってその技術を獲得できるとする。まとめて、第1世代の技術特性を (x, c_1) と表そう。一方、第2世代の企業は、研究開発によって第2世代の技術 (s, c_2) を手に入れることができる。ここで s は第2世代技術がもたらす毎期の利益であり、c_2 はその開発に要するコストである。

　ここで、第2世代の技術が特許期間 T を得たときの利益を $\pi(s, T)$ と表そう。また、同じく第1世代の企業の得る利益を $\pi(x, T)$ とおこう。もし第1世代の技術がリサーチ・ツールである場合には、その技術のみでは何ら利益を得られないので $\pi(x, T) = 0$ である。また、各々の技術がもたらす社会的利益を $W(x, T)$ および $W(s, T)$ と表そう。ここで、社会的利益は私的利益よりも大きいと仮定する。すなわち、$W(x, T) > \pi(x, T)$、$W(s, T) > \pi(s, T)$ である。すなわち、第1世代技術も第2世代技術も専有可能性は完全でないとする。また、$\pi(s, T)$ は T に関して増加関数、$W(s, T)$ は T に関して減少関数とする。

　そもそも第2世代技術は、第1世代技術があって初めて実用化が可能となる。したがって、第1世代技術のもたらす社会的利益には第2世代技術の期待利益が含まれることに注意しよう。一方、第1世代技術が存在しない場合には第2世代技術の実用化は不可能となるので、その社会的利益はゼロである。第1世代技術が誕生して初めて社会的利益が実現できるのであり、その大きさは $W(s, T) - c_2$ となる。このとき、$\pi(s, T) - c_2 > 0$ が成り立つならば、必ず $W(s, T) - c_2 > 0$ となることに注意しよう。第2世代技術の研究開発が行われることは社会的にみて必ず望ましいことになる。

　ここで2つの政策目標を立てることができる。第1の目標は、

---

20) Green and Scotchmer（1995）、Scotchmer（1996, 2004）を参照。

206 第IV部 イノベーションと政策

$\pi(s, T) - c_2 > 0$（すなわち $W(s, T) - c_2 > 0$）である限り、第2世代企業の研究開発投資が起きるように誘導すること、第2の目標は、得られるレント $\pi(s, T) - c_2$ を第1世代企業に移転することによって第1世代の研究開発が行われるようにインセンティブを与えることである。もしレントの移転がなければ利益は第2世代企業にすべて帰属することになる。このとき、第1世代企業の投資インセンティブは $\pi(x, T) - c_1$ のままとなり、特にリサーチ・ツール（$x = 0$）の場合にはゼロとなってしまう。第1世代の投資インセンティブ $\pi(x, T) - c_1$ がプラスとならなければ第1世代企業は開発コスト c_1 を回収することができなくなるため第1世代の研究開発投資が行われなくなるのである。

事後的ライセンスと事前的ライセンスの比較

ここで、先行する第1世代技術に特許が与えられたとしよう。技術の累積的性質によって、第2世代技術は第1世代技術の特許に抵触することとなる。したがって、第2世代の企業が製造を行うためには第1世代企業からライセンスを受けることが必須となる。ここで、その契約が事後的ライセンスである場合と事前的ライセンスである場合との間で、研究開発インセンティブにどのような違いが生じるかを調べてみよう。

図9-2では、研究開発のタイムラインに従って、第1世代企業の事前的ライセンス契約の有無、第2世代の研究開発投資、第1世代企業による事後的ライセンスの戦略が決定されるゲームツリーの構造を描いている。ここでゲームツリーはノードと矢印である枝から成る。ノードは頂点から枝分かれし、分岐点で選択肢が与えられ、終点でゲームが終了して利得が与えられる。また各ノードはゲームのプレイヤーの手番を表している。事後的ライセンスの場合には、すでに第2世代企業の研究開発投資が行われた後なので、一番下のノードの手番から始まる部分ゲーム（サブゲーム）のみを考えればよい。一方、事前的ライセンスは第2世代企業の投資より前にライセンス契約の交渉を行うことになるので、一番上のノードから始まるゲームツリー全体を考慮することとなる。

まず、事後的ライセンシングから検討しよう。図9-2のツリーの下段のサブゲームを見てみよう。第2世代企業は自ら投資を行った後に交渉するよりほかないので、サンク・コスト c_2 は交渉の対象とならず、ロイヤリティの交渉によって配分される利益は $\pi(s, T)$ となる。以下では、単純化のために、交渉に

図 9-2　累積的イノベーションのもとでのライセンス契約
（カッコ内上段は第1世代企業の利益、下段は第2世代企業の利益）

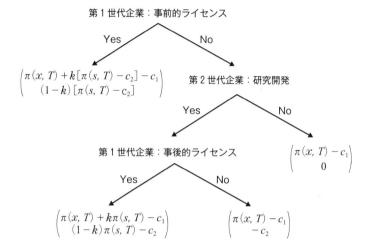

よって利益は第1世代企業と第2世代企業との間で $k:(1-k)$ の比率で配分されるものとしよう[21]。この場合、第1世代企業の利得は $\pi(x, T) + k\pi(s, T) - c_1$、第2世代企業の利得は $(1-k)\pi(s, T) - c_2$ となる。したがって、事後的ライセンスのもとで第2世代企業の得られる利益は $(1-k)\pi(s, T) - c_2$ となる。この利益は $\pi(s, T) - c_2$ よりも小さくなる。

ここで、$\pi(s, T) - c_2 > 0$ は第2世代技術の社会的利益がプラスとなるための必要条件であったことに注意しよう。したがって、事後的ライセンスのもとでは、第2世代技術の研究開発インセンティブは社会的にみて過小となるのである。これを解決するためには、このモデルのもとでは特許期間 T を長くするしかない。しかし、特許期間が長くなると、今度は事後的な社会的厚生 $W(s, T)$ が低くなるというトレードオフが生じることとなる。

それでは事前的にライセンス交渉が行われる場合はどうなるだろうか。事前的ライセンシングが可能な場合には、2社の利益の合計は $\pi(x, T) - c_1 + \pi(s, T) - c_2$ となり、これがプラスとなる限り第2世代企業が研究開発を行うことは合理的となる。この条件が満たされているものとして、両者の事前的ラ

---

21) 例えば、ナッシュ交渉解を想定すればよい。

イセンス交渉を考えてみよう。このとき、交渉の対象となる第2世代企業の利益は、研究開発投資が行われる前であるから$\pi(s, T)-c_2$となる。これを$k:(1-k)$の比率に従って配分することになるので、第1企業の利益は$\pi(x, T)+k[\pi(s, T)-c_2]-c_1$となり、第2企業の利益は$(1-k)[\pi(s, T)-c_2]$となることに注意しよう。このとき、事後的ライセンスの場合と比べて、第2世代企業の利益はkc_2だけ増加し、第1世代企業の利益は同じくkc_2だけ減少することを確認されたい。すなわち、第2世代技術の生みだすレントの一部が第2世代企業に移転されるのである。

累積的イノベーションと特許保護の関係

　以上の累積的イノベーションのモデルから、以下の3つの含意が得られる。第1は、累積的イノベーションのもとで、事後的ライセンスに契約が制限されると、社会的に望ましいにもかかわらず第2世代の研究開発インセンティブが過小となる危険がある。

　第2に、累積的イノベーションのもとで、第1世代と第2世代に特許が分散して所有される場合は、1つの企業に特許が集中する場合よりも特許期間を長くする必要がある。例えば、リサーチ・ツールの場合には$x＝0$となるので$\pi(x, T)＝0$となる。このとき、事前的ライセンスが行われると、第1世代企業が研究開発を行うためには$k(\pi(s, T)-c_2)-c_1 \geqq 0$が満たされる必要がある。これは、第1世代企業と第2世代企業の共同利潤がゼロ以上となる制約条件である$(\pi(s, T)-c_2)-c_1 \geqq 0$よりも厳しい条件であることに注意しよう。したがって、第1世代企業が研究開発を行うためには$k(\pi(s, T)-c_2)-c_1 \geqq 0$が満たされるように特許期間$T$を長くする必要が生じる。すなわち、特許が累積的に分散して所有されている場合には、研究開発インセンティブを確保するために特許期間を長くする必要が生じるのである。

　第3に、累積的イノベーションでは、第1世代の利益確保が社会的利益の実現を左右する。事前的ライセンスでは第2世代企業の利益がよりよく保証されるので、残された問題は第1世代の研究開発費の回収をどのように保証するかである。先行技術の重要性に鑑みて、第1世代企業の特許保護を手厚くして利益の確保を容易にするべきだろうか。この点を検討するには、技術市場と製品市場の垂直的および水平的な市場構造に依存して、収入効果とレント消失効果

がどのように異なってくるかを検討しなければならない。特許保護の実際のスキームは多様であるので、先行技術の適切な特許保護の水準について明確な結論を得ることはなかなか難しい[22]。

4-2　オープン＆クローズ戦略

ハイテク分野では、第2世代の技術を実施するうえで不可欠となるような第1世代の必須特許が多くなる傾向がある。例えば、もし必須特許が100件あり、各々の特許のロイヤリティが1％ずつであるとすれば、製品の売上高のすべてをロイヤリティに失うことになる。このとき、そもそも必須特許をもつ者はだれも製品化ができない状況に陥るだろう。これはまさにロイヤリティ・スタッキングと呼ばれる状況に相当する[23]。

このように、複数企業によって補完的となる必須特許が分散して所有されている状況では、後述するように特許契約交渉が非常に難しくなる。しかし、もし業界標準の担い手となる支配的な企業が存在する場合には、この有力企業が所有する特許を他社に広く開放するという戦略が採られることがある。これを**オープン戦略**あるいは**オープン・アーキテクチャー戦略**と呼ぶことがある[24]。この戦略の目的は、標準規格を採用する仲間を増やして市場規模を拡大することにある。これによって、市場全体の規模を拡大させながら、必須特許以外の要素、例えば重要な周辺特許やノウハウ等を秘匿したり流通網やブランドイメージなどの補完的資産の価値を高めることによって自らの市場支配力を維持しようとするのである。このような戦略を特に**オープン＆クローズ戦略**と呼ぶことがある[25]。

単に必須特許をライバル企業にライセンスするだけでは、競争相手が増えるだけであり、レント消失効果が強く働き、利潤も市場シェアも失うこととなろう。いかにして標準特許に抵触しない技術・ノウハウによって差別化を図る

22）特許制度の望ましいあり方については第10章であらためて検討する。
23）日本の技術取引に係る特許の藪がライセンス契約を阻害したことを示す実証研究として、大西・岡田（2005）を参照。この他、日本企業の戦略的ライセンシングを定量的に分析した研究にNagaoka and Kwon（2006）、Motohashi（2008）がある。
24）IBMがPCの設計や仕様を公開したPC/AT互換機や、UnixやLinuxなどのOSが典型的なオープン・アーキテクチャーである。第8章を参照。
25）オープン＆クローズ戦略の実例を交えた解説として、鮫島・小林（2016）を参照。

210　第Ⅳ部　イノベーションと政策

か、すなわち、オープン戦略とクローズ戦略をいかにバランスよく組み合わせるかが成功のカギとなる。

5 技術取引契約を巡る法的諸問題

5-1 独禁法によるライセンス規制

　技術は知識であり情報であるために、排他的に専有することが難しい性質をもつ。また、特許保護の有効性は技術分野によって異なる[26]。したがって、技術取引を促進するためには、将来にわたる拘束条項を契約に含めることによって排他権を強めることが取引費用を削減することにつながるかもしれない。しかし一方で、技術取引に係る拘束条項は、技術市場に留まらず、製品市場の競争に影響を及ぼすことに注意しなければならない。以下では、特許契約の実務でも注目される主な拘束条項をとりあげて、競争制限効果の有無について検討する。

非係争義務の競争制限効果

　技術取引契約の際に、ライセンシーのもつ特許権をライセンサーに対して行使しないという義務が課されることがある。これを**非係争義務**、あるいは**NAP**（non-assertion of patents）という。例えば、マイクロソフトは、パソコンの製造販売業者（OEM 事業者）にウインドウズ OS をライセンスするに当たり、OEM 事業者のもつ特許に関する侵害訴訟をマイクロソフトに対して起こさないと誓約させる条項を設けていた。公正取引委員会の審判によって、この条項は OEM 事業者の研究開発競争を阻害し公正競争を阻害すると認定されている[27]。

　しかし、補完的特許が広く分散して所有されている場合には、非係争義務は有力なライセンサーにライセンシーの特許を集約する機能をもつとみることもできる。明示的に権利の集約をライセンシーに義務付ける契約条項をグラント

---

26) 実際には、技術の模倣コストはゼロではないし技術分野によっても異なる。Cohen et al.（2002）を参照。

27) 公取委審判審決2008年 9 月16日。

第 9 章　技術市場と累積的イノベーション　**211**

バックという。すなわち、非係争義務やグラントバックには、権利の帰属や侵害の不確実性を減少させることによって、技術取引を促し、製品市場の競争を促進する効果が期待できるのである。

一方で、非係争義務はライセンシーの特許の権利行使を制限するため、ライセンシーの研究開発インセンティブを損なう危険もある。このトレードオフを的確に評価することは容易でない。そのためには、技術市場・製品市場双方への影響をみる必要があり、事前・事後の市場構造の変化や技術の累積性の程度も検討しなければならない。

不争義務とリバース・ペイメント

ライセンサーのもつ特許の有効性を争わない義務をライセンシーに課すことがある。これを**不争義務**（non-compete clause）という。この拘束条項は、円滑な技術取引を通じて競争を促進させる面があり、競争制限のおそれは比較的小さいといえる。

しかし、この条項によって、本来であれば無効とされるべき特許が存続することになる場合には競争制限効果が生じるかもしれない。例えば、ジェネリック薬を提供する企業が、ブランド医薬品の特許が無効であると主張する場合に、ブランド薬企業からジェネリック薬企業に多額の金銭が支払われるとともに、ジェネリック薬の上市を遅らせるという内容の和解が結ばれることがある。このような和解は、通常の流れとは逆に特許権者から金銭の支払いが行われるため、**リバース・ペイメント**と呼ばれることがある。これは不争義務の一種とみることができる。この義務が課されると、本来無効となるべき特許が存続し、高価格が維持され、新規参入も抑止される危険が生じる[28]。

標準必須特許とFRAND宣言

業界団体が**標準必須特許**（SEP: standard essential patents）を認定し、標準規格に関与する特許を集約してパテント・プールを構成し、事業者が相互に許諾し合う契約を結ぶことがある。これは標準規格に関する技術開発を促し、ロ

28）リバース・ペイメントが独禁法違反となり得るとした米国最高裁判決を法的・経済学的にわかりやすく解説したEdlin et al.（2013）を参照されたい。

212 第Ⅳ部 イノベーションと政策

イヤリティ・スタッキングを抑止することにつながるので、補完的な特許のみがパテント・プールに集約されるのであれば競争促進的であるといえる[29]。

　近年では、標準化団体が標準必須特許を認定すると同時に、特許権者にFRAND宣言を促すケースが増えている。FRANDとは、特許のライセンス条件が「公平、合理的かつ非差別的」（fair, reasonable and non-discriminatory）であることを意味する。

　しかし、FRAND宣言を行ったとしても、特許の権利行使が競争者を排除する可能性は依然として残る。実際、FRAND宣言の解釈は国や地域の法域ごとに異なっており、標準必須特許へのFRAND条項をめぐる訴訟が世界中で提起されてきた[30]。例えば、スマートフォンに関するSEPへのFRAND宣言をめぐるアップルとサムソンの訴訟は世界中で争われた。このうち日本の知財高裁の大合議判決では、サムスンの特許権に基づく損害賠償請求の行使は、FRAND条件でのライセンス料相当額を越える部分は権利の濫用に当たるが、ライセンス料相当額の範囲内では権利の濫用に当たるものではないとされた。また、FRAND条件でのライセンス料相当額の範囲内での損害賠償請求については、標準必須特許の場合でも、特段の事情のない限り、制限されるべきではないとされた[31]。

　この知財高裁の判決を受けて、公正取引委員会（公取委）の**知的財産ガイドライン**は[32]、「FRAND宣言をした標準規格必須特許を有する者が、FRAND条件でライセンスを受ける意思を有する者に対し、ライセンスを拒絶し、又は差止請求訴訟を提起すること……は、規格を採用した製品の研究開発、生産又は販売を困難とすることにより、他の事業者の事業活動を排除する行為に該当

---

29) 補完的でなく代替的な特許が集約されると、規格間競争のみならず、製品市場の競争も抑止されるかもしれない。Lerner and Tirole（2004）を参照。標準必須特許を形成する標準化機関によるFRANDスキームのインセンティブ構造の脆弱性を論じたLerner and Tirole（2015）も参照のこと。

30) FRAND宣言によるロイヤリティの緩やかなコミットメントが多くの特許紛争の原因となってきたことを指摘し、その対策を論じたLemley and Shapiro（2013）を参照。IT分野の標準必須特許に関するケーススタディにNagaoka et al.（2009）がある。

31) 2013年（平成25年）（ネ）第10043号知財高裁大合議判決。

32) 公取委は、2007年9月28日に「知的財産の利用に関する独占禁止法上の指針」を公表している。現行の指針は2016年1月21日に改定・公表されたものである。ここではこの指針を単に知的財産ガイドラインと略称する。

する場合がある」と述べており[33]、FRAND宣言された特許の権利行使に一定の歯止めを課している。ただし、「意思を有する者」をどのように認定するかが問題となる。実際には、ライセンスを受ける意思を表明しつつ延々とライセンス交渉を長引かせてライセンス料を支払わないケースもある[34]。特許権者の差止請求権の制限と、FRAND宣言に基づく合理的ライセンス料の間で、適切なバランスをいかに図るかが問われているといえよう[35]。

技術市場と競争政策との関係では、この他にも、ライセンス拒絶、研究に従事する者の引き抜き禁止、利用許諾をした事業者の研究開発活動の制限、ライセンシーによる改良技術をライセンサーに譲渡する義務（グラントバック）、ライセンシーが取得した知識や経験をライセンサーに報告する義務（フィードバック）といった拘束条項が課される場合が問題となる。これらの制限条項は、その態様や内容のいかんによって、技術市場や製品市場の競争に悪影響を及ぼす場合があるからである。競争促進効果と競争制限効果を比較衡量しつつ、適切なライセンス規制を行うことが求められる[36]。

5-2　特許の強制的な実施許諾

特許の**強制実施許諾**（compulsory licensing）とは、特許権者の承諾なく、

---

33) 知的財産ガイドライン（第3・1（1）オ）を参照。なお、このFRANDに関する記述は、2016年の知財ガイドラインの改訂の際に新しく追加されたものである。FRANDの解釈を巡ってはさまざまな議論がある。例えば、FRAND宣言による特許の差止請求権の行使を制限すべきとする田村（2013）を参照されたい。

34) このようなケースをリバース・ホールドアップと呼ぶことがある。FRAND宣言によって差止請求が制限されると、ホールドアップとは立場が逆転するという意味であろう。Lemley and Shapiro（2013）を参照。

35) 類似した興味深い事例として、ワン・ブルー・エルエルシーに対する独禁法違反事件（公取委2016年11月18日公表）がある。

36) 1995年に米国司法省と連邦取引委員会によって公表された「知的財産権のライセンシングに関する反トラスト法上のガイドライン」（Antitrust Guidelines for the Licensing of Intellectual Property）では、製品市場、技術市場に加えて、**技術革新市場**（innovation market）という概念を定義している。これは事前的ライセンスを射程に入れた市場とみなすことができる。一方、日本の知的財産ガイドラインでは、市場の定義は製品市場と技術市場の二分法であり、技術市場のなかで研究開発競争の効果を検討するというスタンスがとられている。欧州もほぼ同様であるが企業結合審査では研究開発競争の踏み込んだ分析も行われている。

214　第Ⅳ部　イノベーションと政策

第三者が当該特許を実施することを政府が承認することをいう。TRIPS合意31条では、強制実施が認められるための条件としては、主に、国家的緊急事態、国家による非商業的実施、あるいは特許権者による反競争的行為が認められる場合に限定されている。また当該特許の使用は、それを許諾する当該加盟国の国内に限定されることも規定されている。さらに、特許権の使用は非排他的であること、経済的価値に見合った適切な対価を特許権者が請求できることとも規定されている。

　GATT・WTOの場におけるTRIPSの交渉過程では、先進国側は、強制実施権によって適切な研究開発インセンティブが失われ、途上国への技術移転や特許製品の輸入・販売が抑制されると主張してきた。一方、途上国側は、強制実施は公共の利益と権利者の利益の均衡を図るための規定であり、特許権の濫用防止や途上国の技術開発に不可欠であると主張してきた。両者の利害対立は、エイズ、マラリア等、生命に関わる医薬品の場合にきわめて深刻なものとなる。強制実施権をめぐる問題は今後も再燃する可能性が高い。

　日米間でも強制実施権は大きな問題となったことがある。1994年に日米両国特許庁で「共通の理解」という合意が結ばれ、日本の特許庁は、利用関係に基づく日本国特許法92条による裁定請求があっても、「司法又は行政手続きを経て、反競争的であると判断された慣行の是正」等のためでなければ、利用発明に係る強制実施権の設定の裁定は行わないとしている。

　日本の特許法69条1項では、改良技術の開発等を目的として特許発明に係る技術を試験し研究する行為については、特許発明の実施に当たらず、特許権侵害にはならないと規定されている。このような試験的な実施を排他権から除外することによって、研究開発競争が促進されると期待してのことである。しかし、リサーチ・ツールの発明の実施と試験研究による実施の区別はそれほど自明なことではない。日本の企業や大学が海外企業や大学から試験的な発明の実施で警告を受ける事例も増えつつある。米国では、政府が資金提供した研究成果に対する強制実施権の設定を認めている[37]。日本でも政府から研究資金が提供される委託研究が増えていることから鑑みて、同様の条項の必要性を検討

---

37) 米国バイ・ドール法（Bayh-Dole Act）のマーチ・イン条項（March-in clause）という。なお、政府の研究委託等については第11章で検討する。

第9章　技術市場と累積的イノベーション　**215**

する必要があるだろう[38]。

5-3　職務発明制度（特許法35条）

　企業は、研究者に蓄積された人的資本を雇用契約によって管理している。米国のように雇用者と被雇用者との自発的な契約を重視する国では、あらかじめ研究開発の成果の取扱いに関して詳細な雇用契約が結ばれるのが通常である。しかし日本では、特許法のなかで雇用者と被雇用者との利益考量を図ってきた[39]。これを**職務発明制度**という。しかし、この特許法35条の職務発明の規定は、2004年および2015年に、使用者側の強い要請を受けて、相次いで改正されてきた。

　2004年改正以前の特許法35条では、従業者が職務上行った発明について使用者が特許権等を取得した場合、原則として特許を受ける権利は発明者に帰属し、使用者等が特許出願をするためには、その権利を発明者から譲り受ける必要があった。これを**発明者帰属**という。使用者側である企業は、従業員が職務発明による特許を受けた場合は、その特許権を実施する権利（通常実施権）を有するものと規定されていた[40]。ただし、発明者は、特許を受ける権利を使用者に承継させた場合、その対価を請求することができた。このとき、従業者は、**相当の対価**の支払いを受ける権利を有するものと規定されていた（旧法3項）。さらに、「相当の対価の額は、その発明により使用者等が受けるべき利益の額及びその発明がされるについて使用者等が受けるべき利益の額及びその発明がされるについて使用者等が貢献した程度を考慮して定めなければならない」と規定していた（旧法4項）。以上の関係を図示したのが図9-3である。

　しかし、日本では、2000年代から、これら職務発明の規定を巡って、従業員

38）Tandon（1982）は、特許による独占を牽制する手段として強制実施制度が厚生を改善する可能性を理論的に示した。

39）ドイツは、特許法ではなく別途に従業者発明の法律を設けている。米国は判例法に委ねている。ただし公務員の発明についてのみ法律を設けている。

40）特許契約によって設定される実施権（ライセンス）には、専用実施権と通常実施権がある。専用実施権は物権的権利であり、独占的実施権、差止請求権、損害賠償請求権を伴う。また、通常実施権とは債権的権利であり単に実施するだけの権利をいう。したがって、独占的・非独占的のいずれによっても通常実施権を契約に定められる。一方、物権と債権の区別がない英米法では、契約法の規範に従って独占的実施権（exclusive license）と非独占的実施権（non-exclusive license）が区別される。

216　第Ⅳ部　イノベーションと政策

図 9-3 改正前の職務発明制度

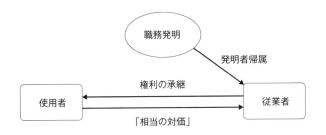

である発明者が使用者である企業を訴えるケースが頻発した。例えば、オリンパス事件（東京高裁平13. 5 .22判決）では、「社内規定が特許法35条3項4項に照らして合理的であり、かつ、具体的事例に対するその当てはめも適切になされたときには、それにより、従業者等が相当の対価の支払いを受けることになる」と判示した。ただし、同判決もその他の判決も、企業の作成した社内規定の合法性について判断しなかった。これらの判例では、相当の対価の算定は裁判所が個別に判断する結果となっており、合理的な算定基準が明示されていないという問題があった。

　このような予測可能性の低い状況に対応して、2004年に特許法が改正され（2005年4月1日施行）、職務発明に係る相当の対価については、使用者等と従業者等の間の「自主的な取決め」にゆだねることを原則とした。しかし、契約、勤務規則その他の定めに基づいて対価が支払われることが不合理と認められる場合等には、従来の職務発明制度と同様に、一定の要素を考慮して算定される対価を相当の対価とみなすこととなった。

　しかし、この改正によっても、従業者の権利保護が強すぎるために従業者からの訴訟リスクが十分に軽減されていないという使用者側の不満が強かった。そこで、2015年7月に職務発明の規定が再度改正され（2016年4月1日施行）、使用者が従業者に対して、あらかじめ職務発明規定等に基づいて帰属の意思表示をした場合には、特許を受ける権利は、発明の発生時から**使用者帰属**とすること（3項）、従業者は相当の金銭その他の経済上の利益（これを**相当の利益**という）を受ける権利を有すること、が定められた（4項および5項）。ここで、相当の利益とは、金銭に限らず、その他の経済上の利益でもよいことが改正のポイントとなる。また、使用者と従業者との間の相当の利益に関して考慮

図 9-4　改正後の職務発明制度

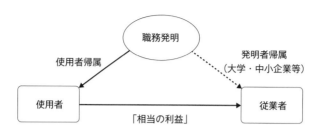

すべき事項について指針（ガイドライン）を定め、これを公表する規定が新設された（6項）。ただし、大学や中小企業の一部などでは、従業者帰属を希望する法人もあることから、使用者が従業者に対してあらかじめ権利帰属の意思表示をしなければ、特許を受ける権利を従業者に帰属させることもできることとされた。以上の関係を図示したものが図9-4である。

　この改正によって、従業者発明の所有権は原則として使用者側に帰属することとなった。これによって、従業者発明のインセンティブにマイナスの影響が及ぶことが懸念される[41]。ただし、35条の新しい規定が、従業者の発明のインセンティブにどのような影響を与えているかを見極めるためには、相当の利益に係るガイドラインの規定がどのように運用されるかにかかっている。また、大学やベンチャーは従来どおり従業者に発明を帰属することが改正法でも認められている。また、旧法のもとで従業者帰属の発明や特許出願が促進されたという明確な証拠があるわけでもない[42]。

5-4　リーチ・スルー・ライセンス

　累積的なイノベーションでは、基礎研究の生み出す技術が応用研究を可能とする。この点を強調して、先行する技術を**リサーチ・ツール**あるいは**可能化技術**（enabling technologies）と呼ぶ。リサーチ・ツールのなかには、遺伝子組み換え技術のように代替的な技術がある場合と、遺伝子解析情報のように代替的技術が存在しない場合がある。そこで、リサーチ・ツールに特許が付与され

41）研究開発マネジメントと所有権の配分の関係については第7章第3節第3-3項を参照。
42）Furukawa and Goto（2006）を参照。

た場合のライセンス契約について考えよう。

　リーチ・スルー・ライセンスとは、リサーチ・ツール特許のライセンスにあたり、当該研究ツールの利用から得られる成果物に対しても、リサーチ・ツール特許の効力が及ぶかのように扱い、その成果物の売上高に応じたライセンス料の支払いを求めたり、成果物から得られる将来の発明についても排他的ライセンス契約を課すように求める契約をいう。このような契約事例が特にバイオ関連発明に散見されるようになり、米国で大きな問題となった[43]。

　米国では、アメリカ国立衛生研究所（NIH: National Institutes of Health）、大学などの公的機関が研究者と特許権者の間に積極的に介入する事例が増えている。特許化されたリサーチ・ツールをライセンシーが非営利的な目的（例えば政府が資金提供する大学の研究）に使用する場合はライセンス・フリーとするといった対応が必要となるだろう。

> **●キーワード●**
> 技術市場、知的財産権、権利行使（エンフォースメント）、技術の累積的性質、TRIPS協定、秘密保持契約、リバース・エンジニアリング、チャイニーズ・ウォール、ロイヤリティ・スタッキング、特許の藪、収入効果、レント消失効果、事後的ライセンシング、事前的ライセンシング、水平的取引、垂直的取引、オープン戦略、オープン・アーキテクチャー戦略、オープン＆クローズ戦略、非係争義務、不争義務、リバース・ペイメント、標準必須特許、FRAND宣言、知的財産ガイドライン、強制実施許諾、職務発明制度、発明者帰属、相当の対価、使用者帰属、相当の利益、リサーチ・ツール、可能化技術、リーチ・スルー・ライセンス

▶**理解を深めるためのヒント**

9-1 　近年、秘密保持契約や雇用契約における競業避止義務（不争義務）が多用されているといわれている。これらの契約条項が、技術取引や技術者の雇

---

43) 特に米国で特許係争が多く見られたバイオ関連のリサーチ・ツール特許の例として、PCR法、DNAアレイ法、遺伝子断片（ESTs）、実験動物（OncoMouse等）がある。

第9章　技術市場と累積的イノベーション　**219**

用の流動性にどのような影響を与えるかを考えてみよう。

9-2 ロイヤリティ・スタッキングが起こる状況を、クールノー・モデルを用いて説明してみよう（ヒント：Shapiro（2001）を参照）。

9-3 ライセンサーが、下流の製品市場に流通・販売網やブランドイメージといった補完的資産をもつ場合、収入効果とレント消失効果はどのような影響を受けるだろうか。このとき、ライセンサーによる技術供与のインセンティブはどうなるか考えてみよう。

9-4 技術取引は19世紀末には活発に行われていたが、20世紀前半には停滞した。しかし、1980年頃から再び技術取引が活発化した。この背景に一体何があったのだろうか。産業革命のうねり、技術革新の盛衰、米国への一極集中、世界市場の統合と分断、知的財産制度の経緯など、いろいろな要因が考えられる。ただしいずれも頑健で様式化された見方が成立しているわけではない。手がかりとして、19世紀末から20世紀前半にかけての有名な発明家と、その発明がどのように普及したかを調べてみよう。

参考文献

大西宏一郎・岡田羊祐（2005）「特許ライセンスの契約形態の決定要因：企業規模と特許の藪」、『日本経済研究』、No. 52、44-66。

鮫島正洋・小林誠（2016）『知財戦略のススメ：コモディティ化する時代に競争優位を築く』、日経 BP 社。

田村善之（2013）「特許権侵害訴訟における差止請求権の制限に関する一考察：解釈論・立法論的提言」、『競争法の理論と課題：独占禁止法・知的財産法の最前線』（根岸哲古希祝賀）、有斐閣、699-715。

田村善之（2012）『ライブ講義 知的財産法』、弘文堂。

特許庁・発明協会（2011）『技術移転とライセンシング』、（社）発明協会アジア太平洋工業所有権センター。

Abram, D.（2009）"Did TRIPS Spur Innovation? An Analysis of Patent Duration and Incentives to Innovate," *University of Pennsylvania Law Review* 157：1613-1647.

Arora, A. and A. Fosfuri（2003）"Licensing the Market for Technology," *Journal of Economic Behavior and Organization* 52：277-295.

Arora, A., A. Fosfuri, and A. Gambardella（2001）*Markets for Technology: The Economics of Innovation and Corporate Strategy*, MIT Press.

Arora, A. and A. Gambardella（2010）"The Market for Technology," in B. H. Hall and N. Rosenberg eds., *Handbook of the Economics of Innovation*, North-Holland, 641-678.

Arrow, K.（1962）"Economic Welfare and the Allocation of Resources for Invention," in R. R. Nelson ed., *The Rate and Direction of Inventive Activity: Economic and Social Factors*, Princeton University Press, 609-626.

Chan, T., J. A. Nickerson, and H. Owan（2007）"Strategic Management of R&D Pipelines with Cospecialized Investments and Technology Markets," *Management Science* 53：667-682.

Cohen, W. M., A. Goto, A. Nagata, R. R. Nelson, and J. P. Walsh（2002）"R&D Spillovers, Patents and the Incentives to Innovate in Japan and the United States," *Research Policy* 31：1349-1367.

Edlin, A., S. Hemphill, H. Hovenkamp, and C. Shapiro（2013）"Activating Actavis," *Antitrust* 28：16-23.

Furukawa, R. and A. Goto（2006）"The Role of Corporate Scientists in Innovation," *Research Policy* 35：24-36.

Green, J. and S. Scotchmer（1995）"On the Division of Profit in Sequential Innovation," *Rand Journal of Economics* 26：20-33.

Hart, O.（1995）*Firms, Contracts, and Financial Structure*, Oxford University Press.

Katz, M. and C. Shapiro（1985）"On the Licensing of Innovations," *RAND Journal of Economics* 16：504-520.

Lemly, M. A. and C. Shapiro（2013）"A Simple Approach to Setting Reasonable Royalties for Standard-Essential Patents," *Berkley Technology Law Journal* 28：1135-1166.

Lerner, J.（2002）"150 Years of Patent Protection," *American Economic Review* 92：221-225.

Lerner, J.（2009）"The Empirical Impact of Intellectual Property Rights on Innovation: Puzzles and Clues," *American Economic Review Papers and Proceedings* 99：343-348.

Lerner, J. and J. Tirole（2004）"Efficient Patent Pools," *American Economic Review* 94：691-711.

Lerner, J. and J. Tirole（2015）"Standard-Essential Patents," *Journal of Political Economy* 123：547-586.

Motohashi, K.（2008）"Licensing or Not Licensing? An Empirical Analysis of the Strategic Use of Patents by Japanese Firms," *Research Policy* 37：1548-1555.

Nagaoka, S. and H. U. Kwon（2006）"The Incidence of Cross-licensing: A Theory and New Evidence on the Firm and Contract Level Determinants," *Research Policy* 35：1347-1361.

Nagaoka, S., N. Tsukada, and T. Shimbo（2009）"The Structure and the

Emergence of Essential Patents for Standards: Lessons from Three IT Standards," in U. Cantner, JL. Gaffard, and L. Nesta eds., *Schumpeterian Perspectives on Innovation, Competition and Growth*, 4, Springer, 435-450.

Nishimura, J. and Y. Okada (2014) "R&D Portfolios and Pharmaceutical Licensing," *Research Policy* 43：1250-1263.

Rey, P. and T. Vergé (2008) "Economics of Vertical Restraints," in P. Buccirossi ed. *Handbook of Antitrust Economics*, MIT Press, 353-390.

Scotchmer, S. (1996) "Protecting Early Innovators: Should Second-Generation Products be Patentable?" *Rand Journal of Economics* 27：322-331.

Scotchmer, S. (2004) *Innovation and Incentives*, MIT Press. (青木玲子監訳・安藤至大訳『知財創出：イノベーションとインセンティブ』日本評論社、2008年)

Shapiro, C. (2001) "Navigating the Patent Thicket: Cross Licenses, Patent Pools, and Standard Setting," in A. B. Jaffe, J. Lerner, and S. Stern eds., *Innovation Policy and the Economy*, vol.1, MIT Press, 119-150.

Tandon, P. (1982) "Optimal Patents with Compulsory Licensing," *Journal of Political Economy* 90：470-486.

第 *10* 章

特許制度の法と経済学

1 特許制度の特徴

　本章では、特許制度の枠組みと機能、および、特許の権利行使に関する政策的課題を整理して検討する[1]。特許制度は、発明を奨励し、これによって産業の発達に寄与することを目的し、この目的達成のために、「発明の保護」と「発明の利用」を図るものとされている（特許法 1 条）。すなわち、発明者に対して、その発明の排他権を一定期間付与することによって発明のインセンティブを確保する一方で、その発明の内容を公開させることによって技術の普及を促すという 2 つの役割を担っている。したがって、特許制度では、これら 2 つの目的をいかにバランスさせるかが重要な政策的課題となる。

　経済学の視点から特許制度を検討する場合、その複雑な規範、権限、手続きのすべてを網羅的に論じるのは適当でなく、制度の本質的特徴を抽出しつつ、その機能を分析・評価することが望ましい。そこで、以下では、特許権の財産権としての特徴を、特許要件、特許期間、特許範囲の 3 つの視点から説明して、それらの特徴がイノベーションにいかなる影響を与えるかを検討する[2]。

---

1 ）以下の議論の一部は、Okada and Asaba（1997）、岡田（1998, 1999）に基づく。
2 ）特許制度の入門書として、島並他（2014）を参照。また、特許制度をわかりやすく詳細に解説した吉藤（2002）も依然として有益である。

223

1-1 特許制度の定義

最初に特許制度を経済学的に定義しておこう。特許制度とは、研究開発のもたらす事前の私的期待収益率を高め、事後に実現される社会的収益率を一定期間低く止めることによって専有可能性を高める制度である。特許権の画定が明確となり、差止請求や損害賠償請求等の権利行使が十分に可能となれば、事後の社会的収益率は低くなり、事前の私的期待収益率は高くなる。したがって、研究開発インセンティブを高める方向に働く。

ただし、特許による技術の専有可能性の程度は、以下の4つの条件に依存することに留意しなければならない。すなわち、①特許権の累積的性質、②特許権の保護範囲が抵触する可能性、③特許情報の公開・普及の仕組み、④特許の損害賠償・差止請求のあり方、である。特許制度は、これらの条件を規定するさまざまな制度の集合体であるといえよう。

歴史的にみれば、特許保護の態様は、技術分野ごと、時代ごとに一様だったわけではなく、日本を含めてほとんどすべての国は、権利保護の弱い特許制度から、広い技術分野にわたって権利保護の強化された特許制度へと徐々に移行してきた。また、特許制度の具体的な規定は、以下にみるように、そのときどきの政策目的に応じて、高い頻度で柔軟に調整されてきたといってよい。

1-2 特許権の特徴

通常の財産権は、有体物（モノ）の権利であり、その権利の画定に紛れが生じることは少ない[3]。しかし、技術情報に所有権の境界を人為的に設けようとすれば、複雑な概念を言語的に構成しつつ概念相互の階層性や包含関係に明確な解釈を与えなければならない。残念ながら、通常の財産権と同様の明確さで知的財産権の境界を画定することはほぼ不可能である。知的創作物は、その専有の程度を有体物のように明確に規定しがたいため、また、その程度や範囲こそ理論的にも実務的にも重要な課題であるがゆえに、その扱いに特段の考慮が払われるのである。以下、特許権の特徴を簡潔にまとめておくこととしよう。

3）法律的には、財産権（property right）とは，使用・収益・処分等の権利と定義される。英米法等のコモン・ローの財産権は、物的財産（real property）と人的財産（personal property）に分類され、知的財産権（intellectual property）は後者の一部を構成する。

第1に、発明者が特許権を取得するためには、特許庁による実体審査を経なければならない。これを**審査主義**と呼ぶ。一方、著作権や1993年の特許法改正以降の実用新案権では実体審査は不要である。このような方式を**無審査主義**と呼ぶ。

第2に、審査の過程で、特許要件として、**新規性、自然法則の利用、進歩性**の要件が課される。日本の現行の特許要件は、1959年（昭和34年）の特許法改正によって確立されたものである。ただし、実体審査の基準は、技術進歩に応じて柔軟な見直しが必要とされるものであり、特許庁の審査官の不断の能力向上も求められる。

第3に、特許権には法定上の保護期間が定められ、しかも著作権等の他の知的財産権と比べて相対的に短くなっている。例えば、著作権の場合は著作者の死後50年までという長期の保護期間が適用されるのに対して、特許権の存続期間は、特許権の登録日から始めて特許出願日から20年までとなっている。すなわち、特許権には出願日から20年を超えないという**シーリング**が課されている。したがって、実質的な権利行使可能期間は、出願から登録までの審査に要する時間にも依存する。

第4に、特許権を取得する場合には、権利内容の公開および登録が必要となる。まず、出願後に権利内容の公開が行われる[4]。日本では、出願後18カ月を経過すると自動的に出願内容が全文公開される。これを**出願公開制度**という。その後、実体審査を経て拒絶理由が無いと判断されると特許査定の謄本が出願人に送付され、3年分の特許料を払うと特許登録されて特許内容が特許公報に掲載される。

第5に、特許請求の範囲を限定する**請求項**（クレーム）の文書化によって権利内容の明確化が図られる。このクレームに関わる審査上の手続きや取扱いは、権利の保護範囲を決める重要なポイントである。

第6に、特許権の**裁定実施制度**によって公共の利益との調整が図られる。裁定実施権とは、特許庁による裁定によって特許権者が設定せざるを得ない通常実施権をいう[5]。特許法に基づき裁定が行われる状況は、特許権者が自ら実施

4）1993年まで、特許の実体審査を経た特許出願を公告して異議申立の機会を与える制度が設けられていた。後述の異議申立制度の項（第3節第3-4項）を参照されたい。

5）通常実施権という用語については第9章注40を参照。

を行わない不実施の場合（特許法83条）、他人の先願特許を用いる利用発明の場合（同92条）、および公共の利益のために特に必要とされる場合（同93条）の3通りである。

以上6点の特徴は、特許制度の根幹に関わる論点を網羅している。これらの特徴は、排他権という強力な効力を特許権に付与する際に、財産権に特別な制約を加えるものと理解できよう。

2 特許要件

以下では、特許権の画定のあり方を、**特許要件**（patentability）、**特許期間**（patent length）、**特許範囲**（patent scope）という3つの視点に絞って検討する。このうち、特許要件とは、発明者がその知的創作物の財産形態を選択する際のルールと位置付けられる。すなわち、自らの発明を、特許権として保護するか、それとも企業秘密として秘匿するかという選択を行う際の規範となるものである。特許要件として特許法に定められているのは、新規性、進歩性、自然法則の利用、産業上の利用可能性である。このうち特に重要となる新規性と進歩性について説明しておこう。

2-1 新規性

発明者に特許を付与する主な目的は、有用な発明が秘匿されることを抑制し、その公開・普及を促すことにある。したがって、すでに公開され公知となった技術情報に特許権は付与されない。すなわち、発明の新しさが特許の第1の要件とされる。この基準を**新規性**（novelty あるいは newness）という。新規性は特許要件のなかでも最も基本的な基準である。

新規性基準のもつ重要な機能は、特許取得可能な技術領域を限定することにある。これによって、特許を取得した際に公開しなければならない技術情報の範囲も画定される。

先願主義と先発明主義

特許制度では、**1発明1特許の原則**、あるいは**重複特許禁止の原則**が適用される。したがって、2つの同じ内容の出願が並立する場合、どちらの出願に特

226　第Ⅳ部　イノベーションと政策

許権を付与するべきかが問題となる。これに対する規範としては、**先願主義**と**先発明主義**の2つの立場が並存していたが、現在ではすべての国で先願主義が採用されている。

先願主義では、先に特許庁に出願したものに特許の優先権が付与される。これは手続き的にも明快でわかりやすいであろう。一方、先発明主義は、先に発明したものに特許が付与されるという考え方である。かつて先発明主義をとっていたアメリカでは、たとえ他の者に先に特許出願・登録されても、自分の方が先に発明したこと、およびその発明の実施に「熱心」(diligent) であったことが証明できれば先願特許を無効とすることができた。ただし、他人の特許取得から1年以内に侵害を訴える必要があった。

先願主義への収斂

しかし、技術によっては、他人の侵害の事実を発見することは容易でない。1年の猶予期間のうちに侵害の事実を突き止めなければならないため、先発明者は特許の出願・登録状況をくまなく探索し続けなければならず、そのようなコストを回避しようとするならば、自ら特許出願をしておくより他なく、その場合には先願主義の場合と結果的に同じことになる。先発明主義は、理念としては支持しうるものの、それを支える処理手続きが迅速・的確に行われないかぎり、その実務上の頑健性に欠けるといえよう。先発明主義を唯一維持していた米国も、2011年9月に成立した**米国発明法**(AIA: America Invents Act) によって、2013年3月から先願主義に移行している。

2-2　進歩性

特許の取得要件には、新規性の他に、**進歩性**と呼ばれる基準が適用される。進歩性とは、特許法29条2項に規定される特許要件の一般的な略称である。進歩性とは、特許出願前にその発明の属する技術分野において通常の知識を有する者が容易に発明することができない程度とされる。構成の困難性、発明の非容易性、または非自明性と呼ばれることもある。

進歩性の基本的機能が特許対象範囲の限定にあることは、新規性と同様である。しかし、その対象範囲の限定の方法は異なる。新規性では限定の基準が時間的に決まるので比較的客観的な基準であるといえる。これに対して、進歩性

第10章　特許制度の法と経済学　**227**

では、特許の対象範囲を、構成の困難性、発明の非容易性といった基準で限定するため、特許の審査官と出願者の間で判断基準が一致する蓋然性は新規性よりも低い。進歩性の判断基準は、どのような基準を採るにせよ、審査官の主観的判断に依存する面があることは否めない。進歩性の判断は、定義の困難な発明を敢えて定義することに等しいからである。したがって、特許の有効性を事後的に争う仕組みが特許制度には不可欠となる[6]。

3 特許の審査実務上の課題

3-1 審査期間の短縮化

特許制度で審査主義が採られる理由は、排他権の強い特許が付与される技術領域は、発明の累積性に照らして適切に限定することがイノベーションの促進という観点から望ましいこと、また、特許権相互の抵触をできるだけ減らすべきことにある。このとき、迅速・的確に特許審査を行うことが、特許制度の頑健性を高めるうえで肝要となる。しかし、特許審査に伴う技術的判断の難しさ、および、特許出願件数の急増によって、審査期間が慢性的に長期化する問題が生じている。日本では、1990年代末以降に出願件数が年間40万件を越える事態に至り、審査官不足と審査期間の長期化、審査未処理件数の累積が問題となった。1990年代から2000年代にかけての日本の平均的な特許審査の処理期間は最長で30カ月以上に及んだ。これ以後、審査官定員の増加や出願抑制策が講じられてきた結果、最近では15カ月程度まで短縮されている[7]。

審査期間が長期にわたることは、出願の公開から登録までの期間、特許権が不安定な状態におかれることを意味し、無用の紛争や研究開発の重複投資を招く原因ともなる。技術情報のなかには、模倣のコストが小さく、技術のライフサイクルの短いものも多い。このような技術領域では、審査期間が長引くことによって実質的な発明の保護が行われなくなるものも現れる。この場合、出願

---

6) 後述の異議申立制度の項（第3節第3-4項）を参照。
7) 例えば、2016年度の実績を見ると、一次審査通知までの期間は平均9.4カ月、審査請求から権利化までの期間は14.6カ月であった。この実績値は欧米など他の特許審査機関の審査期間よりもかなり短くなっている。特許庁年次報告書（各年版）を参照。

228 第Ⅳ部 イノベーションと政策

内容が公開されることを嫌って出願自体が抑制され技術情報の秘匿化が進む懸念も高まる。

3-2 出願公開制度

審査期間の長期化への対策としては、特許庁による審査能力の拡大、および出願の抑制の2つが挙げられる。審査能力が出願動向に合わせて調整されるべきことは当然であるが、出願の抑制策についてはその是非も含めて考慮すべき点がある。そこで以下では、出願の抑止策として1971年に導入された**出願公開制度**と**審査請求制度**について検討することとしよう。

出願公開制度とは、すべての出願について出願後早期にその内容を公開し、これに**拡大された範囲の先願**（特許法29条の2）および**補償金請求権**（特許法65条）を与える制度のことをいう。ここで拡大された範囲の先願とは、出願公開された先願の特許の請求項（クレーム）以外に記載されている明細書や図面も、これを特許請求の範囲とする後願は拒絶されるとしたものである。出願内容が公開された後では、当該技術は公知とみなされるため、後願特許は新規性の要件を満たさないものとされる。また、1999年（平成11年）特許法改正によって**早期公開制度**が導入され、出願人が請求すれば出願日から18カ月を待たなくても早期に出願公開できるようになった。一方、補償金請求権とは、出願公開後にその出願内容に係る発明（特許請求の範囲に記載された発明）を実施した者に対して、警告することを条件として、警告後から特許権が登録されるまでの実施料相当額を請求できる権利である。

出願公開制度の経済的効果としては、以下の3点が挙げられる[8]。第1に、早期の情報公開を通じて研究開発の重複投資を回避すること、第2に、いわゆる「善意の第三者」の事業活動が特許成立後に侵害として突然差し止められることを防ぐこと、第3に、審査の長期化に伴う技術の陳腐化による出願者の逸失利益を補うように早期のライセンシングやクロス・ライセンシングを促すことである。これら3点からいえることは、出願公開制度は、審査の長期化による累積的な研究開発への悪影響を、早期の情報公開によって緩和させるということである。ただし、出願公開制度によって特許出願が抑制された証拠は見出

8）Ordover（1991）を参照。

しがたい[9]。特許出願のインセンティブは、その他の経済的・制度的要因が強く影響していることが示唆される。

3-3 審査請求制度

審査請求制度とは、出願されたものをすべて一律に審査するのではなく、出願から一定期間以内に審査請求の手続きをしたものに限り審査をする制度である。また、出願から審査請求までの期間は出願人の自由な選択に委ねられる。出願から審査請求に至るまでは、拡大された先願としての地位を保証され、模倣者に対する補償金請求権が認められる。ただし、登録に至るまでは差止請求権や損害賠償請求権は認められない。

日本では、1971年に審査請求制度が導入された際に、出願日から7年以内に審査請求をすることができるとされていた。しかし、7年の審査請求の猶予期間は長すぎるとの批判が内外から強まり、2001年10月から3年に短縮されている[10]。最近20年ほどの出願件数、審査請求件数、登録件数の推移を図10-1に示してある。2004年ごろから審査請求件数が急増した理由は、審査請求期間が

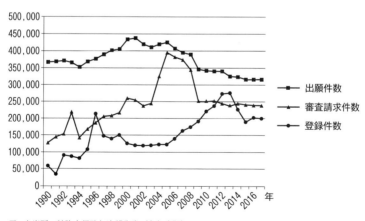

図10-1 日本の特許出願件数・審査請求件数・登録件数の推移

データ出所：特許庁行政年次報告書（各年度版）

---

9) Okada and Asaba (1997) を参照。
10) 多くの国・地域で審査請求制度は採用されている。ただし、米国には審査請求制度はなく、出願されたものは直に審査手続きに移行する。

短縮されたことによって新旧の審査請求制度に基づいて重複的に審査請求が生じたためと推測される。

審査請求制度の目的は、審査の繰り延べによって審査対象件数を減少せしめて、審査期間の短縮を図ることにある。すべての出願件数のうち期限内に審査請求が行われた比率は、日本では7割強となっている。出願件数よりも審査請求件数が低くなる理由として、第1に、拡大された先願としての地位を確保することによって第三者からの特許侵害訴訟のリスクを低減させようという意図の出願、いわゆる防衛的出願が日本では多いこと、第2に、後述するように、出願のみに要するコスト（出願料金）は審査や権利維持のコストよりも低いこと、第3に、1993年に特許法が改正されるまでは、日本では出願後の補正を柔軟に行うことができたことなどを挙げることができる。

このうち、日本で防衛的出願が多いことはデータでも確認できる。2016年度の『知的財産活動調査』（特許庁）によれば、調査回答企業5071社の所有する特許120万2342件のうち、未利用特許は35万9446件、うち防衛目的とするものが20万3353件となっていた。すなわち、登録された特許のうち3割程度は不実施であり、全体の2割弱の特許が防衛的動機によるものとなっていた。

3-4　異議申立制度

日本では、1994年までは、より瑕疵のない安定した権利を付与するという観点から、登録前の**異議申立制度**が設けられていた。すなわち、特許付与前の異議申立制度と、特許付与後に特許無効を請求する審判制度が特許の有効性を争うための仕組みとして並存していた。しかし、早期の権利付与の観点、また多くの国で特許付与後の異議申立制度が採用されていること等の理由から、1994年（平成6年）特許法改正によって、特許付与後の異議申立制度が導入されることになった。

その後、異議が認められないケースの紛争が審判に拡大して長期化する弊害が目立つようになったため、紛争の一回的解決と当事者の負担軽減の目的から、2003年に異議申立制度が廃止されて、他人の特許を消滅させる方法は無効審判のみとなった。これにより、異議申立は、審判官による審理のみによって判断されることになった。

しかし、特許無効審判請求の実務的負担は重く多くの者にとって利用が難し

いこと、グローバル化の進展とともに国際出願による権利取得が増えてきたことから、再び権利を早期に安定化させたいとの要請が強まったため、特許庁は、2013年（平成26年）特許法改正によって、特許異議申立制度を復活させることとなった。

異議申立制度は、特許の質を保証する仕組みとして極めて重要なものである。しかし、特許の有効性を争う3つの仕組みである異議申立制度、無効審判、民事上の特許侵害訴訟の適切な組み合わせを巡る制度変更がこれまで何度も繰り返されてきた。手続きの迅速化を図りつつ、特許権者と異議申立人の権利のバランスを図るという難しいトレードオフに直面するなかで、国内外の権利関係の調整を求めるさまざまな力学の影響を受けながら、異議申立制度の仕組みが見直され続けてきたのが実態であるといえよう[11]。

4 | 特許の期間

特許権の画定を論じるうえで、特許要件と並んで重要となるのが特許期間である。日本の特許期間は、出願日から20年を超えないものとされている。しかし、実質的な保護期間は、さまざまな要因によって長くも短くもなる。以下では、特許期間の変動要因を、制度的要因と技術的要因の2つの面に分けて検討する。

4-1　制度的要因による変動

特許の料金構造

特許が登録された後に特許権を維持するためには、特許権者は特許料金を定期的に特許庁に納付しなければならない。したがって、特許の経済的価値が特許料金を下回れば、特許料金は納付されなくなり、特許権は消滅することになる。もし特許料金が逓増型になっていれば、法定の期限に達する前に特許権が消滅することとなるので、特許期間を短縮させる効果を伴うといえる。すなわち、特許料金の逓増化によって特許の陳腐化を人為的に早めることが可能とな

---

11) 各国・地域の異議申立制度は司法制度や行政争訟の仕組みの違いを反映して相当に異なっている。例えば、日本国際知的財産保護協会（2017）を参照。

表10-1　日本の特許料金の構造

出願料	14,000円
審査請求料	118,000円＋請求項の数×4,000円
特許料・登録料	
第1年～第3年	毎年2,100円に1請求項につき200円
第4年～第6年	毎年6,400円に1請求項につき500円
第7年～第9年	毎年19,300円に1請求項につき1,500円
第10年～第25年	毎年55,400円に1請求項につき4,300円
(21年～25年までは延長登録の出願があった場合のみ)	

るのである。

　日本の特許料金は、他国と比較して出願料が低く、特許料金の逓増度が高いという料金構造となっている。表10-1は日本の特許料金を示したものである。

　このように逓増度の高い日本の料金構造は、ある程度、特許現存率、すなわち当初の特許登録数に対して特許料が支払われ続けられる有効特許数の割合にも影響を与えるだろう。また、日本の特許料金は出願料が比較的安く、特許料は高額かつ逓増型となっていることから、出願を奨励する料金体系となっているともいえよう[12]。

存続期間延長制度

　医薬品や農薬および動物用医薬品では、特許発明について安全性の確保等を目的とする法律（薬事法や農薬取締法）によって、登録後の特許の実施をすることが2年以上できなかった場合に限り、5年を限度として延長登録の出願により延長することができる。これを**存続期間延長制度**という。また、医薬品・農薬・動物用医薬品以外にこれらと同様の状況にあると判明した特許においても、政令によって延長制度の対象とすることができる。この制度は1987年（昭和62年）特許法改正によって導入された。

　この制度は、明治42年法で採用され、政策的見地から3～10年の延長期間が裁量的に認められてきた。しかし陳腐化した技術が長期間保護されるという弊

12）特許料の国際比較の詳細は省くが、米国は出願料も特許料も日本より高い。欧州特許庁（EPO）も出願料は日本よりやや高く特許料は日本より高く米国よりも低い。詳しくは、『特許行政年次報告書』（各年版）を参照のこと。

害が深刻であったため昭和34年法で一旦廃止された。その後、1987年に再導入された理由は、薬事法に基づく医薬品の承認審査の長期化という事情とともに、米国で1984年に同様の制度が導入されたことが呼び水となったものと思われる。

4-2 技術的要因による特許期間の変動

制度以外の要因として、技術のライフサイクルや陳腐化の速度も特許期間に影響する。特に、イノベーションの活発な分野では技術の陳腐化の速度も大きいと思われるため、特許の現存率は低くなると予想できる。各年に登録された特許の現存率の経過をグラフにしたのが図10-2である。横軸は特許の登録年を表し、右に行くほど経過年数が長い特許のコーホートを意味している。また縦軸は、各年に登録された件数が2017年末に登録されている比率（％）である。出願から3年間は特許料が一括払いのためほとんど権利は消失していないが、その後、現存率は急激に低下することがわかる。日本の特許現存率は登録から10年目にほぼ50％となり、15年目には10％程度にまで低下していることがわかる。非常に多くの特許は、法定上の期限を迎える前に権利が失効しているのである。この背景には、陳腐化等の要因によって特許価値が急速に失われている

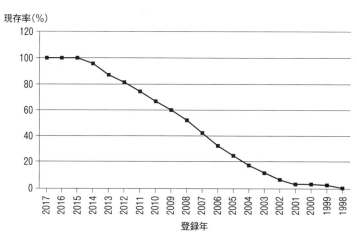

図10-2 特許現存率の推移

データ出所：特許庁行政年次報告書2018年度版

ことがあるものと思われる。

5 特許の範囲

特許範囲とは、技術情報のなかで、第三者が特許を取得しようとすると当該特許の侵害に相当する領域のことである。特許範囲について特許法に明文上の規定はないが、判例によってその考え方が明確化されてきた[13]。この特許侵害の判断基準を**均等論**という。均等論とは、特許発明の本質的部分と非本質的部分を分けて、相違する部分の置換可能性、容易想到性、公知性などを基準として侵害の有無を判断する考え方である。直接的な文言侵害に当たらなくても侵害に当たるケースを認めることになるので**均等侵害**ということもある[14]。

ここで特許範囲を2つの面から定義しよう。ひとつは、個別の特許請求の範囲であり、もうひとつは、技術領域全体の中で特許が取得可能な範囲である。前者を画定するのが、均等論によって示される請求項（クレーム）の解釈であり、後者を画定するのは、法律改正や審査基準のガイドラインの作成などによって示される技術の保護範囲のあり方である。

5-1 多項制

特許の出願は書面によるものとされる。これは**書面主義**と呼ばれている。この書面の文言が特許権の保護範囲を直接に規定する以上、その解釈に共通のルールが必要となる。特許法36条3項では、明細書として記載しなければならない事項として、**発明の詳細な説明**（いわゆる明細書）と**特許請求の範囲**（いわゆるクレーム）の2つを定めている。前者は技術文献としての機能を、後者は権利書としての機能をもつとされる。以下では、権利書として重要な役割を果たす特許請求の範囲について検討しておこう。

日本では、古く1921年（大正10年）に旧特許法が制定されて以来、**単項制**と

---

13) ボールスプライン事件最高裁判決（平成10年2月24日）。

14) 均等論の法的な説明は島並他（2014）を参照。米国では、均等論（doctrine of equivalents）を認めた判例が古くからあり1950年の最高裁判決（*Graver Tank & MFG Co. v. Linde Air Products Co.* 339 U.S. 605, 70 S. Ct. 854, 94 L.Ed.1097（1950））以降に確立したという。

第10章　特許制度の法と経済学　**235**

呼ばれるクレーム制度が採られていた。ここで単項制とは、特許請求の範囲には発明の構成に欠くことの出来ないクレーム、いわゆる**必須要件項**をひとつしか記載してはならないとする制度である。ところが、1975年（昭和50年）特許法改正で、発明の必須要件項以外に、発明の実施態様を記した**実施態様項**も記載できるようになった。このように、特許請求の範囲を複数の請求項で表現できる制度を**多項制**という。実施態様項は、権利保護の明確化を目的として導入されたものだが、これによって発明内容が多角的に表現できるようになり特許範囲の明確化が図られるものと期待された。

　しかし昭和50年法のもとでは、権利書としての請求項が基本的にひとつであることに変わりはなく、実質的な保護範囲の明確化の機能が十分発揮できないことが明らかとなり、1987年（昭和62年）の特許法改正により、国際的に調和のとれた本格的な多項制が導入されることになった。これにより1発明1必須要件主義が廃され、1発明につき複数の請求項を記載できるようになった。新規性、進歩性などの特許要件は個々の請求項ごとに審査されるので、発明の多面的な保護が確実にできることになった。各請求項は独立の権利書として審査され、他の請求項の特許性とは無関係に権利が画定されるのである。また、必須要件項に従属する実施態様項の規定は昭和62年法で廃止され、請求項の権利関係もより明確になった。

　単項制から多項制への移行によって、特許範囲がどのように影響を受けるかをわかりやすく説明しよう。単項制のもとでは、ひとつの発明の技術的構成要素がA、B、Cの3つからなる場合、A＋B＋Cでひとつの発明として出願するよりない。したがって、第三者がA＋B＋Dという構成で模倣を行っても、CとDが実質的に同等であることを立証しないかぎり、侵害とは認められないことになる。この場合、A＋B＋Dが既存発明に対する改良特許として登録された場合、元の発明者が侵害として訴えることは困難であった。しかし、多項制のもとでは、A、B、Cを各々独立の請求項としてひとつの出願にまとめることができるため、AないしA＋Bを含んだ内容の後願特許の侵害を認定しやすくなる。個別の請求項の均等論による保護範囲の拡大を合わせて考えれば、多項制によって特許範囲が格段に広がることとなったことは間違いない。

　しかし、多項制の運用では、文言によらず特許請求の範囲が拡大されること

となるので、その解釈がより客観化されるように努めなければならない。多項制によって保護範囲が拡大される際に、当該特許の迂回特許や改良特許として特許を取得できる発明の範囲が明確にならなければ、累積的なイノベーションのインセンティブを阻害する危険があるからである。

日本に多項制が導入された背景として、多くの産業で技術力の後進性が徐々に克服されてきたことがある。この事実は、国や時代に応じて、特許範囲の解釈に違いが生じてきたことを示唆する。現在でも、先進国と発展途上国の間では特許要件ばかりでなく特許範囲も大きく異なっている可能性は高い。

5-2 特許可能な技術領域の拡大

物質特許制度

日本では、1975年（昭和50年）特許法改正で、飲食物または嗜好物、医薬またはその混合方法、化学物質の発明は特許を受けることができることになった。これら特許を総称して**物質特許**と呼ぶ。物質特許では用途の限定は必要なく、その製法と有用性が明らかにされればよい。したがって、異なる製法発明や用途発明について後願者が特許を取得しても、物質特許をもつ先願者から実施許諾を受けないかぎり、それらの製法・利用発明を実施することはできない。この意味で、物質特許は極めて強力な排他権をもつといえよう。

物質特許は、発明の模倣が容易で利用発明の可能性も高いので、実施許諾（ライセンシング）による収益上の魅力が高い特許である。物質特許およびそれと類似の特許が認められるようになった経緯には、医薬・薬学などへの研究開発インセンティブを高めたいとする産業政策的な意図があった[15]。

物質特許の扱いについては、現在に至るまで、医薬品分野に有力企業を抱える先進国と発展途上国の間に大きな対立がある。医薬品は公共の利益の観点から特許の対象とすべきでないとの考え方が発展途上国を中心に根強く存在するからである。

---

15) その源流は、1958年の工業所有権保護同盟条約改正のためのリスボン会議の勧告である。この会議により「同盟国は製造方法とは無関係に新しい化学物質を特許により保護することを規定する可能性を検討する」との勧告が採択され、これ以後、ドイツ、スウェーデン、米国など、先進国で続々と化学物質特許制度が採用された。なお、スイスでは古くから物質特許が認められてきた。

実用新案制度

　特許要件を満たさない発明については、不正競争防止法や不法行為法による限定された保護しか与えられないのが原則である。しかし、研究開発力の弱かった20世紀初頭の日本では、外国から導入された技術を消化し改良するための発明が研究開発の中心であったため、これらの発明を奨励し保護するという産業政策的要請が強かった。このような事情を背景として、1905年にドイツ法に準拠して**実用新案法**が制定された。日本の実用新案法には特許法の原則の多くがほぼそのまま適用されてきた。特許要件の主な違いは、技術的思想の創作の困難さの程度、すなわち進歩性要件の程度が緩い点に帰着する。また、技術的思想の創作のうち、方法は除外され、物品の形状・構造または組み合わせに関するもの、すなわち物品に体化された技術的思想のみが保護の対象とされていた。

　この種の発明は、生産活動の過程で蓄積されていくノウハウに極めて近く、特許取得可能な領域とその他の領域との境界部分を占めていたといえるだろう。実際、実用新案出願の多くは、出願後早期に実施が開始されるものが多く、その技術を体化した製品のライフサイクルも短かった[16]。

　実用新案制度は、小発明の保護機能としては、通常のノウハウ保護法制である不正競争防止法や不法行為法などと比べると極めて保護の厚い制度であった。知的創作物の保護期間を柔軟化し、技術の保護範囲をノウハウ的なものまで拡大する制度でもあった。

　実用新案の出願件数は、制度創設から1980年に至るまで、常に特許出願件数を上回っていた。しかし、その後は特許が実用新案を上回るようになり、特に1987年の多項制の導入を契機として、実用新案出願は急激に減少した。さらに、審査の長期化に直面して、実用新案権に対して審査主義を厳格に適用することが難しくなったため、1993年（平成5年）特許法改正によって、実用新案権に早期登録制度が導入されて、方式および基礎的要件の審査のみで権利付与されることとなった。権利期間も従来の10年から6年に短縮されている。

16）特許庁総務部総務課工業所有権制度改正審議室編著（1993, pp.70-71）を参照。

個別法や判例による保護領域の拡大

　以上のほかにも、特定の技術領域の保護を認める個別法、あるいは米国のように裁判所が先導するかたちで[17]、特許取得が可能な技術領域が拡大してきた。1975年の物質特許を初めとして、コンピュータ・プログラム（1985年著作権法改正）、集積回路の回路配置（1985年半導体チップ法）、営業秘密保護の強化（1990年不正競争防止法改正）、また、特許庁による審査基準等の改定によって、微生物（1979年）、遺伝子組み換え技術（1980年以降）、実験動物（1988年）、数学的解法（カーマーカー特許、1993年）、コンピュータ・ソフトウェア（1993年）、電子マネー（1995年）、ソフトウェア関連発明（2000年）、コンピュータ・プログラム（2002年）、タンパク質の立体構造（2003年）、医療関連行為発明（2003年）、医療機器の作動方法（2005年）など、技術の進歩と並行しつつ特許対象領域は着実に拡大してきた。

6 | 最適な特許制度の設計：理論的検討

　以上に説明したとおり、特許権という財産権は、複合的な制度の組み合わせによって規定されている。以下では、この複雑な制度設計の枠組みから抽出できる経済学的に重要なポイントとして、事前の研究開発インセンティブと事後の経済厚生のトレードオフに注目する。とりわけ、特許期間と特許範囲の２つの特性をとりあげて、最適な特許制度のあり方を検討することとしよう。

6-1　最適な特許期間の決定[*]

　特許期間が長くなればなるほど、発明企業の専有可能性は高まり、研究開発インセンティブが高まる。これを**動学的効率性**と呼ぶ。一方、特許期間が長くなることによって独占価格が維持される期間が長くなることによる厚生損失も大きくなる。これを**静学的非効率性**と呼ぶ。このトレードオフから得られる含意は、最適な特許期間は、ゼロと無限大の間のどこか中間にあるのではないか

---

17) 有名な例として、1998年7月に米国巡回控訴裁判所が認めたビジネス・モデル特許がある。*State Street Bank and Trust Company v. Signature Financial Group, Inc.*, 149 F.3d 1368 Fed. Cir.1998. 日本も1999年の審査基準改定によってビジネスモデル特許が認められることとなった。

第10章　特許制度の法と経済学　**239**

ということである。この点をウィリアム・ノードハウスによるモデルを用いて説明しよう[18]。

今、単独企業が小発明を行うケースを考えよう[19]。ここで特許発明による生産1単位当たりの費用削減のレベルを$c_0 - c_1 = B$とおく。c_0は事前の単位費用、c_1は事後の単位費用である。また、価格が$p_0 = c_0$のときの生産量をq_0とする。ここで研究開発に伴う不確実性は存在しないものと仮定する。したがって、研究開発の総コストCは費用削減の大きさBの関数と仮定する。ここで研究開発の限界費用は逓増するものとして、

$$C = \frac{1}{2}\alpha B^2 \quad (\alpha \text{ は正の定数})$$

と仮定しよう。αは研究開発生産性を表すパラメーターである。

ここで発明企業の利潤最大化条件は、ロイヤリティ収入（Bq_0）の流列の現在価値V^mと総費用Cの差を最大にするような費用削減の水準Bを選択することである。ここで特許期間をTとおくと、特許から得られるロイヤリティの割引現在価値は、

$$V^m = \int_0^T Bq_0 e^{-rt}dt = Bq_0(1-e^{-rT})/r = Bq_0\beta(T) \tag{10-1}$$

となる。ただし$\beta(T) = (1-e^{-rT})/r$である。ここでV^mはロイヤリティの割引現在価値、rは割引率である。図10-3は、このV^mとCをBの関数として描いたものである。ここで、V^mは原点を通り、傾きがTに依存する直線となり、Tが大きくなるほど傾きが急となることに注意しよう。したがって独占企業が利潤を最大化するためには、V^mとCの垂直方向の距離が最大になるような費用削減の水準Bを選択すればよい。その1階条件より、

$$B = \beta(T)q_0/\alpha \tag{10-2}$$

が成立する。図10-3から明らかなように、特許期間が長くなれば長くなるほど、より大きな費用削減目標Bを立てればよい。図10-3では、特許期間が10年および20年のときの最適な費用削減レベルが、各々B_{10}およびB_{20}となるこ

---

18) Nordhaus（1969）を参照。
19) 小発明については、第5章第3節の置き換え効果の項を参照。

図10-3 特許期間 T と発明の規模 B との関係

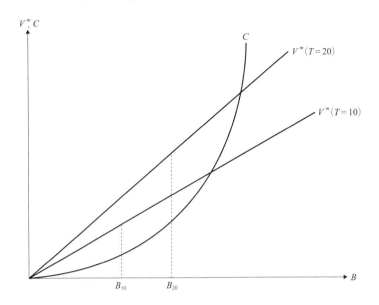

とを示している。

しかし、発明の程度である B が特許期間 T に依存するのであれば、その期間を無限大にすれば社会的に見て望ましいのだろうか。答えは否である。なぜならば、発明の水準 B が大きいことによる動学的効率性と、独占価格が設定されることによる静学的非効率性のトレードオフをバランスさせる必要があるからである。このトレードオフを、図10-4を用いて説明しよう。

図10-4は、特許が切れる前後の総余剰の変化を表している。特許期間中は、図10-4の領域 I の利潤が発明者に与えられる。この大きさは、特許期間 T を所与とすれば、(10-1)式で与えられる。特許が失効した後では、この技術はだれでも利用可能となるので、価格は p_1 に低下し生産量は q_1 に拡大する。このとき、消費者余剰は領域 I に領域 II の部分が加わった I + II に拡大する。このうち領域 I は、特許期間中にすでに実現していた生産者余剰の大きさに一致している。一方、領域 II は、特許が失効したことによって初めて実現する消費者余剰である。

もし特許期間 T が長くなると、費用削減レベルが増大するので、c_1 が下方にシフトする。したがって、図の I と II の面積はともに拡大する。しかし、領

図10-4 動学的効率性と静学的非効率性のトレードオフ

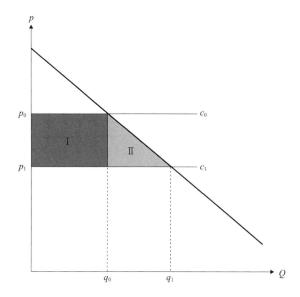

域Ⅱの消費者余剰は特許期間が長くなったことによって、それだけ実現が遅れることになる。

以上のことから、最適な特許期間は、領域ⅠとⅡの和の現在価値から研究開発コスト C を除いたものを最大化するように T を選べばよい。ここで、領域Ⅰの面積に相当する利潤（特許失効後は消費者余剰）を W^m、領域Ⅱの面積に相当する特許失効後の消費者余剰の増分を W^s とおこう。このとき、特許期間が T である時の社会全体の厚生水準 V^s は[20]、

$$V^s = \int_0^T W^m e^{-rt} dt + \int_T^\infty W^s e^{-rt} dt - \frac{1}{2}\alpha B^2$$
$$= \frac{1-e^{-rT}}{r} W^m + \frac{e^{-rT}}{r} W^s - \frac{1}{2}\alpha B^2 \qquad (10\text{-}3)$$

となる。この(10-3)式を、制約条件(10-2)式のもとで最大化する特許期間 T を求めれば、社会的に最適な特許期間を得る。

---

20) 価格が p_0 以上の消費者余剰分は特許期間中も特許失効後も同じ大きさとなるので、社会厚生 V^s の計算には含めていない点に留意されたい。

図10-5 最適特許期間の決定

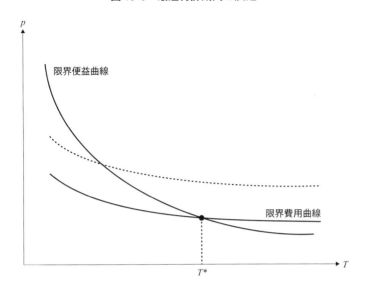

　この解の数学的導出はやや煩雑であるので、ここでは(10-3)式から導かれる特許期間の延長に伴う限界便益と限界費用を比較しつつ説明するに止めよう。特許期間を延長したときの限界便益は、特許期間が長くなるほど現在価値として割り引かれることとなるので逓減する。発明の規模 B を拡大するときの限界費用は逓増するので、便宜上、この費用分を除いた残りを限界便益とみなすこととしよう。すると、特許期間延長による限界便益は、図10-5のように逓減する曲線として描かれる。

　一方、特許期間を限界的に伸ばしたときの社会的費用は、図10-4の領域Ⅱの面積の実現が遅れることによる機会費用に相当する。例えば、特許期間が15年から16年に伸びたとき、16年目に得られるはずであった消費者便益Ⅱは17年目以降に実現することとなる。この機会費用は特許期間が延びるほど減少するが、その減り方は限界便益の減少分ほどには大きくならない。したがって、限界費用は限界便益曲線よりも緩やかな傾きの曲線となる。最適特許期間は、限界便益曲線と限界費用曲線の交点で決まる。すなわち、図10-5の T^* である。

　このモデルから得られる最もシンプルな結論は、領域Ⅱの面積を左右する需要曲線の弾力性が、動学的効率性と静学的効率性のトレードオフの程度を決め

第10章　特許制度の法と経済学　**243**

るということである。もし需要曲線が弾力的になれば、図10-4の領域Ⅱの面積
は大きくなる。したがって、特許期間の延長によって領域Ⅱの実現が遅れるこ
との機会費用は大きくなる。したがって、図10-5の限界費用曲線は上方にシフ
トすることとなるので、社会的に最適な特許期間は短くなることがわかる。

6-2 最適な特許範囲の決定 *

　ノードハウスのモデルでは、特許期間中の模倣はなく、特許価値が持続する
と仮定している。しかし、特許の現存率は特許期間中に急速に減少しているこ
とからもわかるように、この仮定は現実的とはいえない。実際には、模倣の程
度を決める特許範囲の保護水準は、特許期間ほど明確でなく、制度的に変動す
る余地がある[21]。ただし、その定義は、先に述べたように発明の定義に関わ
るものであり曖昧なものとならざるを得ない。

　最も単純な特許範囲の定義は、模倣コストによるものである。特許範囲が拡
大すれば、後願者によって特許取得可能な技術領域は狭くなるので、迂回発明
等によって代替的技術を開発する余地が狭まる。したがって、模倣コストが大
きくなる。このとき、特許期間中の利益（図10-4の領域Ⅰ）も大きくなると考
えられる[22]。この解釈によれば、特許の強制実施は模倣を促し独占利潤を減
少させることになるので、特許範囲が極めて狭い場合に相当する[23]。

　特許の保護範囲は、技術の専有可能性の程度を左右し、研究開発インセンテ
ィブや技術市場にも影響を与える。以下では、研究開発インセンティブを維持
しながら、静学的非効率性をできるだけ小さくする特許の保護範囲を求めよ
う。ここで、研究開発インセンティブを付与する報酬と、その報酬の水準を決
定する保護範囲に注目する。具体的には、報酬を所与として社会的厚生を最大
とする特許期間と特許範囲の組み合わせを考える。

　今、1回限りのイノベーションの機会が存在するとしよう。このイノベーシ
ョンを実現するために必要となる研究開発インセンティブを V で一定である
ものとする。また、特許期間を T とおき、この特許期間に特許権者が得る利

---

21) Nordhaus（1972）、Gilbert and Shapiro（1990）、Klemperer（1990）、Gallini（1992）を
　　参照。
22) Mansfield et al.（1981）を参照。
23) Tandon（1982）、Gilbert and Shapiro（1990）を参照。

244　第Ⅳ部　イノベーションと政策

潤を毎期 π とする。

　ここで、特許の保護範囲 w が大きくなるほど利潤も増加するものと考えよう。すなわち、$\pi = \pi(w)$, $\pi'(w) > 0$ と仮定する。割引率を r とすると、研究開発インセンティブ V は、

$$V = \int_0^T \pi(w)e^{-rt}dt = \beta(T)\pi(w) \tag{10-4}$$

と表すことができる。ただし $\beta(T) = (1-e^{-rT})/r$ である。

　一方、特許制度のもたらす社会的コストを C とおくと、それは特許期間中に発生する静学的非効率性の損失 W^s の合計となる。特許期間中に発生する静学的非効率性の程度は特許権者の得る利潤 π に依存するので、

$$C = \int_0^T W^s(\pi(w))e^{-rt}dt = \beta(T)W^s(\pi(w)) \tag{10-5}$$

となる。したがって、最適な特許範囲 w は、(10-4)式の制約条件のもとで、(10-5)式の社会的コスト C を最小にすることによって求められる。(10-4)式を(10-5)式に代入すると、

$$C = \frac{W^s(\pi(w))}{\pi(w)}V$$

となる。すなわち、最適な特許範囲 w は、利潤 1 単位当たりの厚生損失 W^s/π を最小にするように定めればよいことがわかる。ここで、厚生損失と利潤の関係がどのようになっているかによって、最適な特許範囲（および最適な特許期間との組み合わせ）が変わってくることに注意しよう。すなわち、特許の保護範囲 w を追加的に拡大した場合に特許権者が得る利潤の増加分が、これによって引き起こされる厚生損失の増加分を上回る場合には保護範囲 w を拡大するべきであり、逆に、利潤の増加分が厚生損失の増加分を下回る場合には特許の保護範囲 w を狭くすることが望ましいことになる。

　特許期間と特許範囲の最適な組み合わせについてはさまざまな研究が行われているが、その結論は厚生損失のタイプによって異なることがわかっている[24]。例えば、厚生損失が特許権者の価格支配力によって生じる厚生上の死荷重（領域Ⅱ）である場合は、特許期間を長くする一方で特許範囲を狭くする

---

24) Matutes et al.（1996）、Denicolò（1996）を参照。

ことが望ましくなる[25]。これに対して、特許の保護範囲が狭くなると模倣による参入が増加するため、重複発明や周辺発明への過剰投資が起こる可能性がある場合は、保護範囲の拡大は重複投資を減少させることに繋がるので社会的コストを減少させる。したがって、特許期間を短くする一方で保護範囲を広くすることが望ましくなる[26]。さらに、特許権者の提供する財と模倣企業の提供する財の代替性が特許範囲によって規定される場合は、狭い特許範囲のもとでは密接な代替財の提供が容易となる一方、広い特許範囲のもとでは代替財の提供は難しくなるので消費者の選択肢は減少する。したがって、消費の選択肢の拡大が効用に与える影響の大きさに応じて、短い特許期間と広い特許範囲の組み合わせ、あるいは長い特許期間と狭い特許範囲の組み合わせのいずれが社会的に望ましくなるかが決まる[27]。

　ここで重要なポイントは、特許範囲の拡大によって生じる独占利潤や厚生損失の大きさに応じて、最適な特許制度の構成が変わるということである。例えば、需要の価格弾力性が大きいために価格支配力に伴う厚生損失が極めて重要となる市場では、特許期間は長く特許範囲は狭い制度が望ましい。このとき、特許制度と競争政策の調和がそれだけ大きな政策的課題となる。

　一般に厚生損失のタイプは、技術特性や産業特性によってさまざまに異なるので、望ましい特許制度は、これらの特性に応じて技術領域や産業分野ごとにカスタマイズされるべきだ、というのが理論の示唆する結論である。しかし、技術や産業によって個別化された特許制度を設計し執行することはほぼ不可能といってよい。現実の特許制度は、これらの錯綜したトレードオフをいかに調和させるべきかという難しい問題に直面しているのである。

7 プロ・パテント政策の便益と費用

　日本の特許制度を歴史的に振り返ると、特許の要件は厳しく保護範囲も狭い時代が1980年代に至るまで長く続いてきたことがわかる[28]。日本の特許制度

---

25) Tandon（1982）、Gilbert and Shapiro（1990）を参照。
26) Gallini（1992）を参照。
27) Klemperer（1990）を参照。
28) Odagiri and Goto（1993）、岡田（1998）を参照。

246　第Ⅳ部　イノベーションと政策

は、専有可能性が弱く、技術の普及を促す仕組みが維持されてきたといっても
よい。しかし、1990年代に入ると、日本の製造業の国際競争力が向上したこと
を反映して、強い特許保護がイノベーションを促進するという**プロ・パテント
政策**（pro-patent policy）が志向されるようになった。プロ・パテント政策が
社会的にみて有益であるとする論拠は以下の4つに整理することができる[29]。
すなわち、①特許は発明を促す、②特許は発明の商用化を促す、③特許は発明
の公開を促す、④特許は秩序だった研究を可能とする、の4つである。もちろ
ん、これらは互いに排他的というわけではなく、状況に応じて複数の見方が並
立することもありえる。以下、これら4つのメリットがプロ・パテント政策に
よってどこまで実現できるか検討しよう。

7-1　特許は発明を促すか

　強い特許保護が発明を促すという見方は直観的には明らかにみえる。しか
し、特許が生み出す便益とコストに注目すると、強い特許が常に発明を促すと
簡単に結論付けることはできない。特許権者の独占的市場支配力による厚生損
失が大きくなる場合は、特許以外の手段によって研究開発インセンティブが十
分に与えられているならば、特許の保護範囲を敢えて広くする必要はない。

　さらに、累積的イノベーションにおける動学的効率性にも留意する必要があ
る。例えば、広い保護範囲を先行特許に認めると、その特許に追随する累積
的・周辺的な発明が抑止されるかもしれない。特に、技術市場が十分に機能し
ていない場合には、累積的イノベーションに与える影響は深刻なものとなりえ
る[30]。

　最近30年あまりの実証分析の含意は、医薬・化学分野を除いて、特許は専有
化の手段としてそれほど重要ではないというものである[31]。専有可能性を確
保する手段としては、企業秘密、リードタイムの確保、生産設備や販売網など
の補完的資産の支配、学習効果などがより重要であり、特許は専有化の手段と
しては必ずしも有効ではないとする実証研究やサーベイ調査が多い。

---

29) Mazzoleni and Nelson（1998）を参照。
30) Merges and Nelson（1990）、Lerner（1995）を参照。
31) Sakakibara and Branstetter（2001）、Lerner（2002, 2009）、第2章の【Box 2.1】も参
　　照。

第10章　特許制度の法と経済学　**247**

ただし、先行研究の多くは大企業が主な調査対象となっており、小規模企業やベンチャーでは、先行者としての利益を確保する手段として、特許が依然として重要な役割を果たしている。IT 分野のように業種のカベを破壊するドラスティックなイノベーションは、しばしばベンチャーによってもたらされる。関連するノウハウや補完的資産に欠ける異業種企業やベンチャーにとって、専有性を確保する手段としての特許の魅力は依然として大きいといえるかもしれない[32]。

7-2 特許は発明の商用化を促すか

多くの発明はイノベーションの比較的初期の段階に特許化され、商用化・実用化の段階でさらに追加的な、ときに巨額の研究開発投資が必要となる。したがって、比較的初期に特許権を確保できれば、追加的な研究開発投資のリスクを安心して負うことができる。この点、特許は発明を促すという考え方と、特許は発明の商用化を促すという考え方は互いに排他的ではない。特許は、発明のインセンティブを高めると同時に、追加的な研究開発投資や設備投資のインセンティブも高めることとなるからである。

ただし、実際に発明が商用化にまで繋がるか否かは、さらに多くの条件が関わってくる点にも注意が必要である。特に、資本市場やベンチャー・キャピタル市場のあり方は、小企業やベンチャーの資金調達コストに大きな影響を与える[33]。また、リサーチ・ツールなどの研究開発に特化した企業や大学が特許を取得する場合、自ら最終製品を商用化することが目的ではないので、技術市場の効率性が投資インセンティブを左右することになる[34]。

7-3 特許は発明の公開を促すか

もし特許制度がなければ、発明の多くは**企業秘密**とされることとなるので、技術内容の公開・普及は遅れることになるかもしれない。すなわち、最適な特許制度のあり方は、企業秘密のインセンティブと密接に関連する。企業秘密によって技術の専有可能性が十分に確保できるのであれば、特許出願をすること

---

32) 第 8 章第 2 節の間接的参入の議論も参照。
33) 第 6 章第 6 節を参照。
34) 第 9 章第 4 節を参照。

表 10-2　技術保護戦略：企業秘密の有効性 vs. 特許保護の強さ

		特許の強さ	
		強い	弱い
企業秘密の有効性	ノウハウの秘匿不可能（むき出しのアイディア）カギとなる発明は観察可能で発明の模倣も容易	すべての観察可能な発明を特許化例）ファスナー	特許化は行うが補完的資産による先行者の優位性の確保を目指す例）ギリシャと中国のフュージョン料理のようなビジネス・アイディア
	ノウハウの秘匿が可能（発明のブラックボックス化）カギとなる発明は観察不可能だが発明による成果の向上は観察可能	ほとんどの発明を特許化将来世代の発明の保護に懸念例）ポスト・イット	特許化せずに企業秘密に依存例）コカ・コーラのフォーミュラ
	ノウハウの秘匿が可能発明の利用も成果も観察不可能	ほとんどの発明を特許化隠されたノウハウを一部公開する例）半導体（MOS）の製造ノウハウ（リフロー・プロセス）	企業秘密に依存するが隠されたノウハウを一部公開する例）製造費用削減の工程革新

引用：Anton et al.（2006）

なく技術を保護しようとするだろう。表10-2は、発明を特許化するか、それとも企業秘密として秘匿するかを選択する戦略を、専有化の手段としての企業秘密の有効性と、特許による技術情報の保護の強さによって分類したものである[35]。

　まず、表10-2の上段の企業秘密の有効性が最も低い場合を見てみよう。もし発明がむき出しのアイディアであり、他社による模倣が容易な場合は、強い特許のもとではすべての発明を特許化することが望ましくなり、一方、弱い特許のもとでは、特許化は行うが、先行者優位を確保することによって専有性の確保に努めることとなる。

　次に、表10-2の中段を見てみよう。企業秘密とすることによって技術情報のコアとなる部分の秘匿は可能であるが、その成果は他社から観察可能となる場合である。例えば、ポスト・イットの便利さはすぐに観察できるものの、その接着剤のカギとなる成分はすぐには観察できないだろう。コカ・コーラの成分

35）Anton et al.（2006）を参照。

第10章　特許制度の法と経済学　**249**

も同様である。飲んでおいしいことはすぐにわかっても、その成分を解析することは不可能に近い。この場合は、特許化するか企業秘密にするかは特許の強さに依存する。

最後に、表10-2の下段は、ノウハウの秘匿は可能であり、しかもその成果を他社は容易に観察できない場合である。例えば、発明によって自らの製造コストがライバルよりも優位に立ったことは、他社にはすぐにはわからないだろう。価格競争を通じて徐々に他社の競争優位を知るより他にないからである。このとき、相手企業に自らの費用上の優位を敢えて知らせることによって戦略的優位を確立できるのであれば、敢えてノウハウの一部を開示する戦略をとるかもしれない。このように特許が発明の公開を促すかどうかは、企業秘密の有効性に依存するのである。

7-4　特許は秩序だった研究を可能とするか

発明は累積的に進行するので、初期の発明に広い特許保護が与えられた方が発明の所有関係が明確となるので、世代間の研究開発競争を秩序付けて効率的な研究開発投資を誘導するという考え方がある[36]。例えば、鉱山権のように、広い鉱区にわたって権利を明確化することによって、初めて効率的な鉱山開発が可能となるのと同様に考えるのである。医薬品の物質特許のように、はじめに強力な保護が与えられれば、後続の臨床研究に必要となる高額の投資も安心して行うことができるというわけである。

しかし、個々の発明家は多様なアプローチに従って研究開発を行っていると考えられる。したがって、基本特許にあまり広い保護を与えると、多様な研究開発のアプローチが制約されてしまい、かえって大きな社会的コストが生じるかもしれない[37]。

個々の発明家が自律的に研究開発を行うことができるか否かは、基本特許の契約の取引費用にも依存する。もし特許の取引費用が十分に小さければ、広い特許保護の社会的コストを小さく見積もることができるだろう。しかし、特許の取引費用が大きく、特許権者が訴訟を厭わない傾向があれば社会的コストは

---

36) Kitch（1977）を参照。

37) Merges and Nelson（1990）、Scotchmer（1991, 2004）、Heller and Eisenberg（1998）、Shapiro（2001）、Williams（2013）を参照。

極めて大きなものとなりえる。

7-5　強い特許保護に伴う副作用：訴訟リスク

　特許訴訟は増加傾向にある。特に、ハイテク分野であるバイオ医薬品や情報通信技術のような分野では特許訴訟のリスク管理がきわめて重要である[38]。また、海外企業との特許訴訟に日本企業が巻き込まれるリスクも高まっている[39]。特許訴訟の決定要因として以下の4点が重要である。すなわち、①特許侵害の事実が探知される確率、②裁判の結果の不確実性・情報の非対称性、③特許訴訟にかかる掛け金の大きさ、④特許裁判のコストの4点である。特許訴訟のリスクが研究開発インセンティブを損なったとする研究もあるが、訴訟リスクの実証研究はデータの制約も大きく課題が多い[40]。

8　望ましい特許制度の評価基準と今後の改革の方向性

　近年、プロ・パテントがグローバルな広がりをもつようになり、先進国・新興国を問わず、民間企業・大学・公的研究機関まで特許出願を急増させている。しかし、イノベーションのパフォーマンスは、特許の権利化を奨励することによって必ず高められるわけではない。近年では、行き過ぎた権利化の弊害が指摘される場面も増えている。例えば、自ら事業を行わない特許管理会社への特許集積が進むことによって、特許訴訟のリスクが高まっている。多くの企業や大学・公的研究機関が、パテント・トロールとも呼ばれる特許管理会社から大量の警告状を受け取ったり、和解を強要されたり、あるいは訴訟を提起されたりする事例が増えている。特許管理会社の組成するファンドの真の資金提供者が誰かが不透明であることも事態を複雑でいっそう困難なものにしている。

　このような訴訟リスクの高まりは、オープン・イノベーションの副作用といえるかもしれない。産学官連携の実をあげるためには研究成果の帰属先が明確

---

38) Lerner（1995）を参照。

39) 三菱UFJリサーチ＆コンサルティング（2018）を参照。

40) 数少ない研究の一部として、Hall and Ziedonis（2001）、Lanjouw and Schankerman（2001）を参照。

第10章　特許制度の法と経済学　**251**

となっている必要がある。この点、特許の権利関係の明確化がその取引コストを低下させるというプロ・パテントの考え方にもそれなりの合理性がある。しかし他方で、特許要件が緩く、特許範囲も広く、相互に権利が抵触する質の低い特許を濫用するような行為が増えると、特許制度の頑健性が損なわれてイノベーションに悪影響を与えるかもしれない。

ごく一部の技術分野では、特許権強化がイノベーションを活発化しているようにみえる。しかし、それは経済全体を通じて正しいとは限らない。本章の暫定的結論は、我々はプロ・パテント政策の意義についてより慎重な態度で臨むべきだということである。特に、技術の累積的性質が発明のインセンティブにもたらす影響、技術市場の機能や特徴が技術の商用化にもたらす影響、特許訴訟も考慮した社会的コストなどに十分に留意する必要がある。従来であれば特許の対象とはならなかったような基礎研究の成果が公知とならなくなることのコストにも十分に注意を払うべきである。特に研究開発の多様性の利益の観点から、排他的権利として基礎的な技術が専有化される危険を慎重に考慮すべきである[41]。

> ●キーワード●
> 審査主義、無審査主義、新規性、自然法則の利用、進歩性、シーリング、出願公開制度、請求項、裁定実施制度、特許要件、特許期間、特許範囲、1発明1特許の原則、重複特許禁止の原則、先願主義、先発明主義、米国発明法、審査請求制度、拡大された範囲の先願、補償金請求権、早期公開制度、異議申立制度、特許の料金構造、存続期間延長制度、均等論、均等侵害、書面主義、発明の詳細な説明、特許請求の範囲、単項制、必須要件項、実施態様項、多項制、物質特許制度、実用新案法、動学的効率性、静学的非効率性、プロ・パテント政策、企業秘密、訴訟リスク

▶理解を深めるためのヒント

10-1 日本の工業所有権情報・研修館による特許情報プラットフォーム（J-

41）Gallini（2002）、Jaffe and Lerner（2004）を参照。

PlatPat）を利用して、具体的な企業の特許書誌情報を閲覧してみよう。国際特許分類による技術分類、請求項の数、引用された特許の数などを確認してみよう。

10-2　特許庁行政年次報告書を参照しつつ、諸外国の特許制度と日本の特許制度の違いについて調べてみよう。

10-3　特許期間と特許範囲の最適な組み合わせに影響する要因を、技術特性と産業特性に分けて考えてみよう。その特性によって、最適な特許制度は理論的に見てどのように変更されるべきかを考えてみよう。

10-4　知的財産高等裁判所のホームページを利用して、特許訴訟の過去の大合議事件（知財高裁所長が裁判長となる重要事件、2018年 4 月現在で12件）の争点や結論について調べてみよう。

参考文献

岡田羊祐（1998）「特許制度の法と経済学」、『フィナンシャル・レビュー』、vol.46、110-137。

岡田羊祐（1999）「独禁法と技術開発」、後藤晃・鈴村興太郎編『日本の競争政策』、東京大学出版会、327-381。

島並良・上野達弘・横山久芳（2014）『特許法入門』、有斐閣。

特許庁総務部総務課工業所有権制度改正審議室編著（1993）『改正 特許法・実用新案法解説』、有斐閣。

日本国際知的財産保護協会（2017）『適切な範囲での権利取得に向けた特許制度に関する調査研究報告書』、平成28年度特許庁産業財産権制度各国比較調査研究等事業、一般財団法人・日本国際知的財産保護協会。

三菱 UFJ リサーチ＆コンサルティング（2018）『平成29年度 特許庁 知的財産国際権利化戦略推進事業（海外における知財訴訟の実態調査）調査研究報告書』、三菱UFJ リサーチ＆コンサルティング株式会社。

吉藤幸朔（2002）『特許法概説』第13版（オンデマンド版）、有斐閣。

Anton, J. J., H. Greene, and D. A. Yao（2006）"Policy Implications of Weak Patent Rights," in A. B. Jaffe, J. Lerner, and S. Stern eds., *Innovation Policy and the Economy*, vol.6, MIT Press, 1-26.

Cohen, W, and J. Walsh（2008）"Real Impediments to Academic Biomedical Research," in A. B. Jaffe, J. Lerner and S. Stern eds., *Innovation Policy and the Economy*, vol. 8, University of Chicago Press, 1-30.

Denicolò, V.（1996）"Patent Races and Optimal Patent Breadth and Length," *Journal of Industrial Economics* 44：249-266.

Gallini, N. T. (1992) "Patent Policy and Costly Imitation," *Rand Journal of Economics* 23 : 52-63.

Gallini, N. T. (2002) "The Economics of Patents: Lessons from Recent U.S. Patent Reform," *Journal of Economic Perspectives* 16 : 131-154.

Gallini, N. T. and S. Scotchmer (2002) "Intellectual Property: When Is It the Best Incentive System?," in A. B. Jaffe and J. Lerner eds., *Innovation Policy and the Economy*, vol. 2, MIT Press.

Gilbert, R. and C. Shapiro (1990) "Optimal Patent Length and Breadth," *Rand Journal of Economics* 21 : 106-112.

Hall, B. H. and R. H. Ziedonis (2001) "The Patent Paradox Revisited: An Empirical Study of Patenting in the U.S. Semiconductor Industry, 1979-1995," *Rand Journal of Economics* 32 : 101-128.

Heller, M. and R. Eisenberg (1998) "Can Patents Deter Innovation? The Anticommons in Biomedical Research," *Science* 280 : 698-701.

Jaffe, A.B. and J. Lerner (2004) *Innovation and Its Discontents: How Our Broken Patent System Is Endangering Innovation and Progress, and What to Do About It*, Princeton University Press.

Jewkes, J., D. Sawers, and R. Stillreman (1969) *The Sources of Invention*, Palgrave Macmillan.

Kitch, E. W. (1977) "The Nature and Function of the Patent System," *Journal of Law and Economics* 20 : 265-290.

Klemperer, P. (1990) "How Broad Should the Scope of Patent Protection Be?" *Rand Journal of Economics* 21 : 113-130.

Lanjouw, J. O. and M. Schankerman (2001) "Characteristics of Patent Litigation: A Window on Competition," *Rand Journal of Economics* 32 : 129-151.

Lerner, J. (1995) "Patenting in the Shadow of Competitors," *Journal of Law and Economics* 38 : 463-495.

Lerner, J. (2002) "150 Years of Patent Protection," *American Economic Review* 92: 221-225.

Lerner, J. (2009) "The Empirical Impact of Intellectual Property Rights on Innovation: Puzzles and Clues," *American Economic Review Papers and Proceedings* 99: 343-348.

Mansfield, E., M. Schwartz and S. Wagner (1981) "Imitation Costs and Patents: An Empirical Study," *Economic Journal* 91 : 907-918.

Matutes, C., P. Regibeau, and K. Rockett (1996) "Optimal Patent Design and the Diffusion of Innovations," *Rand Journal of Economics* 27 : 60-83.

Mazzoleni, R. and R. R. Nelson (1998) "The Benefits and Costs of Strong Patent Protection: A Contribution to the Current Debate," *Research Policy* 27 : 273-284.

Merges, R. and R. R. Nelson（1990）"On the Complex Economics of Patent Scope," *Columbia Law Review* 90：839-916.

Nordhaus, W. D.（1969）*Invention, Growth and Welfare*: A Theoretical Treatment of Technological Change, MIT Press.

Nordhaus, W. D.（1972）"The Optimal Life of the Patent: Reply," *American Economic Review* 62：428-431.

Odagiri, H. and A. Goto（1993）"The Japanese System of Innovation: Past, Present, and Future," in R. R. Nelson ed., *National Innovation Systems: A Comparative Analysis*, Oxford University Press, 76-114.

Okada, Y. and S. Asaba（1997）"The Patent System and R&D in Japan," in A. Goto and H. Odagiri eds., *Innovation in Japan,* Oxford University Press, 229-255.

Ordover, J. A.（1991）"A Patent System for Both Diffusion and Exclusion," *Journal of Economic Perspectives* 5：43-60.

Sakakibara, M. and L. G. Branstetter（2001）"Do Stronger Patents Induce More Innovation? Evidence from the 1988 Japanese Patent Law Reforms," *Rand Journal of Economics* 32：77-100.

Scotchmer, S.（1991）"Standing on the Shoulders of Giants: Cumulative Research and the Patent Law," *Journal of Economic Perspectives* 5：29-41.

Scotchmer, S.（2004）Innovation and Incentives, MIT Press.（青木玲子監訳・安藤至大訳『知財創出：イノベーションとインセンティブ』日本評論社、2008年）

Shapiro, C.（2001）"Navigating the Patent Thicket: Cross Licenses, Patent Pools, and Standard Setting," in A. B. Jaffe, J. Lerner, and S. Stern eds., *Innovation Policy and the Economy*, vol. 1, MIT Press, 119-150.

Tandon, P.（1982）"Optimal Patents with Compulsory Licensing," *Journal of Political Economy* 90：470-486.

Williams, H. L.（2013）"Intellectual Property Rights and Innovation: Evidence from the Human Genome," *Journal of Political Economy* 121：1-27.

第11章

イノベーション政策

1 イノベーション政策の考え方

本書では、知識が無形資産として獲得・蓄積・利用される技術変化のプロセスをイノベーションと定義した。以下では、この定義に従って、技術変化のプロセスに関わる政策を広くまとめて**イノベーション政策**と呼ぶこととしたい。一方で、日本の多くの政策文書では、**科学技術政策**という呼び方もよく用いられてきた。おそらく、科学技術政策は知識の創造・蓄積に関わる政策、イノベーション政策は蓄積された知識の利活用を促進する政策という意味で使い分けられてきたものと思われる。しかし、このような意味で、個別の政策手段やその効果を、科学技術政策とイノベーション政策の2つの領域に明確に区分して議論することは難しいように思われる。それゆえ、本書では、科学技術政策と従来の意味でのイノベーション政策の両方を含めて、単にイノベーション政策と呼ぶこととする[1]。

これまでの各章の議論からも明らかなように、社会的に望ましいイノベーションは、市場メカニズムに依拠するのみでは実現しない。知識には公共財的性質が伴い、研究開発投資では情報の不完全性・不確実性が甚だしく、知的財産

---

1) 最近の科学技術白書等の政府文書では、まとめて「科学技術・イノベーション政策」と称することが多い。しかし、重畳的な表現である印象を拭えないので、以下ではこの呼称は用いないこととする。

権の権利行使も不完全であり技術市場を円滑に機能させることも難しい。したがって、多くの国々で、公的部門がイノベーションの一翼を担い、イノベーションを促進するためのさまざまな施策が導入されてきた。例えば、民間による研究開発への税制上の優遇措置や補助金、大学や公的研究機関の設立、およびこれらの機関への公的助成、政府から民間部門への委託研究、公的部門による出資・融資、ベンチャーの創業支援、特許制度等を活用した大学から民間への技術移転の促進などである。

しかし、イノベーションを政策的に促進するには、科学的知識がいかにして生まれ、流通し、利用されていくかという点について、明確なビジョンに基づく制度設計が必要となる。その際、大学や公的研究機関におけるオープン・サイエンス、プライオリティ優先というアカデミアに特有の行動規範と、民間研究開発部門におけるミッション志向、商用化・専有化志向という行動規範との融合をいかに図るかが、望ましい制度設計を考える上で重要なポイントとなる。例えば、大学や公的部門に蓄積される知識ストックがどのように効果的に民間部門に移転されるべきか、またその媒介役として政府の果たすべき機能や役割はどうあるべきかが問われることになる。しかし、これらの課題に対して、明確な処方箋を見出すことは決して容易でない。

以下では、イノベーション政策のパースペクティブとして、**ナショナル・イノベーション・システム**という考え方に基づいて検討を進めることとしたい[2]。ナショナル・イノベーション・システムでは、産業、大学、政府の三者のインタラクションを**三重らせん**（triple-helix）と呼び、国全体のイノベーション・システムが進化していくプロセスを重視する[3]。ここで、企業、大学、政府の各々の利害関係者はシステムの一部とみなされる。ただし、三重らせんを通じたイノベーションの好循環が生まれるためには、これら制度的関係者のインセンティブの違いに慎重な考慮が払われなければならない。産業・大学・政府の連携を進めようとする場合、公的部門と民間部門の行動規範上のコンフ

2）Nelson ed.（1993）を参照。
3）Etzkowitz and Leydesdorff（2000）を参照。イノベーション・システムを三重らせんと呼ぶ研究者たちは、三者のなかでの大学の役割を重視する傾向がある。一方で、その他のナショナル・イノベーション・システムの研究者は、産業の役割を重視する者が多いようである。ただし、以下では両者の区別は特に行わないこととする。

258 第Ⅳ部 イノベーションと政策

リクトが顕在化する危険が常に存在するためである。

2 ナショナル・イノベーション・システムと制度的関係者

2-1 ナショナル・イノベーション・システムの定義

ナショナル・イノベーション・システムは、「ナショナル」、「イノベーション」、「システム」という3つの言葉から構成されている。以下、これらの言葉の定義を述べることによって、ナショナル・イノベーション・システムの考え方を明らかにしよう。まず、**イノベーション**は、通常より広い意味で定義される。例えば、企業が製品開発プロセスや製造プロセスを学び、実際の生産活動に利用する場合、それが企業自身にとって新しいものであれば、たとえ新規性がなくともイノベーションの定義に含める[4]。

次に、**システム**とは、さまざまな制度の集合によって構成されたものであり、これら制度の相互作用によってイノベーションのパフォーマンスが左右されると考える。イノベーションのパフォーマンスに影響を与える制度的関係者全体の行動規範や慣習もシステムに含めてよい。また、個々の制度は意図的に形成されたものとは限らず、制度から構成されるシステムが円滑に一貫性をもって機能しているとも想定しない。

最後に、**ナショナル**の意味を考えよう。国によってイノベーション・システムがもたらす技術優位の構造は異なっており、そのような差異を生む制度的背景も多様である。これは、歴史的にみれば、**初期条件**の違いによって、それぞれの国や地域は異なる発展経路に従うためであると考えられる。この性質を**経路依存性**と呼ぶ[5]。例えば、ある国で、特定の産業のイノベーションを強く刺激する政策が、他の産業のイノベーションにほとんど影響を及ぼさない場合がある。他方で、教育制度のように、多くの技術分野に広く影響を及ぼすイノベーション政策もある。あるいは、基礎的な科学研究のように、国境を越えて作

4）あるいは、技術の普及もイノベーション政策の重要な目的に位置付けられるといってもよい。その意味では、技術変化のプロセスをイノベーションと呼ぶ本書の立場とも整合的である。

5）経路依存性については第6章第7節、第7章第1節も参照。

第11章 イノベーション政策　**259**

用するイノベーションもある。ここで重要なポイントは、イノベーション政策が、産業・大学・政府という三者三様の制度的関係者に及ぼす影響の違いを明確化すること、および、イノベーション政策の影響が国家権力の及ぶ範囲に留まらない状況を検討することである。別の言い方を用いれば、オープン・イノベーションの望ましいあり方や、知識のスピルオーバー効果が国や地域の境界を越える程度を見極めることが、イノベーション政策の制度設計を考えるうえでも、その政策効果を判断するうえでも大切となるのである。

ナショナル・イノベーション・システムというアプローチは、必ずしも理論的な厳密さを備えているわけではなく、政策評価を行うための厚生上の基準も明確であるとは言い難い。しかし、多様な国・地域・産業にわたるイノベーション・プロセスを鳥瞰するビジョンを提示しており、これまで多くのイノベーション研究者に有益な指針を提供してきたものと評価できる。また、このアプローチは、学際的な性格がきわめて強い点も大きな特徴であることを付言しておこう。

2-2 ナショナル・イノベーション・システムの制度的関係者

産業

イノベーション・システムが制度として明確な形をとり始めたのは19世紀後半からである。これ以降、大学等の公的機関で教育を受けた者が産業界の研究開発の主要な担い手となっていく。こうして、産業革命の深化とともに、公的部門よりも民間部門の研究機関が相対的な重みを増していくのである[6]。

19世紀後半に産業部門の研究開発が相対的に重要性を増したことは、主に2つの理由のためと考えられる。第1に、研究開発が大きな利益をもたらすためには技術に関わる長所と短所を詳細に知る必要があり、また改良することによって大きな利益をもたらすような技術領域を知る必要がある。そして、その情報は、産業革命以降、厳しい市場競争に直面する産業部門に集積する傾向が強まったため、産業部門のイノベーションの優位性がより高まったのである。また、イノベーションをもたらす知識の源泉はしばしば技術を体化した製品・サービスの購入者に存在したことが、この傾向をさらに強めたともいえるだろ

6）Nelson ed.（1993）を参照。

う[7]。

第 2 に、利潤動機に従う産業部門にとって、イノベーションによって利益を
確保するためには、研究開発のみならず、資金調達、生産管理、マーケティン
グ、販売管理、在庫管理等を統合的かつ機動的に行う必要がある。このような
活動を効果的にデザインし実行できるのは、公的部門よりも、市場のダイナミ
ックな変化に適応しなければならない民間部門であった。それゆえに、民間部
門を構成する産業・企業がイノベーションの主要な担い手となったのである。

大学

大学をはじめとする高等教育機関も重要な制度的関係者である[8]。ナショナ
ル・イノベーション・システムの国際比較を行った研究によると、国・地域の
さまざまな発展経路の違いは、大学に典型的にみられる教育や職業訓練システ
ムの違いを強く反映していた[9]。例えば、19世紀の英国、20世紀前半のドイ
ツ、20世紀後半から現在に至る米国のように、イノベーションの先進地域とな
った国々の大学が果たした役割は、それぞれに個性的かつ重要なものであっ
た。歴史的にみると、フランス、ドイツ、日本の大学制度は国家が集権的に管
理する仕組みが主流であったのに対して、米国や英国ではこのような集権的管
理は弱かった。

19世紀以降、大学と産業部門はイノベーションを実現するうえで補完的な関
係を強めてきたようにみえる。民間部門のニーズを反映するように大学の教育
カリキュラムが柔軟に再編成されてきたことも、イノベーション人材の供給源
としての大学の役割を高めることに繋がった。例えば、明治以降の日本で活発
な技術導入と技術改良を効果的に遂行できた背景には、日本の大学をはじめと
する高い教育水準があった[10]。

20世紀後半に入り、大学と産業部門の相互依存関係はますます高まってい
く。例えば、コンピュータやライフ・サイエンスのようなハイテク分野では、

---

7) von Hippel（1988, 2005）を参照。
8) 初等中等教育も含めた広い意味での教育制度もイノベーション・システムとして検討す
　べきであるが、本書では大学の機能に焦点を合わせることとしたい。
9) Nelson ed.（1993）を参照。
10) Odagiri and Goto（1993）、小田切・後藤（1998）を参照。

第11章　イノベーション政策　**261**

科学研究と応用・実用化研究の距離が近いため、大学等の公的部門と民間部門との連携・協力の重要性が高まっていった。単に科学者や技術者の教育訓練の場としてだけでなく、実用化・産業化の局面においても大学が重要な役割を果たすケースが増えたのである。

産業界から見て、大学との連携を深めたい理由は主に2つある。ひとつは、大学の研究者へのアクセスである。例えば、学会やコンサルティングなどを通じた産学の有形・無形の接触やインフォーマルな情報交換の場をもつことは、産業界にとって有益であった。こうした知識の流通を通じて、大学は民間部門の受容能力を高める役割を果たしてきたといってもよい[11]。もうひとつの理由は、大学から供給される高度人材へのアクセスである。例えば、日本の大学の理系学生の就職では、指導教員の推薦・紹介が果たす役割は依然として大きい。ただし、日本では、大学から企業への研究者の異動は少ない点にも注意すべきである[12]。

一方、大学側の産学連携のインセンティブは主に研究資金の獲得にある。しかし、民間資金を大学に取り入れる場合、研究・教育上の便宜と、産業界からの情報秘匿の要請との間でコンフリクトが生じやすい点に注意しなければならない。例えば、産業界向けの研究活動に多くの時間が配分され教育活動に向ける時間が犠牲になる、研究成果を企業秘密としたい産業側と、プライオリティを重視して早く学会報告をしたい研究者との間で利害が対立する、といった状況が起こりやすい。また、民間資金の大学内部の配分ルールが適切に構築されないと、大学の研究者間に無用の摩擦を生む危険もある。これまで、日本では、民間部門から大学への資金提供は多くなかったので、このような問題が顕在化することはあまりなかった。しかし、米国の大学ではこれらの利害調整は大きな課題となっている[13]。

政府

イノベーション政策の分野で政府が果たしてきた役割、機能、手段について

---

11) Mansfield（1991, 1995）、Cohen et al.（2002）、Mowery et al.（2004）、Okada et al.（2009）を参照。

12) 大学・産業・公的研究機関の人材の流動性については、第3章の図3-3を参照。

13) Mowery et al.（2004）、上山（2010）を参照。

は、国や時代によって大きな違いがみられる。政府の果たした役割やその評価も一様ではない。また、政府といっても、それは議会・行政・司法の分立したさまざまな機関の集合体である。これらの機関の間に予算や権限が分散化されるなかで、イノベーション政策の整合性が常に保証されるわけでもない。

　一般に、政府の担う公的部門の研究開発と民間部門の研究開発は、相互に補完的であって代替的でないことは自明に思える[14]。しかし、両者の研究開発の補完性を検証した多くの実証研究では、必ずしも頑健な結論が得られているわけではない。その主な理由は、個別企業、産業、地域等のミクロレベルから国家全体のマクロレベルまで、政府・産業・大学の研究開発活動をどのように集計するかによって、実証分析の結論がさまざまに異なってくるためである[15]。

3 公的部門と民間部門の行動規範の違い

3-1　私的収益率と社会的収益率の乖離：専有可能性

　公的部門と民間部門のインセンティブの違いは主に専有不可能性によって説明できる。民間部門に属する企業は、自らが専有化できる利益（私的収益率）を重視する。一方、国民の負託に応えなければならない政府や大学等の公的部門は、社会が享受できる利益（社会的収益率）を重視する。しかし、知識の公共財的特性に照らして明らかなように、社会的収益率は私的収益率を常に上回る。この乖離度は**専有可能性**に他ならない[16]。この乖離によって、公的部門と私的部門は、ともに高い収益率に無関心でないにもかかわらず、将来の期待収益率について異なる見解をもつ傾向が生じるのである[17]。

---

14) Rosenberg（1992）、 Rosenberg and Nelson（1994）を参照。

15) David et al.（2000）、Hall and Van Reenen（2000）、Klette et al.（2000）、Cockburn and Henderson（2001）、Cohen et al.（2002）、Toole（2012）を参照。

16) 専有可能性については第2章第2節を参照。

17) 社会的収益率と私的収益率の乖離とスピルオーバー効果については第4章第4節を参照。

第11章　イノベーション政策　**263**

3-2　公的部門による研究開発の資金配分：マタイ効果

　公的部門の研究開発の予算配分の方法は、民間部門のそれとはまったく異なる。民間部門では、研究開発の資金は資本コストをベンチマークとして配分されると考えてよい。しかし、公的部門の予算配分のプロセスでは、まず政策目標が設定され、省庁間の予算折衝を通じて、あるいは競争的研究資金のピアレビュー（評価）等を通じて、個々の研究機関や研究者に研究開発の予算が配分されるのである。

　科学者が各々の好奇心に従って自律性をもってアジェンダを設定することは、研究のモチベーションを維持するために必須の条件である[18]。また、科学研究の不確実性は先端的分野ほど高いのであるから、多様な研究プロジェクトが並行して実施されることが望ましい。問題は、限られた資金制約のなかで、研究の多様性をどの程度まで確保するかである。科学の世界では集約化・重点化が望ましいわけでは決してない。

　しかし、一部の優秀な研究者に資金が集中する傾向は多くの国々で広く観察される。これは、聖書の警句にならって**マタイ効果**（Matthew effect）と呼ばれている[19]。「おおよそ、持っている人は与えられて、いよいよ豊かになるが、持っていない人は、持っているものまでも取り上げられるであろう」（マタイ福音書第13章12節）というわけである。

　日本でも、一部のスター科学者や大学に研究資金が集中する傾向が顕著である。特に、近年の大学の研究費は、個人でなく機関単位で予算配分が重点化される傾向が強まっている。日本では、大学・研究機関に固定化した序列が残ったまま、機関単位でマタイ効果が強まりつつある。研究者の流動性が低いまま、各機関・大学の人件費を担う基盤的研究費を削減しつつ、大学単位で研究費の重点配分を図るという資金配分が日本では行われてきたのである。しかし、このような資金配分によって日本の科学者の研究効率が高まったという証拠は乏しい[20]。

　ごく一部の優秀な研究者に多くの資金が配分される助成プログラムは、優れ

18）科学者と技術者の区別については第1章第2節を参照。
19）Merton（1968, 1969）、Dasgupta and David（1994）、Stephan（1996, 2010）を参照。

264　第Ⅳ部　イノベーションと政策

た研究成果がいち早く社会に広められるという点では有益である。しかし、公的資金の助成が研究を刺激するのは、その受け入れ側に資金制約が強く効いている場合である。研究資金に恵まれていないが将来性のあるアイディアをもつ若い研究者に、幅広く助成が行き渡る工夫が必要であるといえるだろう。

3-3　公的部門と民間部門の研究者の動機付け：ストークス・モデル

　ここで、大学等の公的部門に属する研究者のモチベーションの原理的構造を提案したドナルド・ストークスのモデルを紹介しよう[21]。ストークスは、科学研究の動機付けのモデルとして、「根源的な理解への欲求」と「実用化への考慮」から構成される二次元の知識モデルを提唱した。図11-1の縦軸には根源的理解への欲求の程度、横軸には実用化への考慮の程度が測られている。

　第一象限は、フランスの生化学者ルイ・パスツール（Louis Pasteur）にちなんで**パスツール象限**と呼ぶ。パスツール象限では、実用化志向が高く、医療における臨床研究のように、基礎研究からの橋渡しとなる**トランスレーショナル・リサーチ**が行われる。パスツールは、分子の光学異性体を発見したのにはじまり、牛乳、ワイン等の腐敗を防ぐ低温殺菌法を開発したことでも有名である。また、ワクチンによる予防接種法を開発し、狂犬病ワクチン、ニワトリ・コレラ・ワクチンを発明している。これらの研究には実用化への動機が強く働いていたことは想像に難くない。

　一方、第二象限と第四象限を、それぞれ**ボーア象限**、**エジソン象限**と呼ぶ。物理学者であるニールス・ボーア（Niels Bohr）は量子力学の基礎を作った科学者である。ボーアは根源的理解への欲求に駆られて純粋に基礎研究を進めたのであり、その後の量子力学の半導体、レーザー、ダイオード、超伝導、原子

20）平成30年度の科学技術白書（第1章）は、科学技術イノベーションの基盤的力を測る代表的指標として論文数（被引用数 Top10％補正論文数および被引用数 Top 1 ％補正論文数）の動向を調査しており、世界の論文数が一貫して増加傾向にあるなかで、日本の論文数は10年前と比較して減少傾向を示しており、この現象は主要国で唯一であると述べている。また、2017年に公表された Nature Index は、Web of Science 等から抽出されたデータから、主要な科学技術14分野のうち11分野で日本の論文数が減少していると指摘している。Nature Index については以下の URL を参照。https://www.nature.com/collections/hmjqglbjjn（最終閲覧日：2018年 9 月21日）

21）Stokes（1997）を参照。

第11章　イノベーション政策　**265**

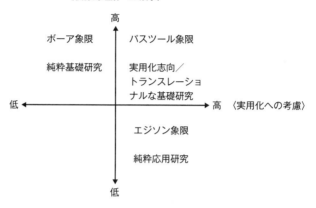

図11-1 ストークス・モデル

力などへの応用に明確なビジョンをもっていたわけではなかった。一方、発明王と呼ばれたトーマス・エジソン（Thomas A. Edison）は、電燈や電話など、きわめて実際的・実用的な技術開発を目指していた。エジソンは、根源的理解を得ることよりも、特許による権利の独占と迅速な商用化を目指していたというべきであろう。

　ストークスは、科学研究を一次元の線形モデルとして見るのではなく、二次元の複合的な動機付けモデルとして捉えるべきこと、また、研究資金配分や研究評価のあり方についても、このような多元的評価が行われるべきこと、さらに、産学官の連携がよく機能する領域はパスツール象限にあると考えた。科学研究から産業上の利用可能性への距離の短い**サイエンス型産業**（science-based industries）におけるイノベーション政策の指針としても、ストークス・モデルは重要な示唆を与えている[22]。パスツール象限の研究は、研究開発の面でも実用化・商用化の面でもパフォーマンスが高い分野であると期待できるからである[23]。

---

22) Pavitt（1984）、後藤・小田切編（2003）を参照。
23) Nagaoka et al.（2011）を参照。

4 民間部門の研究開発を促進する政策手段とその特徴

政府が研究開発投資を促進するべき理論的根拠は、技術情報の公共財的性質に伴う研究開発成果の専有不可能性にある。研究開発投資の社会的収益率はほぼ常に私的収益率を上回るので、社会的にみて研究開発投資は過小となる可能性が高いからである。民間部門の研究開発投資を促進する政策手段としては、税制上の優遇措置、補助金、委託研究、政府系金融機関を通じた出資・融資や債務保証がある。以下、これらの政策手段の経済的特徴を簡潔に説明しておこう。

4-1 優遇税制と補助金

研究開発投資への優遇税制は多くの国で採用されている。優遇税制は、研究開発の資本コストを直接引き下げる効果をもつ[24]。一方、補助金は、研究開発投資の私的限界収益を直接的に引き上げる効果をもつ。これら2つの政策手段の主な違いは、優遇税制では企業が研究開発プロジェクトを選択できるのに対して、補助金では、政府が研究開発プロジェクトを指定する、あるいは特定の研究プロジェクトや技術領域への補助金として配分される、という点にある。

優遇税制が用いられる場合、研究開発に用いられる人材等の資源制約が効いていない限り、研究開発投資は増加すると考えられる。しかし、優遇税制によって研究開発のポートフォリオは影響を受けるかもしれない。例えば、もし研究開発投資の短期的収益率にリンクした優遇税制が導入されると、短期的な期待収益率が高いプロジェクトが民間企業に選好されることになる。すると、社会的収益率が高いプロジェクトの採択率が減少してスピルオーバー効果が引き下げられることとなるかもしれない。この効果を**クラウディング・アウト効果**と呼ぶことができる。

一方、補助金政策では、社会的収益率が私的収益率を上回るようなプロジェクトを政府が適切に選択できる限り、クラウディング・アウト効果は生じな

---

24) 研究開発投資の資本コストについては第6章第4節を参照。

第11章 イノベーション政策 **267**

い。しかし、そのような選択が政府によって合理的かつ適切に行われる保証はない。政治的な意思決定プロセスでは、短期的な成長への寄与度が高く私的期待収益率も高いプロジェクトへの補助が優先的に選ばれる可能性があるからである。このように、民間部門に研究開発のインセンティブが十分あるにもかかわらず、私的期待収益率の高いプロジェクトへの公的補助が行われやすい理由は、見かけ上、政府のイノベーション政策が成功したように見えるべく政治的な圧力がかかる、あるいは、私的収益率が高く成功確率も高い技術分野へのロビー活動が行われやすいためである。

4-2　委託研究開発

　委託研究開発とは、政府機関が自らのミッションを実現するために、研究開発を外部に調達するべく公的支出がなされることである。これに対して、公的補助金は、競争的に配分され、将来の政府調達へのコミットメントを伴わないのが普通である[25]。政府による委託研究では、研究開発の成果（知的財産権など）は政府に帰属させることが基本である。しかし、研究開発のインセンティブを増して、国の資金による研究開発成果の普及を促進するためには、研究開発の受託者にその成果物や利益を帰属させることが好ましい場合もある[26]。日本では、1999年より、一定の条件のもとで受託者（民間企業等）に、政府による委託研究の成果物を帰属させることができるようになった。この方式を**バイ・ドール委託**という[27]。

　政府による委託研究が補完的に民間部門の研究開発投資を高めるチャネルとして指摘されてきたのは以下の3点である[28]。第1に、公的に補助された研究開発は、学習効果を生む。これによって企業は最新の科学的・技術的知識を得る受容能力を高められる[29]。第2に、公的資金によって実験施設や耐久的

25）イスラエルの Office of the Chief Scientist（OCS）による補助金プログラムには、条件付きで公的助成を受けた研究成果に対する政府調達を認めているものがある。この他、イスラエルのイノベーション政策には興味深い特徴が多い。Trajtenberg（2001）を参照。

26）第7章第3節を参照。

27）産業活力再生特別措置法による措置である。この規定は2007年に恒久法である産業技術力強化法に移管された。

28）David et al.（2000）、David and Hall（2000）を参照。

29）受容能力については、第2章第2節を参照。

268　第Ⅳ部　イノベーションと政策

研究設備が利用可能となれば、あるいは、特定の研究開発プロジェクトを構成する固定費用の一部を政府が負担すれば、企業が追加的に低い費用でプロジェクトを始めることが可能となる[30]。第3に、政府による委託研究開発の実施は、公的部門の将来需要や民間部門へ転用される財・サービス需要のシグナルとなる。したがって、これら市場への研究開発投資の期待収益率が高められる。この3番目の効果は**呼び水効果**ともいう。

4-3　政府による出資・融資

日本政府による産学官連携による共同研究開発への支援は、1961年から実施された鉱工業技術研究組合制度を嚆矢とする。これは鉱工業技術研究組合法に基づき、主務大臣の認可によって設立されたものである。これ以後、多くの省庁、さらに諸外国でも同様の支援策が導入されるようになった。ただし、共同研究開発への政府支援の最も早い事例は英国のResearch Associationであるといわれている。これは技術力に乏しい伝統的中小企業を主要な対象としたものであった。これに対し日本の共同研究組合制度では、主に大企業が主要な助成対象となっていた[31]。

当初、日本では欧米の先端技術を取り入れるための共同研究開発が出資対象の中心であった。しかし、1980年代末ごろから、基礎研究重視の流れを受けて、長期的かつリスクの大きいテーマが政府の主な出資対象となった。研究開発への政府出資の性格は1980年代後半に変化したのである。しかし、これらの出資事業のほとんどは、目立った成果を挙げられないまま財政負担を伴うかたちで整理された。ところが、2004年に中小企業基盤整備機構が設置されたのを契機として、財政投融資を活用した**政府出資事業**が再び活発化して現在に至っている。

政府が研究開発事業に出資や融資を行う場合、その成果の帰属に関して、あらかじめどのような契約が結ばれているかが重要なポイントとなる。政府出資事業では、研究開発の成果が事業会社に帰属するため、その成果を広く社会に還元させるという政府の意向が契約条件に反映されやすいからである。あるい

---

30) キャッシュフロー制約については、第6章第5節を参照。

31) 後藤・若杉（1984）、後藤（1993）を参照。

第11章　イノベーション政策　**269**

は、政府は出資金に対する配当や融資の返済を確保しようとして成果物である技術を広くあまねく利用させようとするかもしれない。この場合、かえって産学官による共同研究開発のインセンティブが弱められる可能性もある[32]。

さらに、委託研究開発や出融資事業は、民間の研究開発投資インセンティブを引き下げる危険もある。例えば、委託先や出資事業の選定プロセスを有利に進めるべく、他の関連プロジェクトに向けられるべき資金を、当該プロジェクト向けの研究開発投資に置き換えるかもしれない。あるいは、選定された企業が先行者優位を発揮する性格の事業であるならば、委託や出資の対象から外れた企業の研究開発意欲を損なうことになる。

5 米国のイノベーション政策

5-1 米国イノベーション政策の概観

米国のイノベーション政策は、厳格な三権分立のもと、大統領府・議会・司法の間に予算・権限が分散するなかで政策形成が行われてきた。そのため、省庁や科学技術関連機関が独立に戦略を策定する傾向が強い。ただし、大統領府の**科学技術担当大統領補佐官**（APST: Assistant to the President for Science and Technology）の元で、**科学技術政策局**（OSTP: Office of Science and Technology Policy）が政府部内の調整を行っている。また、大統領府と各省庁の政策調整を目的として、大統領、副大統領、各省長官等から構成される**国家科学技術会議**（NSTC: National Science and Technology Council）が大統領府に置かれ、OSTPが事務局を務めている。また、大統領への助言機関として**大統領科学技術諮問会議**（PCAST）が置かれている。図11-2は米国連邦政府の科学技術関連組織図をまとめたものである。

1980年以降の米国のイノベーション政策は、1970年代までの米国経済の生産性の低迷を受けて、国益や国際競争力の強化と世界市場におけるリーダーシップの確保を目指すという視点が強まった。1983年には、学者や経営者等から構成される**産業競争力委員会**（President's Commission on Industrial Competi-

---

32) 岡田・櫛（2014）を参照。

270 第Ⅳ部　イノベーションと政策

図11-2 米国連邦政府の科学技術関連組織

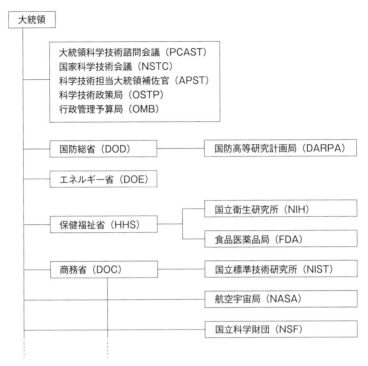

出所:研究開発戦略センター (2018) 図表Ⅱ-1 (p.31) を元に一部を抽出して作成。

tiveness）が設置され、1985年に**ヤング・レポート**という報告書が公表された[33]。この報告書を契機として、当時の日本を意識した米国の産業競争力の向上策について盛んに議論されるようになった[34]。1988年には**包括通商競争力法**が制定され[35]、不公正貿易への対抗措置と国内産業の競争力強化を目的とする貿易措置を可能とする法改正が行われた[36]。また、産業競争力委員会

---

[33] *Global Competition: The New Reality: Results of the President's Commission On Industrial Competitiveness* (Washington, D.C.: U.S. Government Printing Office, 1985) を参照。

[34] Dertouzos et al. (1989) を参照。

[35] H.R. 4848 (100th)：Omnibus Trade and Competitiveness Act of 1988を参照。

[36] 1974年通商法301条を改正した、通称、スーパー301条による。2018年にトランプ政権のもとで起こった米中貿易摩擦によって再びこの条項が注目を集めることになった。

は**競争力評議会**（COC: Council on Competitiveness）に改組され、米国のナショナル・イノベーション・システムを改革する視点が明確に打ち出された報告書を続々と公表した[37]。

　現在に至る米国イノベーション政策の方向性を明確に打ち出した有名な報告書が**パルミサーノ・レポート**である。2004年12月に公表されたこの報告書では、イノベーション基盤として、人材、投資、インフラの重要性を強調し、社会全体のイノベーションの最適化を目指すことが謳われている[38]。このパルミサーノ・レポートを通覧すると米国のイノベーション政策の深化・発展の軌跡をたどることができる。

　その後、パルミサーノ・レポートのビジョンを具体化する法律として**米国競争力法**が2007年に制定され[39]、また同年に**米国競争力イニシアティブ**がOSTP より発表された。米国競争力イニシアティブでは、連邦政府による研究開発投資の増額、研究開発税制の恒久化、教育・人材育成の強化が謳われている。米国競争力法では、米国競争力イニシアティブで掲げられた連邦政府の研究機関の予算増額のみならず、理数系教育や科学技術への理解の増進、サービス・サイエンスの振興、ハイリスク研究の促進など、多岐にわたる構想が掲げられている。その後、オバマ政権のもとで、**米国イノベーション戦略**（2009年、2011年、2015年）が公表されて現在に至っている[40]。オバマ政権のイノベーション戦略では、教育や基礎研究、公共インフラ、情報通信等のイノベーション基盤への投資、開放的な競争市場を通じたイノベーションの促進が謳われている。これらの基盤の上で、国家の優先課題となる個別の戦略が位置付けられている。イノベーション基盤を意識した階層的なシステムを構想している点にその特徴があるといえよう。

---

37) *Science in the National Interest*（1994）、*Endless Frontier, Limited Resources: U.S. R&D Policy for Competitiveness*（1996）、*Unlocking Our Future: Towards a New National Science Policy*（1998）を参照。

38) *Innovate America: Thriving in a World of Challenges and Change*（National Innovation Initiative Summit and Report, Council on Competitiveness, 2005）を参照。

39) The America Creating Opportunities to Meaningfully Promote Excellence in Technology, Education, and Science Act of 2007を参照。

40) *A Strategy for American Innovation: Driving Towards Sustainable Growth and Quality Jobs*（National Economic Council and Office of Science and Technology Policy）を参照。

研究開発予算を計上する連邦政府機関は20以上に及ぶが、研究開発を担う主な政府機関は、国防総省（DOD: Department of Defense）、エネルギー省（DOE: Department of Energy）、保健福祉省（HHS: Department of Health and Human Services）と傘下の国立衛生研究所（NIH: National Institutes of Health）、航空宇宙局（NASA: National Aeronautics and Space Administration）、米国国立科学財団（NSF: National Science Foundation）、農務省（USDA: United States Department of Agriculture）、商務省（DOC: Department of Commerce）と傘下の国立標準技術研究所（NIST: National Institute of Standards and Technology）である。その予算配分の推移は表11-1に示されている。省庁別では国防総省の占める割合が一番高く、次いで、保健福祉省、エネルギー省、航空宇宙局の順番となっている。ただし、伸び率では保健福祉省が一番高く、ヘルスケア分野が米国で重視されつつあることが予算の上でも明らかである。

5-2　バイ・ドール法

以下では、米国のイノベーション政策のうち、創業支援・研究開発支援に関わる重要な施策を紹介する。まず、**バイ・ドール法**（Bayh-Dole Act）とは、1980年に制定された米国特許商標法修正条項のことである[41]。大学が米国政府の資金を使って研究した成果物である特許を、政府でなく大学が所有できるようにした法律である。これ以降、米国の大学では**技術移転機関**（TLO: Technology Licensing Office）が数多く設立され、大学から民間企業への技術移転契約が活発に行われるようになった。また、政府資金による民間委託でも独占的実施を認めるバイ・ドール委託が増えた。さらに、この法律改正によって、大学からのスピンオフによる起業が盛んとなり、大学発ベンチャーが数多く設立される契機になったともいわれている。しかし、バイ・ドール法によって、従来であれば公知となるはずであった大学発の知識が民間企業に専有化される傾向が強まったことに対しては批判的見解も多い[42]。バイ・ドール法の評価については未だ十分に確立されているとは言い難いのが現状であろう。

---

41) Patent and Trademark Act Amendments of 1980を参照。

42) 米国バイ・ドール法の効果を体系的かつ批判的に研究した Mowery et al.（2004）を参照。

第11章　イノベーション政策　**273**

表11-1 米国省庁別研究開発予算推移（要求ベース）

(単位：億ドル)

年	国防総省 (DOD)	保健福祉省 (HHS)	航空宇宙局 (NASA)	エネルギー省 (DOE)	国立科学財団 (NSF)	農務省 (USDA)
1995	356	111	94	69	20	15
1996	353	111	96	71	23	15
1997	378	114	98	66	23	15
1998	378	127	103	67	23	15
1999	389	158	97	70	27	16
2000	397	181	92	69	29	18
2001	422	210	97	78	34	22
2002	494	235	96	81	36	21
2003	588	274	107	83	40	23
2004	655	280	106	88	42	22
2005	697	287	102	86	41	24
2006	737	285	113	86	42	24
2007	783	292	100	85	45	23
2008	803	293	112	98	46	23
2009	811	417	117	133	76	26
2010	811	312	93	107	51	26
2011	715	322	110	112	56	24
2012	766	323	98	130	63	22
2013	712	314	96	119	59	23
2014	683	320	116	127	61	25
2015	644	311	116	123	57	24
2016	721	310	122	126	63	29
2017	728	327	120	172	65	29

データ出所：Office of Management and Budget（OMB）
科学技術振興機構研究開発戦略センター「米国：2018年度大統領予算案骨子における研究開発関連予算の概要」を元に筆者作成

5-3　SBIR/STTRプログラム

SBIRおよびSTTRとは、1982年に法制化された中小企業・ベンチャー支援のために競争的補助金を供与するプログラムである[43]。SBIRでは、研究開発予算が1億ドルを上回る11の省庁に対して、その一定比率（2018年現在2.9％）を従業員500人以下の中小企業に振り向けることを定めており、各省庁

274　第Ⅳ部　イノベーションと政策

統一のスキームで実施されている。SBIR は 3 つのフェーズごとに支援の条件が定められる。アイディアの試行や技術的探索が行われるフェーズ 1 では、最高15万ドルが 6 カ月間給付される。商業化の方法を開発するフェーズ 2 では最高100万ドルが 2 年間給付される。そして実際に製品が市場に提供されるフェーズ 3 では支援は行われない。対象となるのは従業員500人以下の米国企業であり、上場・非上場の区別はされていない。また、公募方式がとられている。一方、STTR では、中小企業が対象である点は共通であるが、技術移転を目的としているため、大学・非営利組織との共同研究が補助金の対象となる。研究開発予算が10億ドルを越える政府機関を対象に、STTR では、各省庁の予算の0.35％を中小企業の共同研究開発向けに振り向けることを義務付けており、支給方式は SBIR とほぼ同様である。

　これらのプログラムによる個別企業への助成規模は、ベンチャー・キャピタル投資と比べればごく少額である。主に創業間もないベンチャーを支援するためのプログラムであるといえよう。1983年度から2015年度までの33年間に400億ドル以上の資金が SBIR プログラムによって提供され、また全米で毎年45万人に昇る技術者・科学者がこのプログラムの実施に関与している。2015年度は約25億ドルが SBIR/STTR 関係予算として計上され、最も大きな予算枠を獲得している省庁は国防総省（DOD）と国立衛生研究所（NIH）である。

　SBIR の採択率は約20％と厳しいので、採択されること自体に一種の認証効果があり、これによってベンチャー・キャピタルからの資金調達が容易となり研究成果の商用化が促進された例も多い[44]。これまで 7 万件以上の特許が取得され、SBIR による供与を受けた企業へのベンチャー・キャピタルからの投資は400億ドル以上に達している。SBIR プログラムは、米国イノベーション政策の成功事例として多くの国々で模倣され、日本、イギリス、スウェーデン、フィンランドなどで同様の制度が導入されている。

43）SBIR は Small Business Innovative Research、STTR は Small Business Technology Transfer の略称である。これらプログラムの概要は SBIR の HP（https://www.sbir. gov/）を参照のこと（最終閲覧日：2018年 9 月21日）。また、米国 SBIR を体系的に分析・評価した山口編（2015）を参照。

44）詳しくは SBIR の HP を参照。例えば、Qualcomm、Symantec、Genzyme 等はこのプログラムを経て成功した代表的企業である。

5-4　先端技術プログラムと米国競争力法に基づく支援策

　先端技術プログラム（ATP: Advanced Technology Program）は、民間企業による商用化目的の先端技術研究開発への支援プログラムであり、1988年包括通商競争力法によって改組された国立標準技術研究所（NIST）が管理・運営を行い、1991年から始められた年間費用200万ドル（ただし過半は民間負担）を上限とする支援事業である。大学を含めたコンソーシアムが支援対象となることが多く、ひとつのプロジェクトに対して500万〜1000万ドルが支給されていた。

　ATP プログラムは1980年代後半の日米通商摩擦を背景として制定された包括通商競争力法に基づく助成制度であり、その設立の経緯ゆえに、選別的に事業支援を行う産業政策的な性格が濃厚であり、その成果も明確ではなかった。そのため、2007年に米国競争力法が制定された際に ATP プログラムは廃止された。その後、米国競争力法に基づき、パルミサーノ・レポートでも強調された人材・教育・インフラへの広範かつ多様な支援・助成プログラムが導入されることになり今日に至っている。なお、米国競争力法に基づく多様な支援プログラムの主な所管省庁は、米国国立科学財団（NSF）、米国エネルギー省（DOE）および国立標準技術研究所（NIST）へと拡大している。

【*BOX11.1*】技術と資金のギャップ：死の谷とダーウィンの海

　イノベーションの担い手は、株式公開した大企業ばかりではない。むしろ、ベンチャーや中小企業など、経営資源に恵まれない組織が画期的なイノベーションを実現することが多い。しかし、そのプロセスの途中に大きなハードルがあることが知られている。　イノベーションにおける基礎研究が製品開発や生産・販売へと繋がる前に技術や資金面の制約のギャップが拡大することを**死の谷**（death valley）と呼ぶ[※]。あるいは、発明から製品開発へと至る企業家による厳しい生存競争を、生物の生存競争になぞらえて**ダーウィンの海**（Darwinian sea）と呼ぶこともある。これは、激しい優勝劣敗による企業・組織の淘汰が進行するというイメージを表現したものである。

276　第Ⅳ部　イノベーションと政策

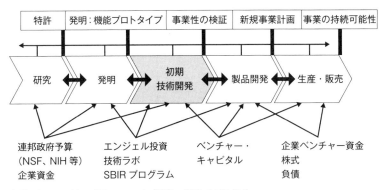

図 B11-1 技術と資金のギャップ：「死の谷」モデル

出所：Auerswald and Branscomb（2003, p.229）を元に作成

　図 B11-1は、イノベーション・プロセスにおける発明から製品開発の間に横たわる死の谷をわかりやすく図式化したものである。横軸の「研究」から「生産・販売」の5つのステージは、技術開発と資金拠出の異なるステージに対応している。比較的初期の2つのステージでは研究開発型企業や技術ラボが研究の主体であり、政府拠出資金への依存度も高い。次いで、グレーで示した第3ステージの「初期技術開発」で事業性の検証が行われる。ここが死の谷の分岐点になる。第4ステージでは製品開発のパイロットラインが完成し市場参入が目前となる。第5ステージではビジネスの持続可能性が試される。

　発明から製品開発への移行プロセスでは、線形モデルのようにひとつの岸から対岸へという単線的な経路をたどるのではなく、いろいろな荒波に揉まれながら、アイディア、起業、各種の共同ベンチャーが生まれ、かつ、死んでいく。このような長回路のフィードバックは各ステージを繋ぐ長い矢印で示されている。これは生物における進化のプロセスと同様である。しかし、初期の技術開発の段階では、ベンチャー・キャピタルによる株式発行等の資金調達は難しく、**エンジェル**と呼ばれる富裕な個人投資家の支援や政府による創業支援が不可欠となる。このような厳しいスクリーニングを経た事業者に対して、はじめてベンチャー・キャピタルによる出資への道が開けるといってもよい。死の谷のフェーズの前段階の助成・支援にこそ、政府支援の最も重要な役割があると考えるべきであろう。

※　Auerswald and Branscomb（2003）を参照。

6 日本のイノベーション政策

6-1 日本のイノベーション政策の変遷：1995年〜2005年

　日本では、1995年に**科学技術基本法**が制定されて以来、イノベーションの促進を目的とするさまざまな政策が導入されてきた。主な施策を表11−2にまとめている。まず、1996年度から、5年ごとに**科学技術基本計画**が策定されてきた。ここで基本的な政策指針が定められ、5カ年にわたる研究開発投資総額の目標値が設定され、第1期（総額17兆円）から第2期（総額24兆円）にかけて日本の科学技術関係予算は大幅に増加した。また、1990年代後半から2000年代前半にかけて、多くの**産学官連携**に関わる施策が導入された。例えば、1998年には、**大学等技術移転促進法**（TLO法）が制定され、大学や国の試験研究機関等における技術に関する研究結果を民間事業者へ技術移転するための技術移転機関（TLO: Technology Licensing Organization）が整備された。また、同年に**研究交流促進法**が改正され、産学共同研究に関わる国有地の廉価使用の許可が行われた。さらに翌1999年には、中小企業に対して新技術に関する研究開発のための補助金等を国等から交付する**新事業創出促進法**の制定により、**中小企業技術革新制度**（**日本版 SBIR 制度**）が導入された[45]。

　さらに1999年に、**産業活力再生特別措置法**（**日本版バイ・ドール法**）も制定されている。同法では、国の委託によって生まれた研究成果に関わる特許権等について、一定の条件が満たされれば受託者から国が権利を譲り受けないことを可能とする**バイ・ドール条項**を契約に含めることが可能となった。また、大学等技術移転促進法に基づき、事業計画が承認された技術移転事業者である**承認 TLO** の母体となる大学への特許料等の軽減措置、TLO の国有財産（国立大学キャンパス）の無償使用措置なども規定された。

　2000年には、**産業技術力強化法**により、国立大学等の研究者による民間企業役員兼業規定の整備が行われ、**大学発ベンチャー**への創業支援が積極化した[46]。また、2002年には**知的財産基本法**が制定され、これに合わせて内閣府

45）この日本版 SBIR 制度については後述する。

278　第Ⅳ部　イノベーションと政策

表 11-2　日本の科学技術政策における主な施策（1995 年～2005 年）

年度	政策	主な内容
1995	科学技術基本法	国による科学技術の振興に関する総合的な施策の策定と実施の責務、科学技術の振興に関する総合的かつ計画的な推進を図るため、せいふによる科学技術の振興に関する基本計画（科学技術基本計画）策定の義務付けを規定
1996～2000	第 1 期科学技術基本計画	1996年度から 2000年度までの科学技術関係経費の総額17兆円（実績17.6兆円）。国立試験研究機関に任期付任用制を導入、ポスドク等 1 万人支援計画を2000年度に達成すること、科学技術振興事業団設立
1998	大学等技術移転促進法	TLO（Technology Licensing Office）法ともいう。大学や国の試験研究機関等における技術に関する研究結果を、技術移転機関（TLO）を介して民間事業者へ技術移転すること、特許料の一部減免措置、実施料等収入の TLO への還流を認可
1998	研究交流促進法改正	一定の条件を満たした場合に試験研究施設等の使用の対価を時価より低く設定
1999	産業活力再生特別措置法	日本版バイ・ドール法。国の委託に係る技術に関する特許料等について、一定の条件が満たされれば受託者から譲り受けないことが可能
1999	新事業創出促進法	日本版 SBIR。一定の条件を満たした中小企業者に対し、新技術に関する研究開発のための補助金、委託費、その他相当の反対給付を受けない給付金を国等から交付
2000	産業技術力強化法	民間への技術移転のための国公立大学教官及び国公立試験研究所研究員の民間企業役員の兼職規制緩和、大学及び大学教官に対する特許料等の軽減、TLO の国有財産（公立大学キャンパス）の無償使用措置等
2001	中央省庁再編	文部省と科学技術庁が統合（文部科学省）
2001	総合科学技術会議（CSTP）	国全体の科学技術を俯瞰し、各省より一段高い立場から、総合的・基本的な科学技術政策の企画立案及び総合調整を行うことを目的として設置（議長は内閣総理大臣）
2001～2005	第 2 期科学技術基本計画	2001年度から 2005年度までの政府研究開発投資総額24兆円（実績21.1兆円）。ライフサイエンス、情報通信、環境、及びナノテクノロジー・材料の 4 分野に重点を置いて研究資源を配分
2002	バイオテクノロジー戦略大綱	2002年 7 月以降、日本のバイオテクノロジー戦略を早急に樹立し必要な政策を進めるために BT 戦略会議を開催、同12月にバイオテクノロジー戦略大綱を決定
2002	知的財産基本法	知的財産の創造、保護及び活用に関し、基本理念及びその実現を図るために基本となる事項を定め、国、地方公共団体、大学等及び事業者の責務を定める。本法により知的財産戦略本部を設置
2003	独立行政法人化	国立研究機関が、科学技術振興機構（JST）、産業技術総合研究所（AIST）、新エネルギー・産業技術総合開発機構（NEDO）、日本学術振興会（JSPS）等の独立行政法人に改組、研究開発戦略センターを JST 内に設立
2004	国立大学法人化	国立大学・大学共同利用機関を法人化、国立大学法人を設立。教職員の身分を非公務員化。文部科学大臣の認可を受けた上で承認 TLO への出資が可能

第11章　イノベーション政策　279

に**知的財産戦略本部**が設置され、知的財産の創造、保護および活用に関する政策を集中的かつ計画的に推進する役割を担うこととなった。さらに、1990年代のヒトゲノムプロジェクトなどによるバイオテクノロジーの急速な進歩に直面して、その実用化・産業化を促進するために**バイオテクノロジー戦略大綱**が2002年に決定された。なお、2008年に**BT戦略推進官民会議**が設置されている。

日本の省庁は2001年に大幅な再編が行われた。科学技術・イノベーションを所管する文部省と科学技術庁も2001年に統合して文部科学省が誕生した。また、2003年の**国立大学法人法**によって、2004年から国立大学の法人化が行われた。これによって、国立大学教職員の身分が非公務員化され、国立大学法人による承認TLOへの出資が可能となるなどの制度変更が行われた。

なお、2001年1月に設置された**総合科学技術会議**は、省庁間のイノベーション政策の総合調整の司令塔として、内閣総理大臣を議長、現職閣僚をメンバーとして内閣府内に設置された。なお、総合技術会議は、2014年に、**総合科学技術・イノベーション会議**（CSTI）へと改組されて今日に至っている。

6-2 日本のイノベーション政策の変遷：2006年〜2018年

2000年代後半に入ると、日本のイノベーション政策の方向性に大きな変化が生じた。2000年代前半に強まるかにみえた規制改革と市場競争を通じたイノベーションと生産性向上を目指すモメンタムは、2000年代後半に入ると徐々に後退したのである。例えば、2013年に設置された**産業競争力会議**は、成長戦略として「国内の過当競争構造を解消し、思い切った投資によりイノベーションを起こし、収益力を飛躍的に高める」と謳っている。市場競争を通じた生産性向上を目指す「官から民へ」という理念が徐々に後退し、「官民連携」の推進へと大きく方向転換したのである。

2000年代後半に入り、第3期科学技術基本計画（2006〜2010年）が策定されて以降、日本のイノベーション政策はますます官民連携の裾野を広げて数多くの目的を含むようになった。2006年以降の主な施策を表11-3にまとめている。第2期科学技術基本計画（2001〜2005年）では、ライフ・サイエンス、情報通

46）2001年に経済産業省から公表された「新市場・雇用創出に向けた重点プラン」（いわゆる大学発ベンチャー1000社計画）には、その後の産学官連携施策を先取りした提言が数多く含まれていた。

280 第Ⅳ部 イノベーションと政策

表 11-3　日本の科学技術政策における主な施策（2006 年～2018 年）

年度	政策	主な内容
2006～2010	第 3 期科学技術基本計画	政府研究開発投資総額25兆円（実績21.7兆円）。第 2 期の重点 4 分野に加えて、推進 4 分野（エネルギー、ものづくり技術、社会基盤、フロンティア）を指定。戦略的重点科学技術を選定して選択と集中を図る
2008	研究開発力強化法	議員立法。研究開発等の推進のための基盤強化、研究開発の効率的推進、民間の研究開発力の強化、本法制定により研究交流促進法を廃止
2009	産業活力再生特別措置法改正	（株）産業革新機構の設立。財投出資2860億円、民間出資140億円、資金調達の際の政府保証 1 兆 8 千億円。以後、各省庁による官民ファンドの設立が続く
2009	最先端研究開発支援プログラム	2009 年度補正予算により、日本学術振興会に先端研究助成基金 1,500 億円を設置。うち「最先端研究開発支援プログラム」（FIRST）に 1,000 億円、「最先端・次世代研究開発支援プログラム」に 500 億円を配分
2010	産業構造ビジョン2010	新成長戦略民主党政権下で閣議決定された方針。グリーンイノベーション（固定価格買取制度等による再生エネルギーの拡大等）、ライフイノベーション（医療実用化促進のための医療機関選定制度等）
2011～2015	第 4 期科学技術基本計画	政府研究開発投資総額25兆円（実績22.9兆円）。分野別から課題達成型へと科学技術イノベーション政策を転換。震災からの復興・再生の実現、グリーンイノベーション、ライフイノベーションの推進
2013	科学技術イノベーション総合戦略日本再興戦略	産業競争力会議によって日本再興戦略を策定（以降、毎年策定）。国内の「過当競争」構造を排除、官民連携した重点投資によるイノベーションの活性化、産業の新陳代謝の促進、雇用制度改革、科学技術イノベーションの推進、世界最高水準の IT 社会の実現等
2014	総合科学技術・イノベーション会議（CSTI）	内閣府設置法の一部改正によって設立、文科省より科学技術基本計画の策定及び推進に関する事務等を同会議に移管、事務局機能は内閣府政策統括官付が担当。科学技術に関する基本政策の調査審議、予算・人材の資源配分等の調査審議、国家的に重要な研究開発の評価、研究開発成果の実用化・イノベーション促進を図るための環境整備等の調査・審議を実施
2014	府省横断型プログラムの導入	CSTI 自ら予算配分することによって基礎研究から出口である実用化・事業化までを見据えた取り組みを推進、2014年度以降に「戦略的イノベーション創造プログラム」（SIP）、産業・社会に大きなインパクトを与えるハイリスク・ハイインパクトな研究開発を推進する「革新的研究開発推進プログラム」（ImPACT）を実施
2014	研究開発力強化法改正	議員立法による改正。労働契約法の特例（無期労働契約に転換する期間を 5 年から10年に延長）、JST、AIST、NEDO によるベンチャー等への株式保有、出資範囲の拡大、公募型研究開発の基金化の促進等
2015	国立研究開発法人の設置	独立行政法人通則法を改正し、旧独立行政法人を、①中期目標管理法人、②国立研究開発法人、③行政執行法人に 3 区分、うち、②国立研究開発法人の自由度を高めるための所要の措置（報酬の柔軟化等）
2015	日本医療研究開発機構の設立	健康・医療戦略推進法、国立研究開発法人日本医療研究開発機構法を根拠法として2015 年 4 月に「日本医療研究開発機構」（AMED）を設立。医療分野の基礎から実用化まで研究開発を支援、臨床研究等の基盤整備を行う

（表11-3 つづき）

2016〜2020	第5期科学技術基本計画	政府研究開発投資総額26兆円（計画）。主要指標及び目標値（KPI）を設定、研究開発と人材の強化、サイバー空間と現実社会が高度に融合したSociety 5.0の実現、基盤技術の戦略的強化、オープンイノベーションを推進
2016	特定国立研究開発法人	国立研究開発法人のなかで世界トップレベルの成果が期待される総合的な研究機関、あるいは特定分野で卓越した研究機関を「特定国立研究開発法人」に指定、理化学研究所、産業技術総合研究所、物質・材料研究機構の3機関を指定
2016	未来投資会議未来投資戦略	産業競争力会議及び未来投資に向けた官民対話を統合して設置。第4次産業革命に資する分野への大胆な投資を官民連携によって推進、同会議による成長戦略を、2016年までの日本再興戦略から替えて「未来投資戦略」（2017〜）として策定
2017	国立大学法人法改正	2016年に国立大学法人法の改正により文部科学大臣が指定。2017年6月に東京大学、京都大学、東北大学を指定、2018年3月に東京工業大学、名古屋大学を追加指定、世界と伍する有力大学として、教育研究、社会貢献に対して高い目標設定を求められる
2018	官民研究開発投資拡大プログラム	2016年12月に総合科学技術・イノベーション会議と経済財政諮問会議が合同で発表した「科学技術イノベーション官民投資拡大イニシアティブ」に基づくプログラムであり、PRISMと略称される。2018年度中に創設される予定

信、環境、ナノテク・材料を重点4分野に指定して予算配分の重点化を打ち出していたのに対して、第3期科学技術基本計画では、重点4分野に加えて、新たに推進4分野として、エネルギー、ものづくり技術、社会基盤、宇宙等のフロンティアの4分野が指定された。

　また、この時期にはイノベーション政策の射程や手段も大きく拡大した。第4期科学技術基本計画（2011〜2015年）では、分野別の目標管理から課題達成型への転換が図られ、震災復興・再生、グリーンイノベーション、ライフイノベーションの推進が挙げられていた。また、2013年の**日本再興戦略**では、イノベーションの基盤強化を図るための雇用制度改革、中小企業政策、地域振興政策、国家戦略特区などの施策が謳われている。さらに、第5期科学技術基本計画（2016〜2020年）では、主要指標および目標値（KPI）を設定した目標管理が強化され、イノベーション政策の軸足が、研究開発成果の利活用や産業分野への事業化・実用化へと重心を移している。2016年には、産業競争力会議を改組して、日本経済再生本部の下に**未来投資会議**が設置され、2017年には**未来投資戦略**が策定・公表されている。その対象とされる戦略分野はきわめて広く、分野横断型の課題も多岐にわたって指摘されている[47]。

282　第Ⅳ部　イノベーションと政策

さらに、主要な研究開発機関の組織改正も行われた。2015年に、研究開発を担う独立行政法人の自由度を増すために、独立行政法人通則法が改正され、旧独立行政法人が、①中期目標管理法人、②国立研究開発法人、③行政執行法人に３区分されることとなった。さらに、2016年には、理化学研究所、産業技術総合研究所、物質・材料研究機構の３機関が法律によって**特定国立研究開発法人**と指定された[48]。

文部科学省も2017年に国立大学法人法を改正して、文部科学大臣の指定により、2017年に東京大学、京都大学、東北大学、2018年に東京工業大学、名古屋大学、大阪大学が**特定国立大学法人**に指定された。世界最高水準の教育・研究を展開できる、人材育成と研究力の強化とそれを支えるガバナンス・財務基盤がある、社会からの評価を得ていく好循環を生み出せることが指定の条件とされている。この指定により、出資事業が可能となる範囲の拡大、指定に伴う経費への補助金が得られる等のメリットがあるとされる。

個別政策では、府省横断型の助成プログラムが推進されるようになった。2014年に、**戦略的イノベーション創造プログラム**（SIP: Cross-ministerial Strategic Innovation Promotion Program）、また、実現すれば産業・社会に大きなインパクトを与える「ハイリスク・ハイインパクト」な研究開発を推進する**革新的研究開発推進プログラム**（ImPACT: Impulsing Paradigm Change through Disruptive Technologies Program）が導入された。SIPでは、CSTIが司令塔となって、府省連携・産学官連携によって、基礎研究から実用化・事業化までの研究開発を一気通貫で推進すると謳っている。2017年度にSIPに500億円、またImPACTには2013年度の補正予算から５年間の基金として550億円の予算措置が講じられた。さらに、2018年度には、CSTIと経済財政諮問会議が合同で取りまとめた「科学技術イノベーション官民投資拡大イニシアティブ」に基づき、高い民間研究開発投資誘発効果が見込まれる「ターゲット領域」に各省庁の研究開発施策を誘導し、官民の研究開発投資の拡大、財政支出

47）横割課題として、データ利活用基盤の構築・制度整備、教育・人材力の抜本強化等が謳われている。

48）この指定により、理事長の裁量によって研究者の給与を高額に設定すること、特定分野の研究を政府が要求できること、研究成果が十分でない場合に監督官庁が理事長を解任できること等が規定されている。

第11章 イノベーション政策 **283**

の効率化を目指す**官民研究開発投資プログラム**（PRISM: Public/Private R&D Investment Strategic Expansion Program）が創設される予定である。

2000年代後半以降に続々と導入されたこれら数多くの施策に具体的にどのような効果があったかは、未だ十分な検証が行われているとはいい難い。残念ながら、**証拠に基づく政策立案**（EBPM: Evidence-Based Policy Making）という面では、イノベーション政策は、医療政策や開発政策などと比べてかなり立ち遅れている[49]。その理由として、政策が仮に導入されなかった場合の仮想的状況を予測することは、不確実性の高いイノベーションでは困難であること、政策評価の手法として有力なランダム化比較試験など、医療政策や開発政策で利用されている評価手法を導入することが、イノベーション政策では政治的に難しいこと[50]、イノベーション政策の評価ではスピルオーバー効果の測定が不可欠となるがその手法や評価が難しいこと、などが挙げられる[51]。

6-3　日本の科学技術関係予算の特徴

日本の科学技術関係予算の推移を表したのが図11-3である。日本では、2001年度以降、科学技術関係予算はほとんど増加していない。多少の変動はあるものの、当初予算の総額は3兆5000億円程度で横ばいに推移してきた。1990年代の増加傾向から一転して、2000年代は抑制的に推移してきたのである。表11-1の米国の連邦政府の研究開発予算は2001年から少なくとも2010年ごろまで顕著な増加傾向にあったことと比較すると、2000年代の日本の科学技術関係予算の抑制傾向は顕著であった。2018年度の科学技術白書（図1-1-5、p.21）によれば、2000年度を100とした場合の主要国の科学技術関係予算の推移は、日本は114.9（2018年）、米国は181.0（2017年）、ドイツは181.0（2017年）、イギリスは153.2（2016年）、韓国は510.7（2016年）、中国は1348.3（2016年）であり、日本を下回ったのはフランスの101.5（2016年）のみであった。

---

49) 証拠に基づく政策立案（EBPM）とは、2017年に内閣の骨太方針として推進することが定められたもので、政策、施策、事務事業の各段階のレビュー機能における取組を通じて、政策効果をデータを用いて定量的に把握して合理的な政策形成につなげようとするものである。EBPM推進委員会が2017年8月に政府内に設立されている。

50) ランダム化比較試験などの政策評価が医療政策で活用されている具体的な手法については、Drummond et al.（2015）を参照。

51) Jaffe（2002）を参照。

図11-3 日本の科学技術関係予算の推移

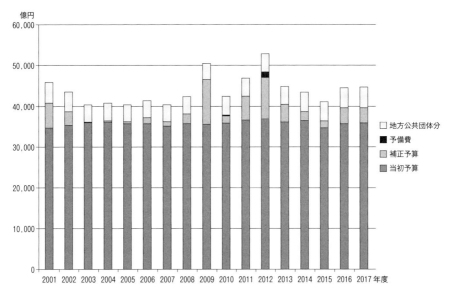

注：（ ）内は集計方法変更による増額分（2016年度より変更）
出所：内閣府「科学技術関係予算について」（http://www8.cao.go.jp/cstp/budget/index2.html）（最終閲覧日：2018年9月21日）

　次に、日本の科学技術関係予算の配分（2016年度）をみたのが図11-4である。2016年度の予算総額3兆4563億円のうち、内局等に1兆1741億円が配分され、うち、競争的研究資金および各府省による直轄事業に1兆364億円が割り当てられている。その主な内訳は図に示したとおりである。この他、内局への予算配分で目立つのは、科学技術振興機構（JST）に1009億円、新エネルギー・産業技術総合開発機構（NEDO）に1334億円、また、2015年度に設立された臨床研究等の基盤整備を行う日本医療研究開発機構（AMED）に1265億円が配分されていることである。

　国立大学には1兆2612億円、独立行政法人に1兆210億円が配分されている。なお、国立大学への交付金は1％強の効率化係数が課されているため毎年減少している。また、基盤的研究基金として重要な位置を占める科学研究費補助金への配分額は2273億円であり、競争的研究資金と国立研究開発法人等の各府省直轄事業とを合わせた全体の金額8636億円の4分の1程度となっている。競争

第11章　イノベーション政策　**285**

図11-4 日本の科学技術関係予算の俯瞰図（2016年度）

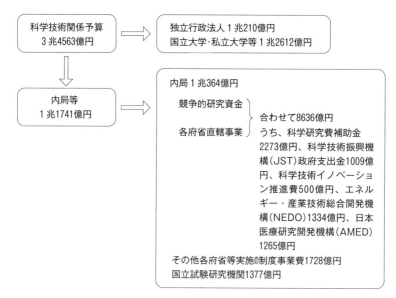

データ出所：総合科学・イノベーション会議・科学技術イノベーション政策推進専門調査会資料（平成28年7月28日）を基に作成

的研究資金制度は府省全体で21制度からなり、総額でおよそ4200億円程度を占めている。科学研究費補助金は競争的研究資金全体のおよそ半分程度である。

表11-4は競争的研究資金制度の概要を示したものである。各府省にわたって多様な競争的研究資金制度が存在している。米国のNIHやDARPAのように集約化・一元化された資金配分のメカニズムと比べると、日本では、競争的研究資金においても省庁別に細かく予算が分割して配分されていることがわかる。競争的研究資金で一番大きな割合を占めているのは文部科学省であり、特に科学研究費補助金の占める比率は大きい。この他に大きな予算額を占めるものとして、文科省の戦略的創造研究推進事業497億円、およびAMED向けの91億円である。これらは、科研費のようなボトムアップ型の研究費ではなく、国が戦略的目標を提示するトップダウン型の補助金である点が異なっている。さらに厚生労働省からAMEDに配分される補助金は430億円に達する。

表 11-4 競争的研究資金制度の概要（2018 年度）

府省名	担当機関	制度名	H30年度予算額 （百万円）
内閣府	食品安全委員会	食品健康影響評価技術研究	183
	小計		183
総務省	本省	戦略的情報通信研究開発推進事業	2,106
		ICT イノベーション創出チャレンジプログラム	255
		デジタル・ディバイド解消に向けた技術等研究開発	50
	消防庁	消防防災科学技術研究推進制度	126
	小計		2,537
文部科学省	本省/日本医療研究開発機構	国家課題対応型研究開発推進事業	23,571
	日本学術振興会	科学研究費補助金（科研費）	228,550
	科学技術振興機構	未来社会創造事業	5,500
	科学技術振興機構	戦略的創造研究推進事業	49,703
	日本医療研究開発機構		9,181
	科学技術振興機構	研究成果展開事業	22,236
	日本医療研究開発機構		4,266
	科学技術振興機構	国際科学技術共同研究推進事業	2,677
	日本医療研究開発機構		844
	小計		346,528
厚生労働省	本省	厚生労働科学研究費補助金	4,999
	日本医療研究開発機構	医療研究開発推進事業費補助金	35,874
	日本医療研究開発機構	保健衛生医療調査等推進事業費補助金	7,349
	小計		48,222
農林水産省	農業・食品産業技術総合研究機構	イノベーション創出強化研究推進事業	4,132
経済産業省	本省	戦略的基盤技術高度化・連携支援事業	10,532
国土交通省	本省	建設技術研究開発助成制度	190
		交通運輸技術開発推進制度	102
	小計		292
環境省	本省	環境研究総合推進費	5,107
		放射線安全規制研究戦略的推進事業費	344
	小計		5,451
防衛省	防衛装備庁	安全保障技術研究推進制度	9,820
合計			427,697

出所：内閣府 HP（http://www8.cao.go.jp/cstp/compefund/index.html）（最終閲覧日：2018 年 9 月 21 日）

6-4　日本版 SBIR

　米国 SBIR を参考にして、日本でも1998年12月に新事業創出促進法が制定された。そしてこの法律に基づき1999年2月より**中小企業技術革新制度（日本版 SBIR）**がスタートした。統一したスキームで各省庁横断的に実施される米国の SBIR 制度と大きく異なる点は、日本では、省庁ごとにこれまで行われてきた補助金、助成金、出融資制度のうち、中小企業の技術革新を促進させる目的に合致したものを特定補助金として通商産業省（現・経済産業省）と各省の大臣が共同で指定する方式をとっている点である。この特定補助金の指定を受けると、債務保証枠の拡大などの事業化支援措置を受けることができるとされている[52]。予算額は1999年度110億円から、2001年度270億円、2002年度には250億円と順調に拡大し、2014年度には、指定事業数は111件、目標額は455億円、実績額は386億円となっている。

　日本の SBIR は米国 SBIR の仕組みを外形的に模倣したものではあるが、省庁横断型の総合調整機能の面では依然として課題が多い。また、研究成果の事業化という面では、研究テーマの良し悪しに留まらず、優秀なマネジメントチーム、明確な経営戦略、また民間資金（リスクマネー）を効率的に集められる媒介者の存在などが事業の成否を大きく左右する。したがって、研究対象が応用・開発研究に近くなるほど、このようなマネジメントへの政府支援プログラムが重要となる。日本の SBIR プログラムはこの点への配慮が十分でなく、創業支援として米国のような成果を挙げているとは言い難い[53]。

6-5　日本の研究開発関連税制

　2002年までの日本の研究開発減税は、**増加試験研究費税額控除制度**と呼ばれていた。この制度は、企業の試験研究費が過去5年間のうち多い方から3年間の試験研究費の平均値を超える場合、超える部分の15％を税額控除する制度であった。しかし、この制度のもとでは、試験研究費が増加しない限り減税の恩典は受けられず、近年の経済情勢のもとで研究開発費を年々増加させている企

52）例えば、日本政策金融公庫の特別貸付、特許料等の減免などが受けられる。

53）日本の SBIR プログラムを詳細に検討した山口編（2015）を参照。なお、SBIR がクラウディング・アウト効果を伴ったとする研究に Wallsten（2000）がある。

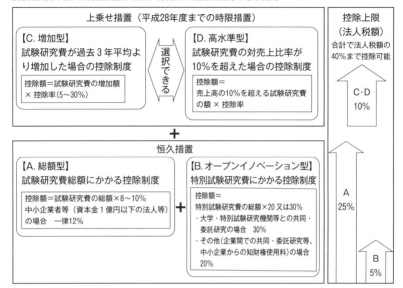

図 11-5 日本の研究開発税制

出所：経済産業省産業技術環境局・技術振興・大学連携推進課資料

業は少ないため、制度としての実効性が弱められていた。

そこで、2003年度から、試験研究費の総額に関わる**特別税額控除制度**が創設された。すなわち、試験研究費の総額の一定割合（8～10％、時限措置として2％上乗せして10～12％）を税額控除する制度が、先の増加試験研究税制との選択制で創設された。また、新たに産学官連携の共同研究・委託研究に関わる特別税額控除制度が創設された。すなわち、研究開発税制において、産学官連携の共同研究・委託研究について、一律12％（時限措置として15％）の税額控除率を適用することとなった。このほか、中小企業やベンチャー企業の技術基盤強化税制として、一律12％（時限措置として15％）の税額控除率が適用されることになった。

さらに、2013年度税制改正および2015年度税制改正によって、税額控除の対象範囲の拡大、要件緩和等の措置がなされ、オープン・イノベーション型と呼ばれる税額控除が導入されている。現行の税額控除制度の概要は、図11-5のと

第11章 イノベーション政策 **289**

おりである。これら税額控除による研究開発促進効果については、その複雑さのゆえ実証的に明らかにすることが難しい[54]。

6-6　政府による出融資事業

　日本の政府出資型研究開発は、1961年から実施された当初は、欧米の先端技術を取り入れるための共同研究開発が支援対象の中心であった。しかし、1980年代後半以降、基礎研究重視の流れを受けて長期的かつリスクの大きいテーマが支援対象となっていった。しかし、1980年代以降に行われた数多くの研究開発法人への出資事業は、これという目立った成果を挙げることがないまま、**特殊法人等整理合理化計画**（2001年閣議決定）に従って、順次に整理等の見直しや合理化が進められた。当時の研究開発法人の研究テーマには基礎的なものが多かったという事情を勘案しても、研究開発型法人への政府出資事業の成果は決して明確なものではなかった[55]。

　政府による研究開発への出資事業が再び拡大する契機となったのは2004年に中小企業基盤整備機構が設置されたことである。その後、財政投融資を活用した政府出資事業が再び活発化することとなった。特に、2009年の産活法改正によって、オープン・イノベーションを謳い文句に15年間の時限組織として設立された**産業革新機構**の規模は大きく、政府出資1420億円、民間出資140.1億円（27社、2個人）から構成され、政府保証枠は1兆8000億円に達していた[56]。広く話題を集めたルネサステクノロジへの共同出資事業では、政府出資1383.5億円、民間企業からは116.5億円の出資が行われている。これは出資比率からみて事実上の国有化に等しい事案であった。産業革新機構（2016年度末現在の政府出資額2860億円、以下同じ）以外にも、中小企業基盤整備機構（157億

54）　政府による研究開発税制が民間部門の研究開発投資をクラウド・アウトしたか否かは実証的問題である。実証研究をサーベイした David et al.（2000）、Hall and Van Reenen（2000）を参照。その結論は必ずしも明確なものではないが、集計バイアスの問題はあるもののおおむね公的 R&D と民間 R&D は補完的であるとする研究が多い。日本の税額控除が研究開発投資に与えた影響に関する実証研究には、Koga（2003）、大西・永田（2010）、Kasahara et al.（2014）、細野他（2015）がある。ただし、結論は一様でない。

55）　日本の出資事業を対象とした実証研究として、Branstetter and Sakakibara（1998, 2002）、岡田・櫛（2014）を参照。ただし、その効果は一様でない。

56）　2018年9月の産活法改正によって「産業革新投資機構」として新たに発足し、設置期限が2034年まで延長された。

円）、地域経済活性化支援機構（160億円）、農林漁業成長産業化支援機構（300億円）、官民イノベーションプログラム（1000億円）など、同様の官民ファンドが数多く設立されており、2016年6月現在、政府出資総額は7230億円に達している。

しかし、研究開発型法人への政府による出融資事業を成功させることは本来的に非常に難しく、政策的にも留意すべき点が多数ある。例えば、研究成果の帰属先の決定、事後的な出資金の調整ルールと出口戦略、研究テーマの選定基準と評価プロセス等についてである。公的な出資機関が民間企業よりも的確にこれらを判断できる根拠は特にない。これらの政府出資事業においても、その成果を慎重に見極める必要があるといえよう[57]。このような懸念を承けて、2013年9月以降、「官民ファンドの活用推進に関する関係閣僚会議」が毎年2回程度開催されて現在に至っている。

7 望ましいイノベーション政策のあり方

公的部門の役割は、サイエンスと商用化との距離が近いハイテク分野では特に重要である。しかしアカデミックな基礎研究が商用化につながるまでには多くのステップがあり、関連するすべての技術・知識を単独企業が備えることがますます難しくなっている。ハイテク分野では、ライセンス・イン、合併・吸収、垂直統合、共同研究開発、技術提携、アウトソーシング（研究の外部委託）などを組み合わせながら、企業の境界を超えた共同研究開発が活発に行われている。これら多様な活動に対する政策支援や事業評価の方法に単一の万能薬はありえない。政府による創業支援策は手段であって目的ではない。したがって、ケースバイケースに個別分野の特徴に十分な注意を払いながら制度設計とその運用が行われるべきである[58]。

本章における議論から示唆されるのは、少なくとも理論的にみて、公的部門と私的部門の補完関係が成立するためには、何らかのスピルオーバー効果が必要であるということである。しかし、公的部門と民間部門のコーディネーショ

---

57) 岡田・櫛（2014）を参照。
58) 日本のイノベーション政策を包括的に解説・評価した後藤（2016）を参照。

ンに必要となる情報を、政府が的確に利用できる保証はない。さらに、政府がコーディネーションするべき研究開発の担い手は国内企業に留まるわけでもない。産学官連携の枠組みが一国に留まるべきでないことは当然である。スピルオーバー効果が、どの程度、国内のみのフィードバックに留まるかに依存して、政府の果たすべき役割も異なるのである[59]。

　最後に、本稿で検討してきたイノベーション政策の課題を簡潔にまとめておこう[60]。第1に、民間部門の研究開発への公的支援の効果を高めるためには、研究開発の成果の帰属先があらかじめ明確になっている必要がある。これは政策評価を進めるに当たっても重要な視点となる。一般に、税額控除が企業に好まれる理由は、研究開発コストを直接引き下げる効果のほかに、その成果の帰属が明確であるという面もあるのではないだろうか。産学官連携の成果を一部の参加企業のみが専有化することは難しい。米国ベンチャー・キャピタル市場でみられたように[61]、その成果の帰属に関わる契約が明確に行われるケースで産学官連携や技術移転が活発となる傾向があることは示唆的である。

　第2に、先端的な共同研究に政府が補助金や出融資を提供する場合は、極めて専門的で焦点の絞られた研究テーマが対象となるため、助成すべき対象を選択し、また中間評価で資金を再配分していくメカニズムを柔軟かつ機動的に行う必要がある。その際、第三者による評価（ピアレビュー）が極めて重要となる。先端的な研究分野では、所期の目標が期限どおりに達成されるということは稀であり、研究途中で研究目標の大幅な変更や修正が行われるのが通常である。したがって、研究助成のレビューを行う際にも、柔軟かつ機動的に資金の再配分が可能となるべきである。またこのような調整を行うには、政府の担当者と研究開発の担当者との間で的確なコミュニケーションが図られなければなければならない。当初の事業選択のフェースのみならず、中間レビューや事後評価においても、十分にリソースが投入されるべきである。

---

59) Grossman and Helpman（1991）は、もし技術のスピルオーバー効果が完全に国際的に波及するならば、政府のイノベーション政策の役割はごく限られたものに留まると述べている。スピルオーバーのローカル化（localization）の程度を知ることは、政策的にみて重要な課題となるのである。

60) 岡田（2006a,b）、Okada et al.（2009）、岡田・櫛（2014）を参照。

61) 米国ベンチャー・キャピタル市場については第6章第6節を参照。

第3に、ごく一部の大企業や優秀な研究者に不均等に研究資金が配分される助成プログラムは望ましくない。一部の優秀な研究者に研究資金が集中する傾向（マタイ効果）はよくみられるものの、研究資金の配分効率性という観点からは問題含みである。資金制約が強く効いているような助成対象（例えば起業後間もないベンチャーや中小企業、研究資金に恵まれていないが非常に将来性のあるアイディアをもつ研究者）の研究開発効率は高く、そのような研究に研究資金が広く行き渡る仕組みが工夫されるべきである。

第4に、創業支援や研究成果の事業化という側面においては、研究テーマの良し悪しに留まらず、優秀なマネジメントチーム、明確な経営戦略、民間資金（リスクマネー）を効率的に集められる媒介者の存在が、事業の立ち上がりで死の谷を越えられるか否かを大きく左右する。したがって、コアの研究支援に留まらずマネジメントへの支援プログラムも貴重な支援事業とみなされるべきである。その点、米国のSBIRプログラム、あるいはベンチャー・キャピタル市場の仕組みは示唆に富む。

第5に、政府支援では、社会的に望ましい影響が長期に期待できるにもかかわらず、民間部門ではリスクが大きくて十分に担えない研究プログラムへの助成に重点を置くべきである。その意味では基礎研究への支援に十分な配慮がされるべきである。公的支援の政策評価の基準として、短期的視点と同時に長期的な視点も備えた複眼的な評価項目が必要となる。短期的な成果指標は、限界的な資金配分の調整には有益な情報源となるが、長期的な政策評価の基準としては不十分である。そもそも、短期的に収益をもたらす研究プロジェクトは民間部門でも十分に投資インセンティブがあると考えるべきである。

●キーワード●

イノベーション政策、科学技術政策、ナショナル・イノベーション・システム、産業、大学、政府、三重らせん、初期条件、経路依存性、専有可能性、マタイ効果、ストークス・モデル、パスツール象限、トランスレーショナル・リサーチ、ボーア象限、エジソン象限、サイエンス型産業、優遇税制、補助金、クラウディング・アウト効果、委託研究開発、バイ・ドール委託、呼び水効果、政府出資事業、科学技術担当大統領補佐官

（APST）、科学技術政策局（OSTP）、国家科学技術会議（NSTC）、大統領科学技術諮問会議（PCAST）、産業競争力委員会、ヤング・レポート、包括通商競争力法、競争力評議会（COC）、パルミサーノ・レポート、米国競争力法、米国競争力イニシアティブ、米国イノベーション戦略、バイ・ドール法、技術移転機関（TLO）、SBIR/STTR プログラム、先端技術プログラム（ATP）、死の谷、ダーウィンの海、科学技術基本法、科学技術基本計画、産学官連携、大学等技術移転促進法（TLO 法）、研究交流促進法、新事業創出促進法、中小企業技術革新制度（日本版SBIR 制度）、産業活力再生特別措置法（日本版バイ・ドール法）、バイ・ドール条項、産業技術力強化法、大学発ベンチャー、知的財産基本法、知的財産戦略本部、バイオテクノロジー戦略大綱、BT 戦略推進官民会議、国立大学法人法、総合科学技術会議、総合科学技術・イノベーション会議、産業競争力会議、産業革新機構、日本再興戦略、未来投資会議、未来投資戦略、特定国立研究開発法人、特定国立大学法人、戦略的イノベーション創造プログラム（SIP）、革新的研究開発推進プログラム（Im-PACT）、官民研究開発投資プログラム（PRISM）、証拠に基づく政策立案（EBPM）、増加試験研究費税額控除制度、特別税額控除制度、特殊法人等整理合理化計画

▶理解を深めるためのヒント

11-1　ストークス・モデルの各象限に該当する研究開発の具体例を考えてみよう。

11-2　米国のパルミサーノ・レポートを読んで、米国のイノベーション政策の特徴について考えてみよう（この報告書は以下の URL から全文をダウンロードできる。https://www.compete.org/reports/all/202（最終閲覧日：2018年9月21日））。

11-3　SBIR プログラムの HP から、この制度の仕組みや実績について調べてみよう。日本の制度とはどこが異なっているのだろうか（SBIR の HP は、https://www.sbir.gov/ から見ることができる。（最終閲覧日：2018年9月21日））。

11-4 科学技術白書（各年版）では、日本のみならず世界の主要国のイノベーションの動向をわかりやすく解説している。近年の日本の科学技術力の停滞について、論文、特許等のデータに基づいて検証してみよう。

11-5 経済産業省による「大学発ベンチャーデータベース」によると2017年度現在の大学発ベンチャーは2093社に達しているという。このデータベースを利用して、日本の主要大学から生まれたベンチャーを検索して、その技術分野や経営動向について調べてみよう。URLは下記の通りである。

http://www.meti.go.jp/policy/innovation_corp/univ_startups_db/（最終閲覧日：2018年9月21日）

参考文献

上山隆大（2010）『アカデミック・キャピタリズムを超えて：アメリカの大学と科学研究の現在』、NTT出版。

大西宏一郎・永田晃也（2010）「研究開発優遇税制は企業の研究開発投資を増加させるのか：試験研究費の総額に係る税額控除制度の導入効果分析」、『研究技術計画』vol.24, 400-412。

岡田羊祐（2006a）「イノベーション政策」、植草益編『先端技術の開発と政策』、NTT出版、275-293。

岡田羊祐（2006b）「産学官連携と政府の役割：ナショナル・イノベーション・システムの視点から」、鈴村興太郎・長岡貞男・花崎正晴編『経済制度の生成と設計』東京大学出版会、337-374。

岡田羊祐・櫛貴仁（2014）「政府出資事業における共同研究開発：医薬品機構出資事業のケーススタディ」、北村行伸編著『応用ミクロ計量経済学Ⅱ』、日本評論社、153-181。

小田切宏之・後藤晃（1998）『日本の企業進化：革新と競争のダイナミック・プロセス』、東洋経済新報社。

研究開発戦略センター（2018）「主要国の研究開発戦略（2018年）」、国立研究開発法人科学技術振興機構『研究開発の俯瞰報告書』CRDS-FY2017-FR-01。

後藤晃（2016）『イノベーション：活性化のための方策』、東洋経済新報社。

後藤晃（1993）『日本の技術革新と産業組織』、東京大学出版会。

後藤晃・小田切宏之編（2003）『サイエンス型産業』、NTT出版。

後藤晃・若杉隆平（1984）「技術政策」、小宮隆太郎・奥野正寛・鈴村興太郎編『日本の産業政策』、東京大学出版会、159-180。

細野薫・布袋正樹・宮川大介（2015）「研究開発税額控除は研究開発投資を促進するか？：資本コストと内部資金を通じた効果の検証」RIETI Discussion Paper Series 15-J-030。

山口栄一編（2015）『イノベーション政策の科学：SBIR の評価と未来産業の創造』、東京大学出版会。

Auerswald, P. E. and L. M. Branscomb（2003）"Valleys of Death and Darwinian Seas: Financing the Invention to Innovation Transition in the United States," *Journal of Technology Transfer* 28：227-239.

Branstetter, L. and M. Sakakibara（1998）"Japanese Research Consortia: A Microeconometric Analysis of Industrial Policy," *Journal of Industrial Economics* 46：207-233.

Branstetter, L. and M. Sakakibara（2002）"When Do Research Consortia Work Well and Why? Evidence from Japanese Panel Data," *American Economic Review* 92：143-159.

Cockburn, I. M. and R. M. Henderson（2001）"Publicly Funded Science and the Productivity of the Pharmaceutical Industry," in A. B. Jaffe, J. Lerner and S. Stern eds., *Innovation Policy and the Economy*, vol.1, MIT Press, 1-34.

Cohen, W. M., R. R. Nelson, and J. P. Walsh（2002）"Links and Impacts: The Influence of Public Research on Industrial R&D," *Management Science* 48, 1-23.

Dasgupta, P. and P. David（1994）"Toward a New Economics of Science," *Research Policy* 23, 487-521.

David, P. and B. Hall（2000）"Heart of Darkness: Modeling Public-Private Funding Interactions inside the R&D Black Box," *Research Policy* 29, 1165-1183.

David, P., B. H. Hall, and A. A. Toole（2000）"Is Public R&D a Complement or Substitute for Private R&D? A Review of the Econometric Evidence," *Research Policy* 29：497-529.

Dertouzos, M. L., R. K. Lester and R. M. Solow（1989）*Made in America: Regaining the Productive Edge*, MIT Press.（依田直也訳『Made in America：アメリカ再生のための米日欧産業比較』、草思社、1990年）

Drummond, M. F., M. J. Sculpher, K. Claxton, G. L. Stoddart, and G. W. Torrance（2015）*Methods for the Economic Evaluation of Health Care Programmes*, Oxford University Press.

Etzkowitz, H. and L. Leydesdorff（2000）"The Dynamics of Innovation: form National Systems and "Mode 2" to a Triple Helix of University-Industry-Government Relations," *Research Policy* 29：109-123.

Grossman, G. and E. Helpman（1991）*Innovation and Growth in the Global Economy*, MIT Press.

Hall, B. and J. Van Reenen（2000）"How Effective are Fiscal Incentives for R&D? A Review of the Evidence," *Research Policy* 29：449-469.

Jaffe, A. B.（2002）"Building Programme Evaluation into the Design of Public Research-Support Programmes," *Oxford Review of Economic Policy* 18：22- 34.

Kasahara, H., K. Shimotsu, and M. Suzuki（2014）"Does an R&D Tax Credit Affect R&D Expenditure? The Japanese R&D Tax Credit Reform in 2003," *Journal of the Japanese and International Economies* 31: 72-97.

Klette, T. J., J. Møen, and Z. Griliches（2000）"Do Subsidies to Commercial R&D Reduce Market Failures? Microeconometric Evaluation Studies," *Research Policy* 29：471-495.

Koga, T.（2003）"Firm Size and R&D Tax Incentives," *Technovation* 23：643-648.

Mansfield, E.（1991）"Academic Research and Industrial Innovation," *Research Policy* 20：1-12.

Mansfield, E.（1995）"Academic Research Underlying Industrial Innovations: Sources, Characteristics, and Financing," *Review of Economics and Statistics* 77：55-65.

Merton, R. K.（1968）"The Mathew Effect in Science," *Science* 159：56-63.

Merton, R. K.（1969）"Behavior Patterns of Scientists," *American Scientist* 57：1-23.

Mowery, D. C., R. R. Nelson, B.N. Sampat, and A. A. Ziedonis（2004）*Ivory Tower and Industrial Innovation: University-Industry Technology Transfer Before and After the Bayh-Dole Act,* Stanford Business Books.

Nagaoka, S., M. Igami, J. P. Walsh and T. Ijichi（2011）"Knowledge Creation Process in Science: Key Comparative Findings from the Hitotsubashi-NISTEP-Georgia Tech Scientists' Survey in Japan and the US," IIR Working Paper WP#11-09.

Nelson, R. R. ed.（1993）*National Innovation System: A Comparative Analysis*, Oxford University Press.

Nishimura, J. and Y. Okada（2014）"R&D Portfolios and Pharmaceutical Licensing," *Research Policy* 43, 1250-1263.

Odagiri, H. and A. Goto（1993）"The Japanese System of Innovation: Past, Present, and Future," in R. R. Nelson ed., *National Innovation Systems: A Comparative Analysis*, Oxford University Press, 76-114.

Okada, Y., K. Nakamura, and A. Tohei（2009）"Public-Private Linkage in Biomedical Research in Japan: Lessons of the 1990s," in S. Nagaoka, M. Kondo, K. Flamm and C. Wessner eds., *21st Century Innovation Systems for Japan and the United States: Lessons from a Decade of Change*, The National Academies Press, 238-250.

Pavitt, K.（1984）"Sectoral Patterns of Technical Change: Towards a Taxonomy and a Theory," *Research Policy* 13：343-373.

Rosenberg, N.（1992）"Scientific Instrumentation and University Research," *Research Policy* 21：381-390.

Rosenberg, N. and R. R. Nelson（1994）"American Universities and Technical

Advance in Industry," *Research Policy* 23：323-348.

Stephan, P. E.（1996）"The Economics of Science," *Journal of Economic Literature* 34：1199-1235.

Stephan, P. E.（2010）"The Economics of Science," in B. H. Hall and N. Rosenberg eds., *Handbook of the Economics of Innovation*, North-Holland, 217-273.

Stokes, D.（1997）*Pasteur's Quadrant: Basic Science and Technological Innovation,* Brookings Institution Press.

Toole, A. A.（2012）"The Impact of Public Basic Research on Industrial Innovation: Evidence from the Pharmaceutical Industry," Research Policy 41：1-12.

Trajtenberg, M.（2001）"R&D Policy in Israel: An Overview and Reassessment," in M. P. Feldman and A. N. Link eds., *Innovation Policy in the Knowledge-Based Economy*, Kluwer Academic Publishers, 409-453.

von Hippel, E.（1988）*The Sources of Innovation*, Oxford University Press.（榊原清則訳『イノベーションの源泉：真のイノベーターはだれか』ダイヤモンド社、1991年）

von Hippel, E.（2005）*Democratizing Innovation*, MIT Press.

Wallsten, S. J.（2000）"The Effects of Government-Industry R&D Programs on Private R&D: The Case of the Small Business Innovation Research Program," *Rand Journal of Economics* 31：82-100.

索　引

【欧字】

APST　270
ATP　276
BPR　150
BT 戦略推進官民会議　280
CIM　149
COC　272
CSR　152
CSTI　280
CUDOS　9
ERP（enterprise resource planning）　150
ESG 投資　153
EU デジタル単一市場戦略　186
FRAND 宣言　213
FTE　42
GDPR　186
IFRS　39
ImPACT　283
IPC　47-48
IoT　185
LBO（leveraged buy-out）　161
make or buy　5
NAP（non-assertion of patents）　211
NDA　200
NIH 症候群（Not-Invented-Here Syndrome）　149
NSF　32
OECD　32
OSTP　270
PLACE　9

PRISM　284
SBIR ／ STTR プログラム　274
SBIR　274
SCM　150
SEP　212
SIP　283
STTR　274
TFP　55
TLO　273, 278
TLO 法　278
TQC　149
TRIPS 協定（Agreements of Trade Related Aspects of Intellectual Property Rights）　199

【あ行】

アロー効果　86
アンチ・ステアリング条項（anti-steering provision）　188
暗黙知　19
異議申立制度　231
意思決定の迅速化　149
委託研究開発　268
1 発明 1 特許の原則　226
一般データ保護規則（GDPR）　186
イノベーション　3
──政策　8, 257
──調査　34
エージェンシー問題　152
エージェンシー理論　5
エジソン象限　265

299

円環市街地モデル　87
エンジェル　277
エンフォースメント　198
応用研究　36
オープン＆クローズ戦略　210
オープン・アーキテクチャー　173
　　──戦略　210
オープン・イノベーション　151
オープン戦略　210
置き換え効果　86, 91
オスロ・マニュアル　34

【か行】

開発研究　36
外部統制　154
科学技術
　　──基本計画　278
　　──基本法　278
　　──指標　31
　　──人材　34
　　──政策　7, 257
　　──政策局（OSTP）　270
　　──担当大統領補佐官（APST）　270
科学者（scientist）　8
学習効果　26
革新的研究開発促進プログラム（Im-PACT）　283
拡大された範囲の先願　229
過剰慣性（excess inertia）　179
加速度調整モデル　126
可能化技術　218
株式発行　115
間接的参入　172
完全特許　91
感応度分析　63
官民研究開発投資プログラム（PRISM）　284
機会主義的行動　5
機関投資家　155

企業
　　──家　4
　　──家精神（entrepreneurship）　147
　　──価値　54, 73
　　──統治　152
　　──の社会的責任（CSR）　152
　　──秘密　248
技術　1
　　──移転機関（TLO）　273, 278
　　──革新市場（innovation market）　214
　　──機会　23, 25
　　──距離　72
　　──市場　197
　　──者（engineer または technologist）　8
　　──特性　19
　　──の累積的性質　198
　　──貿易収支マニュアル　49
　　──ポジション　72
技術変化　1
　　──の累積性　20
　　一対多型　21
　　クオリティ・ラダー型　21
　　多対一型　21
基礎研究　36
規模の経済性　109
逆U字型仮説　99
逆選択　121
キャッシュフロー制約　109, 128
キャリード・インタレスト　132
キャンベラ・マニュアル　34
強制実施許諾　214
競争回避効果　100
競争力評議会（COC）　272
銀行借入　115
均等侵害　235
均等論　235
クラウディング・アウト効果　267
クラウド・コンピューティング　150

クラウド化　175
クリティカル・マス（critical mass）　180
経営資源　143
経済協力開発機構（OECD）　32
形式知　20
契約のネクサス論　153
計量書誌学　34
経路依存性　133, 144, 259
研究開発（R&D）　33
　　──インセンティブ　84
　　──の資本化　41
　　──の投資収益率　64
　　──の二面性　21
研究開発費　35
　　──の二重カウント　57
研究交流促進法　278
減衰バイアス　61
限定合理性　173
限定された合理性　5
権利行使（エンフォースメント）　198
コア・コンピテンス　144
恒久棚卸法　63
鉱工業技術研究組合制度　269
構造推定　135
公知　21
合同会社　131
後方帰納法　88
後方統合（backward integration）　204
効率性効果　97
合理的期待均衡　179
コーポレート・ガバナンス　152
　　──・コード　160
国際財務報告基準（IFRS）　39
国際特許分類（IPC）　47-48
国立大学法人法　280
誤差修正モデル　127
コスト・スプレッディング　111
国家科学技術会議（NSTC）　270
コモン・プール　24
コモンズ　24

コンピュータ統合生産（CIM）　149

【さ行】

サイエンス型産業　266
財産権　6
裁定実施制度　225
サプライ・チェーン・マネジメント
　　（SCM）　150
産学官連携　278
産業　260
　　──革新機構　290
　　──革新投資機構　290
　　──活力再生特別措置法（日本版バイ・
　　　ドール法）　278
　　──技術力強化法　278
　　──競争力委員会　270
　　──競争力会議　280
　　──特性　19, 23
三重らせん（triple-helix）　6, 258
サンプル・セレクション・バイアス　54
シーリング　225
試験研究費　35
試行錯誤を通じた学習（learning by
　　trying）　148
自己回帰分布ラグモデル　127
自己実現均衡　179
事後的ライセンシング　203
資産の特殊性　5
市場
　　──構造　83-84
　　──における競争（competition in the
　　　market）　189
　　──をめざす競争（competition for the
　　　market）　100, 189
　　システム──　169
事前的ライセンシング　203
自然法則の利用　225
実施態様項　236
実用新案制度　238

実用新案法　238
私的期待収益率　25
死の谷（death valley）　276
ジブラ法則（Gibrat's Law）　133
資本コスト　115
社会的収益率　26
社債発行　115
従業員持株制度　154
自由参入均衡　89
収入効果　202
出願公開制度　225, 229
需要側の規模の経済性　177
受容能力　8, 20
需要の成長性　23-24
シュンペーター・ガルブレイス仮説　108
シュンペーター仮説　4
シュンペーター効果　86
証拠に基づく政策立案（EBPM）　284
使用者帰属　217
承認 TLO　278
小発明　93
情報の共有化　149
情報の非対称性　120
ショート・ターミズム（short termism）　148
除外変数バイアス　84
初期条件　259
職務発明制度　216
書面主義　235
所有から利用へ　175
所有と経営の分離　152
序列競争　95
新規性　225-226
シングル・ホーミング（single-homing）　183
新結合　4
新工程革新　24
審査主義　225
審査請求制度　229-230
新事業創出促進法　278

新制度派経済学　6
新製品革新　24
人的資本　114
進歩性　225, 227
垂直囲い込み型　173
垂直的取引　204
スイッチング・コスト　176
水平的取引　204
水平統合型　173
水平分離型　173
スチュワードシップ・コード　160
ストークス・モデル　265
ストック・オプション　154
スピルオーバー　10
　──効果　67
　産業間──　70, 72
　産業内──　70
　波及経路　67
　研究者・技術者間の知識フロー　68
　研究者・技術者の移動　69
　地域・国境を越えたスピルオーバー　70
　中間財に体化された技術進歩　68
　明示的な技術取引契約　68
静学的非効率性　239
請求項（クレーム）　45, 225
制限価格　97
政府　262
政府出資事業　269
責任投資原則　153
セキュリティー　185
ゼネラル・パートナー　130
先願主義　227
善管注意義務（fiduciary duty）　152
線形モデル　145
先行者利益　26
全社的業務管理　150
全社的品質管理（TQC）　149
先占　95
先端技術プログラム（ATP）　276
先発明主義　227

全米科学財団（NSF）　32
前方統合（forward integration）　204
専有可能性　23, 25, 67, 263
全要素生産性（TFP）　55
戦略的イノベーション創造プログラム
　　（SIP）　283
増加試験研究費税額控除制度　288
早期公開制度　229
総合科学技術・イノベーション会議
　　（CSTI）　280
総合科学技術会議　280
創造的破壊　4
相当の対価　216
相当の利益　217
測定誤差　56, 61
　　アウトプットの——　58
　　インプットの——　57
組織能力　5, 144
組織の境界　148
訴訟リスク　251
ソロー残差　56
存続期間延長制度　233

【た行】

ダーウィンの海（Darwinian sea）　276
大学　261
　　——等技術移転促進法（TLO法）　278
　　——発ベンチャー　278
体化されたイノベーション　47
大統領科学技術諮問会議（PCAST）　270
大発明　93
多項制　236
単項制　235
知識　2
知識ストック　17
　　——の陳腐化率　63
知識生産関数　19, 53
知的財産
　　——ガイドライン　213

——基本法　278
——権　6, 198
——戦略本部　280
チャイニーズ・ウォール　201
忠実義務　121
中小企業技術革新制度（日本版SBIR制
　　度）　278, 288
注目を集める競争（competition for atten-
　　tion）　189
超過収益率　57
調整コスト　114
重複特許禁止の原則　226
データ・ポータビリティー　185
敵対的買収　161
動学的効率性　239
動的能力　144
トービンのq　74
特殊法人等整理合理化計画　290
独占の持続性　95
独占の社会的費用　94
独占レント　94
特定国立研究開発法人　283
特定国立大学法人　283
特別税額控除制度　289
特許　34, 44
　　——期間　226, 232
　　——現存率　233
　　——請求の範囲　235
　　——の引用件数　45
　　——の後方引用　45
　　——の出願国数　45-46
　　——の請求項数　45
　　——の前方引用　45
　　——の藪　201
　　——の料金構造　232
　　——範囲　46, 226
　　——ファミリー　46
　　——法1条　223
　　——法35条　216
　　——要件　226

索　引　303

——料金　232
　ドミナント・デザイン　101
　トランスレーショナル・リサーチ　265
　取引費用　5

【な行】

　内生性　10, 19
　内生的サンクコスト　98, 175, 181
　内生的成長理論　99
　内部統制　155
　内部留保　115
　ナショナル・イノベーション・システム
　　6, 258
　ナッシュ均衡　88
　2段階ゲーム　88
　日本再興戦略　282
　ネットワーク効果　175
　　間接的——　176
　　直接的——　176
　ノンパラメトリック・アプローチ　53

【は行】

　バイ・ドール委託　268
　バイ・ドール条項　278
　バイ・ドール法　273
　バイオテクノロジー戦略大綱　280
　パスツール象限　265
　発生主義　38, 57
　発明者帰属　216
　発明の詳細な説明　235
　パテント・マニュアル　34
　パラメトリック・アプローチ　53
　パルミサーノ・レポート　272
　範囲の経済性　109
　汎用技術　22
　比較制度分析　6
　引き抜き禁止（non-solicitation clause）
　　200

　非係争義務　211
　ビジネス・アーキテクチャー　148
　ビジネス・プロセス・リエンジニアリング
　　（BPR）　150
　必須要件項　236
　秘密保持契約（NDA）　200
　標準必須特許（SEP）　212
　不確実性　114
　不完備契約　155
　不争義務　200, 212
　物質特許　237
　　——制度　237
　プライバシー　185
　フラスカティ・マニュアル　33
　プラットフォーム　169
　　——へのデータ集中　172
　フルタイム換算（FTE）　42
　プロ・パテント政策（pro-patent policy）
　　247
　プロセス・イノベーション（新工程革新）
　　24
　プロダクト・イノベーション（新製品革
　　新）　24
　プロダクト・ライフ・サイクル　100
　ブロック・チェーン　185
　分割された技術リーダーシップ　171
　分散から集中へ　175
　平均への回帰　133
　米国
　　——イノベーション戦略　272
　　——競争力イニシアティブ　272
　　——競争力法　272
　　——発明法　227
　ヘッド・カウント（HC）　42
　ヘドニック価格指数　59
　ベンチャー・キャピタル　130
　ペンローズ効果　119
　ポイズンピル　159
　包括通商競争力法　271
　報告バイアス　37

ボーア象限　265
ホールドアップ　200
補完性　169
補完的資産　26
補償金請求権　229
補助金　267

【ま行】

マークアップ　59
マタイ効果（Matthew effect）　264
マネジメント・フィー　132
マルチ・ホーミング（multi-homing）　183
満足化行動　122
未来投資会議　282
未来投資戦略　282
ムーアの法則　170
無形資産　2
無審査主義　225
モジュール化　172
モノのインターネット（IoT）　185
模倣コスト　26
モラル・ハザード　121, 152

【や行】

ヤング・レポート　271
優遇税制　267

有限責任組合　130
有限責任事業組合　131
優先株（preferred stock）　130
優先権（liquidation preferences）　132
誘導形　53
要求収益率　115
呼び水効果　269

【ら行】

ライツプラン　159
リーチ・スルー・ライセンス　219
利益剰余金　115
リサーチ・ツール　218
リバース・エンジニアリング　200
リバース・ペイメント　212
リミテッド・パートナー　130
留保価格　177
両面市場（two-sided markets）　182
累積的イノベーション　206
ルーチン　144
レバレッジ　122
　　──効果　121
連鎖モデル　145
レント・シーキング　94
レント消失効果　86, 94, 202
ロイヤリティ・スタッキング　201
ロック・イン　176

索引　**305**

著者紹介

岡田 羊祐（おかだ ようすけ）

1961年生まれ
1985年　東京大学経済学部卒業
1990年　東京大学大学院経済学研究科第二種博士課程単位取得
1994年　博士（経済学）
信州大学経済学部助教授、一橋大学経済学部助教授を経て、現在、
一橋大学大学院経済学研究科教授、公正取引委員会競争政策研究セ
ンター所長
専攻：産業組織論、競争政策
主要著書：『独禁法審判決の法と経済学：事例から読み解く日本の
競争政策』（川濵昇・林秀弥と共編著、東京大学出版会、2017年）、
『クラウド産業論：流動化するプラットフォームにおける競争と規
制』（林秀弥と共編著、勁草書房、2014年）ほか

イノベーションと技術変化の経済学

2019年1月25日　第1版第1刷発行

著　者　岡田羊祐
発行所　株式会社日本評論社
　　　　〒170-8474　東京都豊島区南大塚3-12-4
　　　　電話　03-3987-8621（販売）　03-3987-8595（編集）
　　　　https://www.nippyo.co.jp/　振替　00100-3-16
印刷所　精文堂印刷株式会社
製本所　株式会社松岳社
装　幀　図工ファイブ

落丁・乱丁本はお取替えいたします。　　Printed in Japan
検印省略 © Yosuke Okada 2019　　ISBN978-4-535-55914-1

|JCOPY| 〈社〉出版者著作権管理機構　委託出版物〉
本書の無断複写は著作権法上での例外を除き禁じられています。複写される場合は、そのつど事前に、
〈社〉出版者著作権管理機構（電話03-5244-5088、FAX03-5244-5089、e-mail：info @ jcopy.or.jp）の許
諾を得てください。また、本書を代行業者等の第三者に依頼してスキャニング等の行為によりデジタル
化することは、個人や家庭内の利用であっても、一切認められておりません。

経済学の学習に最適な充実のラインナップ

入門｜経済学［第4版］
伊藤元重／著　　(3色刷) 3000円

入門 ゲーム理論と情報の経済学
神戸伸輔／著　　2500円

例題で学ぶ 初歩からの経済学
白砂堤津耶・森脇祥太／著　　2800円

例題で学ぶ初歩からの計量経済学［第2版］
白砂堤津耶／著　　2800円

マクロ経済学［第2版］
伊藤元重／著　　(3色刷) 2800円

［改訂版］経済学で出る数学
尾山大輔・安田洋祐／編著　　2100円

マクロ経済学パーフェクトマスター［第2版］
伊藤元重・下井直毅／著　　(2色刷) 1900円

経済学で出る数学 ワークブックでじっくり攻める
白石俊輔／著　尾山大輔・安田洋祐／監修　1500円

入門｜マクロ経済学［第5版］
中谷 巌／著　　(4色刷) 2800円

例題で学ぶ初歩からの統計学［第2版］
白砂堤津耶／著　　2500円

スタディガイド 入門マクロ経済学［第5版］
大竹文雄／著　　(2色刷) 1900円

入門 公共経済学［第2版］
土居丈朗／著　　2900円

マクロ経済学入門［第3版］
二神孝一／著［新エコノミクス・シリーズ］(2色刷) 2200円

入門 財政学
土居丈朗／著　　2800円

ミクロ経済学［第3版］
伊藤元重／著　　(4色刷) 3000円

実証分析入門
森田 果／著　　3000円

ミクロ経済学パーフェクトマスター
伊藤元重・下井直毅／著　　(2色刷) 1900円

最新 日本経済入門［第5版］
小峰隆夫・村田啓子／著　　2500円

ミクロ経済学の力
神取道宏／著　　(2色刷) 3200円

労働経済学入門
脇坂 明／著　　2400円

ミクロ経済学の技
神取道宏／著　　(2色刷) 1700円

経済学入門
奥野正寛／著［日評ベーシック・シリーズ］　2000円

ミクロ経済学入門
清野一治／著［新エコノミクス・シリーズ］(2色刷) 2200円

ミクロ経済学
上田 薫／著［日評ベーシック・シリーズ］　1900円

ミクロ経済学 戦略的アプローチ
梶井厚志・松井彰彦／著　　2300円

ゲーム理論
土橋俊寛／著［日評ベーシック・シリーズ］　2200円

しっかり基礎からミクロ経済学 LQアプローチ
梶谷真也・鈴木史馬／著　　2500円

財政学
小西砂千夫／著［日評ベーシック・シリーズ］2000円

※表示価格は本体価格です。別途消費税がかかります。

〒170-8474 東京都豊島区南大塚3-12-4　TEL：03-3987-8621　FAX：03-3987-8590　**日本評論社**
ご注文は日本評論社サービスセンターへ　TEL：049-274-1780　FAX：049-274-1788　https://www.nippyo.co.jp/